大周说车三部曲

汽车运势 这个市场谁不动心
Luck Power This market is exciting

周光军 著

电子工业出版社
Publishing House of Electronics Industry
北京·BEIJING

内容简介

中国汽车市场"汽"势如虹。每年 2000 多万辆规模,连续十几年冠盖全球,成为世界所有厂商群雄逐鹿之地。宏观大好,微观到具体车企,运势不尽相同。有的直挂云帆,有的逆势飞扬,有的举步维艰。千差万别"差"在哪里、"别"在何处?车企要想在中国汽车江湖"轮转"开来,需要上什么"道",加什么"油",充什么"电"?

在这里,说说汽车文化中的"红楼梦""水浒传""三国演义"。

未经许可,不得以任何方式复制或抄袭本书之部分或全部内容。
版权所有,侵权必究。

图书在版编目(CIP)数据

汽车运势:这个市场谁不动心 / 周光军著. —— 北京:电子工业出版社,2022.6
(大周说车三部曲)
ISBN 978-7-121-41106-9

Ⅰ. ①汽… Ⅱ. ①周… Ⅲ. ①汽车－国内市场－市场营销－研究－中国 Ⅳ. ① F724.76

中国版本图书馆 CIP 数据核字(2021)第 080035 号

责任编辑:管晓伟
印　　刷:北京市大天乐投资管理有限公司
装　　订:北京市大天乐投资管理有限公司
出版发行:电子工业出版社
　　　　　北京市海淀区万寿路 173 信箱　邮编:100036
开　　本:787×1 092　1/16　印张:18.25　字数:467 千字
版　　次:2022 年 6 月第 1 版
印　　次:2022 年 6 月第 1 次印刷
定　　价:80.00 元

凡所购买电子工业出版社图书有缺损问题,请向购买书店调换。若书店售缺,请与本社发行部联系,联系及邮购电话:(010)88254888,88258888。
质量投诉请发邮件至 zlts@phei.com.cn,盗版侵权举报请发邮件至 dbqq@phei.com.cn。
本书咨询联系方式:(010)88254460;guanphei@163.com。

自　　序

老实交代　满油满墨

有人写书成名，有人成名写书。我非名人，也出不了名书，只是一个职业记者的"记着"。

书"序"多请翘楚、高手来写，我本着老实交代的原则，不烦劳别人，且自己絮絮叨叨。也因此，这个"自序"可谓"自絮"了。

路：我在东长安街起步

从报苑蹒跚学步到现在，我从事新闻工作整整27年。可以说，我与新闻为伍，是从报纸上发表"豆腐块"的简讯开始的。我对新闻的热爱有例为证，那时的通信方式，别说手机了，连固定电话都是奢侈品。我和故乡山东的联系，靠"吼"都没机会，主要是靠写信。信的开头不是爸爸妈妈之类的尊称，而是"本报讯"！

我"本报讯"的初"训"，是高起点。我的报业生涯是从在《北京日报》做实习记者开始的。

北京日报的办公地址在东长安街西裱褙胡同。那时我住在天安门广场东侧的东交民巷西头，距离天安门广场一步之遥。我时常骑着自行车自西向东穿过东交民巷、六国饭店、台基厂、北京医院等"高大上"的地方，经东单路口进西裱褙胡同，所经之地都颇具历史厚重感。东交民巷是曾经的使馆区，至今还有荷兰、丹麦使馆遗址，以及著名的六国饭店。如雷贯耳的地方还有柬埔寨国王西哈努克在北京的官邸、同仁医院等。

并不宽阔的东交民巷树木参天，每逢夏季，两旁古树茂盛的枝叶把整个街道罩得严严实实如长长的树隧道，古的树新的叶一起努力生长着，那是终生难忘的风景。

那时的《北京日报》大楼没有被分成新闻大厦和《北京日报》《北京晚报》的两座主体建筑，也远不及今天通透、现代和气派。对我而言，更喜欢那时的《北京日报》大楼，蓝顶白墙的主楼配以单独的院落，院子坐南朝北，大门开向宽阔的长安街，主楼的东西两侧各有配楼，门口有警卫把守。

我和东配楼打交道很多，那里有照排室，我时常将时任《京华周末》主任宗春启签好的发稿单送过去。所谓的照排，是指有专人把写在稿纸上的稿子录入计算机并打印出来，然后编辑拿着打印稿回办公室画版，再回到照排室拼版、出样。在那会儿并非人手一台电脑的日子里，我始终对照排室充满敬意：一是通体白色的照排室一尘不染，二是照排室的人穿的全是白大褂，如外科医生般把全报社风格迥异的字体"妙手回春"地打成铅字。这段"照排"经历很快成了历史。

大楼的五层，是《京华周末》办公室。那时，《京华周末》是《北京日报》的"大块头"，有深度，充满厚重感，类似于北方媒体的《南方周末》。

宗春启是个父亲般的领导，直到他从北京市记协常务副主席任上退休，我们依然保持联系。他和我父亲同龄，要求也如父亲般严格，是我新闻工作的启蒙者。印象最深的一次是他说如果你能抓拍到在天安门广场举行婚礼的图片，我给你发《北京日报》的头版头条。尽管我始终没能抓拍到这一幕，但是捕获了不少"新闻大鱼"。中华人民共和国成立50周年大庆前夕，天安门城楼进行整体装饰粉刷，我克服恐高爬到城楼楼顶拍摄的一组照片被刊发在《京华周末》报眼位置。

宗春启对我的关爱并不局限于《京华周末》。在他的推荐下，我的稿子多次刊登在《北京日报》的报眼位置，以及《北京晚报》头版重要位置。与此同时，我和新华社记者合写的稿子还以新华社通稿的形式"电通"全国，都是打眼的头版黄金位置。与这些相比，我更感激宗春启对我新闻敏锐感的培养和训练。

人：给我把过"方向盘"的恩师商恺

商恺是我的另一位恩师。当然，这与《北京日报》旗下的《新闻与写作》杂志密不可分。《新闻与写作》直到今天，依然是新闻战线的核心期刊。那时，刚刚从中国社会科学院新闻研究所所长任上退下来的商恺，在《新闻与写作》上连载他在胡乔木身边工作的回忆录。《新闻与写作》为商恺开辟的《乔木颐园话新闻》专栏，系统地讲述了他在胡乔木身边有关新闻的诸多观点、论述。

作为秘书，自1958年起，商恺在胡乔木身边工作了10年之久，协助胡乔木联系《人民日报》。商恺是新闻界的旗帜性人物，这不仅缘于他是中国社会科学院新闻研究所所长，带出了《经济日报》总编辑艾丰等多位知名的门生，还在于他是胡乔木的秘书，在中南海工作10年，协助胡乔木分管《人民日报》。

作为记者，商恺以写工作通讯、旅行通讯见长，著有《大地笔踪》《春风秋雨马颊河》等脍炙人口的作品；作为教育家，他编有《报纸工作谈话录》，著有《致青年记者的60封信》《报海帆影》等影响了几代新闻工作者的著作。其中，由光明日报出版社出版的《报海帆影》的书稿就是我骑自行车送到时任《光明日报》副总编辑王晨手中的。

艾丰的本名是艾宝元，"艾丰"就是商恺给改的。艾丰的《新闻采访方法论》《新闻写作方法论》等著作成为我从业的良师益友。与王晨、艾丰等简单的交集相比，让我受益良多的是商恺的言传身教，这对我的人生价值观产生了深远影响。

商恺本身是个传奇。作为老革命，他1922年出生于山东省聊城市茌平区，1938年参加冀鲁青年记者团，并开始在《抗战日报》上发表抗战作品；1939年加入中国共产党；1941年任中共清平县委宣传部干事，主编党的刊物《抗联生活》《支部生活》，在此期间遭国民党监禁；1946年任中共博平县委宣传部副部长，并创办县委机关报《博平群众》；1948年调入晋冀鲁豫中央局机关报《人民日报》；1958年调中共中央办公厅担任胡乔木的秘书；1966年5月至1976年10月，被下放到江西"五七干校"劳动；1977年重新回到人民日报社，担任记者部负责人；1984年担任中国社会科学院新闻研究所所长，培养和帮助过许多中青年新闻工作者。经中国社会科学院报请邓小平、李先念等同志批复同意，于1987年成立的中国社会科学院新闻研究所，成为商恺如鱼得水的宝地。

自1984年1月被任命为中国社会科学院新闻研究所所长起，至1995年从中国社会科学院新闻研究所第二届专业职务评委会任上退休止，商恺11年担任新闻研究所重要职务，或者新闻法研究室主任，或者所长或党组书记，度过了他人生的第三个整10年。前两个整10年，分别是担任胡乔木秘书10年、江西"五七干校"劳动10年。

商恺被称为"三不记者"。在任职中国社会科学院新闻研究所所长期间，他60岁高龄赴西北调查研究时，一不坐飞机，二不住宾馆，三不出席宴会。有次去新疆采访，拜访新疆《伊犁日报》，当他拿出名片时，报社高层大吃一惊！这样一位新闻界名人，竟是坐了一天半长途汽车，翻越700多km的天山，从乌鲁木齐一路颠簸来到伊犁的。坐汽车走这条路，就是年轻人下车后浑身都像散了架似的，何况是年已六旬的老人。到伊犁后，他执意不住高级宾馆，而是住在兵团招待所。2020年，我跟随一汽-大众奥迪组织的奥迪Q5L车队，驾车走过这条路，开车都把人累得够呛。

商恺的名字之于我及家乡，如雷贯耳。家乡人都知道他在中南海工作，虽然不知道是中央办公厅研究员及胡乔木秘书的头衔，但是都知道他是个了不起的人物。我从《新闻与写作》主编那里拿到联系方式后，在人民日报社东北角的一栋普通筒子楼轻轻敲门，为我开门的是一位和蔼的老人，戴着一副茶色花镜，用略带山东方言的普通话说："欢迎你。"商恺平易近人的三言两语，让我此前的种种紧张和顾虑烟消云散。在看了我发表过的一些作品后，商恺决定收我为徒，并称我为他的"关门弟子"。

他说，首先看我的作品不错，其次又是老乡，他还邀请我搬到他身边来。比他教过的一批又一批在职研究生更幸运的是，我有机会在其身边居住4年，其间读完了研究生的整个学期。

商恺的夫人李群老师，也是一位老报人，是《光明日报》的著名记者。他们一辈子攒下来的书，我可谓"近水楼台先得月"，随意翻看、阅读。

在商恺身边4年，我得到的不仅是一对一的授课，而且是胡乔木关于新闻价值观的教程，含金量是国家级的。很多时候，我是商恺专栏《乔木颐园话新闻》的第一读者。胡乔木时常把《人民日报》的记者邀请到中南海的颐园进行座谈。作为中央"一支笔"的胡乔木有关新闻理论和新闻实践的谈话，广泛而大量，有抽象也有具体，从新闻采访到新闻写作和新闻编辑，从文章的遣词造句到标点符号的使用方法，无所不包。大力发展通讯员队伍就是胡乔木最早提出的报纸密切联系群众的方法。胡乔木还非常注重报纸编排得是否生动，他把同一版面上的长文章、长新闻称为挤在一张床上的胖子，姿势再美也不会好看。报纸的版式中既需要有吸引人的标题，也需要有适当的图片搭配。尤其是文章标题的重要性，文章好比"画龙"，标题才是"点睛"，龙身画得好，龙眼点得好，整条龙就活了起来。有人说，画龙容易点睛难；而胡乔木认为，写文章不易，做标题更难。有时候想个好标题，等于写一篇文章所用精力的三分之一……

当胡乔木这些关于新闻价值观的观点从商恺口中拉家常般口述给我时，我无疑是幸运的：我享受的是一对一的国家顶级的新闻学教育，授课老师是中国新闻界的翘楚，授课内容是胡乔木的新闻学。在今天，这种待遇也是花多少钱都买不到的。

退休后，有相当一段时间，商恺担任《中国地市报人》总顾问。作为新闻界的翘楚和社会名流，拜访者在其退休后门可罗雀，这是商恺所乐见的。从江西"五七干校"返京之前，他还遵从"从哪里来回哪里去"的原则在山东鲁南化肥厂当过一段时间的党委副书记。他教诲我要干实实在在的事。

《中国地市报人》每年都有新闻评选，出任总顾问的商恺，面对各地总编辑的拜访、托请，始终坚持自己"咬定青山不放松，任尔东西南北风"的原则。对此，我也体会深刻。记得首次拜访他，我买了一棵滴水观音绿植，受到严厉批评并约法三章：来之前务必给他打电话；不带礼物是原则；如果一定送所谓的礼，需征得同意。他所要的礼物无非是两斤鸡蛋、一块面包这样的日用品，哪怕是一管牙膏，在他眼里都胜过其他珍贵物品。在他身上，不少人，像我这样都吃过闭门羹。对于拜访者，商恺不设宴，也不赴宴。当时，不少登门拜访的地市报的总编辑，都在商恺家吃过我做的粗茶淡饭，我的厨艺就是在那个时候练就的。

退休后期，商恺患有糖尿病。作为学生也作为助手，我时常按需到北京各大医院为其买药。有一段时间，他吃的是松果体素，我就从城东的朝阳区东三环的金台路人民日报社到海淀区西三环外的空军总医院，骑车穿越半个北京城，往返两三个小时买药。

商恺对我职业选择的影响也不小。他那会儿就要我做一个专业记者，做一个令人尊敬的行当，从事一个生涯相对长的职业。他当时就提出，足球、证券、汽车等专业性强的记者才是真正的记者。甚至举例说，哪里着火了的社会新闻，是个记者就能写，而类似于股票、金融、医疗等行业，则需要有较高的进入门槛和职业修养。

说到和商恺是同乡，也说说我的故乡。我的故乡山东聊城，确实人杰地灵。季羡林、李苦禅、傅斯年等名人的老家与我家相距不足百里。武训、孔繁森、张自忠等响当当的古今人物也生于斯。

聊城在古时候闻名遐迩，是京杭大运河上的四大商埠，康熙九下江南都在此留下千古诗句，其下辖的临清也是季羡林的故里。临清不仅是历史文化名城，还以生产故宫的城砖和西藏的哈达著称。我一直在思索，一望无际的鲁西平原是怎样造就人杰地灵的？我想，除了黄河冲击形成的华北平原的一方水土，恐怕还和这里的人们格外善良、格外勤奋、格外淳朴有关。当然，在黄河数次水患形成包括河北大部分在内的华北平原之前，山东在8000万年前是蓝色海洋，从地理演变上，五岳之首的泰山那时还是海上的一座孤岛。

车：开车上路热血未凉27载

从喊别人老师到别人也称呼我为老师，2021年是我从事新闻职业的第27个年头。从娃娃记者做到四十不惑，其间"码字"近千万，文章上万篇。

似乎也是命中注定，从《北京日报》《北京晚报》做实习记者起，除了在《中国汽车报》有过两年的专业经历，更多的时间都在"京报集团"转圈儿，《信报》《竞报》《北京晨报》。2018年和《新京报》整合的《北京晨报》是我的老东家，从《北京晨报》1998年创刊到2018年和《新京报》整合，我把13年的青春都奉献给了《北京晨报》。

按工种分，我跑过时政新闻、社会新闻，写过经济新闻，也从事过工会、共青团、妇联的报道，北京市妇联还给我发过大大的"妇女之友"聘书。

先做杂家再做专家，也是恩师商恺给我的指导思想。我从事最多的，一直是汽车产业的报道。如果从1997年《北京晚报》每两周一块汽车版的黑白版算起，至今整整24年了。北京纸媒有关汽车版块和汽车报道的起源，属《北京青年报》和《北京晚报》最早。

那时，《北京青年报》的产经版面还是大报，每周只有一块版。所谓的一块版，其实是半块，上半版是计算机的内容，下半版才是汽车。《北京晚报》的汽车版，是从经济部分离出来专门组建的专刊部。

那时，出版汽车类别的版面并不像今天这样容易，需要向北京市委宣传部打书面报告。我清晰地记得，在是否有必要创办汽车版上，宣传部相关负责人并没想好，甚至是充满争议的，创办申请拖延了一段时间才获批准。

那时，《北京晚报》的汽车版，相当于旬刊或半月刊，与"花鸟鱼虫"版，隔周轮流出版。所谓的版，也就是今天看来可怜的一块版，且是黑白的。那时的版主是屈俊峰，我为其打杂。可惜，屈俊峰因心梗英年早逝。

那时，通用、宝马、奔驰等跨国汽车巨头并没有设立中国公司，机构多是商务代表处。全国跑汽车口的记者屈指可数。有段时间，北京的出租车在"黄面的"之后，用过一批车身整体用玻璃钢一次冲压成型的"中华子弹头"，是一种大两厢的旅行车，一次冲压成型的玻璃钢车身以对人的安全保护为卖点。工厂设在今天北京市丰台区西南三环丰益桥附近，采访后工厂请记者吃饭，全国跑汽车的记者一个圆桌都坐不满，远没有现在车企搞活动动辄三五百人的壮观场面。有统计说，如今全国跑汽车的记者达5000人，也有说8000人的，足见汽车产业的兴盛。

在我长达27年的记者生涯中，除了做过时政和社会新闻的"短线"，绝大多数时候是在做汽车报道的"长线"。那些做"短线"的杂家经历，为我做汽车行当的专家进行了"长线"能量储备。当然，我的"短线"也做得不错。例如，在"知青上山下乡30周年"的1998年，我奔波在北大荒采访一个多月，也是刚刚创刊的《北京晨报》开辟的第一个个人专栏。我也不曾忘记，我采写的《鸟类起源在中国》系列文章，不仅属国内首发，还引起了业界轰动，时任中国地质博物馆馆长的季强博士在辽宁北票发现的"中华龙鸟"被认为比鸟类的鼻祖——德国始祖鸟更早，我的系列文章直接或间接地推动了辽北化石保护区的成立。

我的"不务正业"还体现在汽车之外。熟悉我的人知道，我钟情摄影，也爱写一些"散文"。《新民晚报》的"夜光杯"和《北京晚报》的"五色土"是中国一南一北很好的副刊，

汽车运势：这个市场谁不动心

我那时的拙作时常见诸"五色土"副刊之上，摄影作品也发表过不少。当时，《北京晚报》分管"五色土"的副总编辑是李凤翔，和蔼可亲的李凤翔一手了得的书法至今令我印象深刻，我的不少作品就是通过这样的"大家"发表的。巧合的是，李凤翔的儿子李增勇是我《北京晨报》的同事。

人生没有几个27年，无论在我效力的单位还是汽车行业，很庆幸结交和认识了许多良师益友。刘顺发，先后担任《信报》《竞报》《北京晨报》的总编辑和社长，是我的长期领导。会用人、善用人、懂用人、团结人，和他打交道，不会因他是领导而紧张，他格外平易近人。《北京晨报》最后一任社长李凌云，出身报业世家，他有着操持大报的阅历，尤其是有着新旧媒体转换时代媒体的责任感。还有崔恩卿、陈炼一、宋汐、朱敏等领导和同事，我和他们有的长期共事过，有的也仅仅一面之交，但是他们都是我新闻生涯的良师益友。

新闻以外的汽车行业，或者媒体同行或车企同人，李安定、吴迎秋、程远、李铁铮、李苗苗、何仑、李三，张兴业、徐留平、陈虹、竺延风、李书福、尹同跃、潘庆、陈志鑫、王晓秋、俞经民、刘亦功、董修惠、荆青春、胡绍航、张海亮、贾鸣镝、张亮、刘智丰、孙玮、王燕、蔡建军、金弋波、孙晓东、庄宇、曾家麟、孙广阔等，都不同程度地对我产生过影响。例如，李安定和我是忘年交，吴迎秋对行业有着无人能及的前瞻性思考，何仑的严谨，李三的外语，尹同跃的坦诚，王晓秋的幽默等。和程远老师的交集远谈不上密切，但我从别处得知，他时常推荐"汽车预言家"的王鑫等看我的"大周说车"。宝马大中华区企业事务副总裁孙玮，我和其在沃尔沃时就有交集，她是把我拉进马拉松圈的领路人。现任捷豹路虎中国企业与公共事务执行副总裁王燕，2000年前后任戴姆勒·克莱斯勒公关经理，那时奔驰第一次组织国内媒体去奔驰总部斯图加特访问，也是我的第一次出国……

一路走来，北京多家报纸皆留下了我的名字。《北京晚报》《信报》《竞报》《北京晨报》4家报纸，要么是我亲自创办了汽车周刊，要么是由我长期担任汽车周刊的主编。哪怕是北京日报报业集团之外的报纸，也有许多在创办汽车周刊之初，征求过我的意见。例如，《新京报》在创刊汽车周刊时，车云网创始人程李时任《新京报》汽车周刊的负责人，他和团队的吕惠敏等，在前门饭店召开创刊前的调研座谈会，专门叫上我，征求我对办刊的意见。

在《北京晨报》1998年7月20日的创刊号上，我采写的《大使座驾在京拍卖》的消息，登上了报社头版。三五百字的消息，大意是一些驻华使馆的淘汰车辆，在潘家园古玩市场面向百姓进行拍卖。尽管是多国驻华使馆退下来的二手车,也尽管价格相比新车便宜很多,但是原本并不多的车辆还出现了流拍的现象。毕竟,那时有钱买得起汽车的百姓凤毛麟角。

"大周说车"就是从那时起开设的专栏。除了逢年过节报社整体必要的停刊,我的"大周说车"每周一篇千字文从未间断。

迄今,"大周说车"在行业保持了两个纪录:一是汽车界第一个以个人名字命名的专栏;二是20多年来每周一篇,持续不间断。记得有一次,腾讯汽车的编辑打电话邀请我的"大周说车"专栏入驻。让我感动的是,那位编辑说是"大周说车"陪伴了她整个大学时光,她甚至恭维地说,是看着我的"大周说车"长大的。

之于编委、主编、编辑、记者、顾问和智囊等头衔,我最看重的还是记者。除了出席必要的社会活动,我一直坚持在新闻采访第一线,这才是获得鲜活新闻的源头。只有跑得多、看得多、听得多、问得多,才能近得多、实得多、真得多、鲜得多,才符合新闻本源。坐在办公室是写不出别人爱看的新闻的,更别提给人以启迪、给行业以思考了。

直到今天,我依然尽可能冲在汽车采访第一线,比我"跑口"或早或晚的同行,在新媒体的冲击下,要么离开了汽车行当,要么自己创业。我始终还在一线奔跑,也有同行竖大拇指称赞我的坚守。有时候,对于我的亲力亲为,反倒是有些企业过意不去,他们认为有些活动完全可以派记者,无须事必躬亲。我非刻意,是多年养成的习惯所致。

这么多年,我对汽车行业充满敬畏之心,并用百年老字号同仁堂的"炮制虽繁必不敢省人工,品味虽贵必不敢减物力"的理念,作为写作的原则,更把"不胡写、不乱写、不瞎写"的"三不"原则作为信条。我把印在报纸上的名字看得比命还珍贵。过去的27年,并不是说我采写了多少令行业轰动的文章,多少名篇佳作,我引以为傲的是,忠实记录了汽车行业在中国的进程。

感谢机遇。我赶上和亲历见证了汽车在中国快速发展的"小30年"。也正是这30年,变革中的百姓经历了从买不起车到买车摇号的巨变,我们常说的中国30年时间走过了西方汽车百年的道路进程,老百姓的买车经历就是缩影。

感谢汽车。汽车行业是诸多行业中相对稳定的,无论是汽车企业的工作人员还是媒体同行,可能出现过跳槽现象,但大多还在这个行业。而有的其他行业,则并不稳定。伴随着新能源汽车及智能交通的发展,汽车是"四个轮子两个沙发"的造型可能不会出现太大变化,但是汽车在中国还大有前景,至少不是夕阳产业。

为此,我把中国的汽车划分为两个时代。

汽车运势：这个市场谁不动心

1990—2020年，为进入汽车社会的时代，也是中国人接触汽车和汽车企业在中国野蛮生长的时代。

2020—2050年，为建立文明汽车社会的时代，也是中国人探索汽车和汽车企业优胜劣汰的时代，并将是中国自主汽车品牌立足世界的时代。

两个时代长达60年。我有幸完整地见证了第一个时代。如果够幸运，还会见证第二个时代。

感谢热爱。热爱是发动机。很荣幸，我生在这样一个伟大的汽车时代，成为中国汽车的见证者、记录者、参与者、思考者。往小处讲，从中国汽车可看经济转型、行业布局、百姓生活；往大处讲，从中国汽车可看中国道路、中国动力、中国速度。

中国发展、中国汽车，不挂"倒挡"。

我也会勇往直前，"油墨"此生。

前　言

车企运势，这个市场谁不动心

如果把每家车企看作一条命，有的车企始终站在金字塔的塔尖上，有的车企则置之死地而后生，有的车企则苟延残喘地活着。

命运，这个词可拆解为"命"和"运"。"命"，只有一条；"运"则不同，可以有波峰、波谷，也可以多次。走运的时候，不傲娇；不走运的时候，从头再来。

面对规模庞大且连续十几年，每年2000多万辆规模的中国汽车市场，每家车企都长袖善舞，都是弄潮儿。不过，中国车企的运势不尽相同，有的一直顺风顺水，有的逆势飞扬，有的跌跌撞撞，千差万别。车企在中国市场上运作，没有"十八般武艺"是不行的。不仅要像《红楼梦》里的四大家族，也要像《水浒传》一样打打杀杀，还要像《三国演义》一样足智多谋，稍有不慎就会名落孙山，甚至惨遭淘汰。

从类别上，车企的运势分为下面几类。

抢先类。大众和奥迪就是，他们以时间上的先机，提前介入和培育中国市场，大众是中国人对汽车认知的启蒙者，也帮助中国建立了门类齐全的汽车工业体系。当然，广播种的大众汽车，在中国市场也收获了累计超过4200万辆的保有量。其中，上汽大众2200万辆，一汽-大众2000万辆，赚得盆满钵满。

务实类，以日韩的丰田和现代最为典型。丰田是世界汽车工业的翘楚，虽然时常和德国大众、美国通用争夺全球第一桂冠，但丰田胜多败少。不过，在中国市场中，丰田与其在全球的地位严重不匹配。虽然丰田皇冠早在1964年就以进口贸易的形式成为北京饭店的出租车，但丰田进入中国市场进行本土化生产是2003年以后的事情，满打满算不足20年。因此，丰田被人们戴上了保守的"高帽"。在一汽和丰田全面合资的签约仪式上，时任丰田汽车社长的张富士夫说得很清楚，正是北京获得了2008年奥运会的举办权和加入世界贸易组织两件大事，促成了中国经济的持续向好，才使得丰田做出了在中国进行生产的决定。日本本田汽车株式会社社长福井威夫也说，"在有市场的地方才进行生产"是本田的原则。市场之外，受中日战争的影响，也是日本车企客观上谨慎的理由。虽然中国市场巨大无比，但包括丰田在内的日本车企并不把中国当作友好市场。有例为证，丰田派驻到其他海外市场国家的工作人员，可以自己驾车出行，而在中国并不允许，只能配备司机。韩国现代与北汽集团合资的北京现代，是中国加入世界贸易组织后获批的首个合资车企，当时的背景是，国际上的汽车巨头在中国都找到了合资伙伴，没合资的就剩下北汽集团了。

忽悠类，以上汽通用为代表。就像通用汽车在美国本土市场只注重资本，与华尔街股票一样不潜心研发车型，在中国市场东拼西凑了很多靠资本收购来的车型，原型车来自欧宝可赛的赛欧，一会儿挂别克品牌名下，一会儿纳入雪佛兰品牌，凯越、GL8、君威，后来改名林荫大道的荣誉，没有一款是真正通用自己的车型。当然，很难指责上汽通用有什么不对，这是美国企业典型的玩法儿，也是中国汽车工业百花园的一部分。赛欧上市之初，"10万元买小别克"的概念经常出现在各大媒体。可惜的是，在中国消费者形成品牌忠诚度之后，这招就不灵了，也没人信了。这两年，上汽通用的后劲不足，就是在为过去的一些行为埋单。

本土成长类。联合国约200个国家，有汽车工业的国家和地区数来数去也就"欧、美、日、韩"。我想，将来一定会成为"欧、美、日、韩、中"五大家的。在最大的本土化市场面前，中国本土汽车品牌从最初的零零星星上汽车，到前赴后继地消亡了一批，尽管步履艰难，但是已经出现了具有立足中国、面向世界的苗头，吉利、长城、长安、红旗、荣威、MG名爵、蔚来、小鹏、比亚迪，相信这些品牌中一定会有佼佼者杀出重围，成为中国汽车的代名词。

汽车是舶来品，从外国品牌有什么车型中国人只能买什么，到专门为中国市场的需求真正意义地开发新车，从中国是传统汽车的追随者到成为全球新能源、新四化的引领者，也就是最近二三十年的事情。

他山之石可以攻玉。跨国公司对品牌的塑造，其先进的生产技术、管理经验对中国汽车都有着很好的借鉴意义。全球五大车展、世界汽车公司总部探源，也能给人启迪。

目录

第一部分　车企运势

第一章

欧耶

施罗德亦庄见证国产奔驰"挂挡" //002
默克尔访华签过的汽车大单 //004
大众在华"三十而立"的新想法 //006
一汽奥迪拿什么开启"新时代" //008
奔驰一度"巧妇难为无米之炊" //009
别争了，都是德国制造业的胜利 //010
标致 200 年没有东风不完美 //012
PSA 拿 DS 在华最后一搏 //013
惹不起的桑塔纳 //016
亲历奥迪零到 600 万辆的跨越 //018
斯柯达尾标为何去大众化 //023
宝马在华车主平均年龄 35 岁 //024
斯柯达全新速派属于哪一派 //025
奔驰的新 E 有多长 //027

第二章

"美国三大"，差点儿没熬过金融危机

天下从此无通用 //029
全球开源节流渡难关 //031
连累上海通用几何 //033
曾与法国 PSA 抱团取暖 //034
艾克森中国行说金融危机得失 //036
金融危机档口的克莱斯勒困局 //037
没了穆拉利福特玩不转 //038
为什么说林肯没戏 //040

第三章

日系车，这么近那么远

丰田：两年时间腾转挪移牵手一汽和广汽 //042
雷克萨斯不国产真相 //047
混合动力和 TNGA 引发的技术革命 //049
日产 85 亿元打造"新东风" //052
新天籁能火吗 //053
三菱在华踉踉跄跄 //054
本田在华应该"二合一" //057
强而不大的长安马自达 //059
召回才让人想起新奥拓 //061
日本车的召回年 //062
东风日产后千万辆时代的谋篇布局 //063

第四章

韩流

钓鱼台芳菲苑庆生 10 年，北京现代 1000 万辆不是梦 //065
东风悦达起亚的"虎鼻子" //069
锦湖轮胎不言败 //070

第二部分　大国汽车

第五章

本土主场

告诉你一个真实的汉腾 //074
被鹰标毁过的一汽自主品牌 //075
奇瑞 QQ 与通用 SPARK 之争 //077
吉利：从过招丰田到独步天下 //079
吉利博瑞沃尔沃灵魂附体 //081
帝豪 GL 的一石二鸟 //082
从夏治冰请辞看自主汽车品牌的举步维艰 //084
海马人的汽车梦 //085
民营造车一度只剩吉奥 //086

天津一汽回归城市胜算几何 //088
北汽绅宝香港"掀起盖头来" //089
奇瑞找感觉 //090
为什么一开始就看好荣威 RX5 //092
请抓住 MG 品牌国际性的牛鼻子 //095
自主品牌的"苦日子" //098
长安难安 //104

第六章

合资天下，这个市场谁不动心

一汽奥迪 30 年，研发体系从量变到质变 //107
福特嘉年华的印度血统 //110
一汽丰田 800 万辆的孔子哲学 //112
上汽大众没有对手的 2200 万辆 //114
数说一汽 – 大众 2000 万辆 //115
迈锐宝为雪佛兰品牌镀金 //118
一汽马自达取长补短 //120
南京菲亚特做过法拉利的梦 //121
北京现代：8 年再造一个 1000 万辆 //125
光束汽车不一样 //128
POLO 再出发 //130
长安福特从活得精彩到感受非凡 //131
JOY，宝马的制胜之道 //133
奥迪看中了上汽什么 //135
宝马提升华晨宝马股比至 75%，续约到 2040 年 //138

第三部分　车市变迁

第七章

渠道之变

中国汽车绕不过去的 1994 年 //142
亚运村车市，一代人的汽车记忆 //146
非典加速汽车进入家庭 //149
经销商卖车没那么容易 //150

靠车"吃饭的生物链"有多长 //152
车市或转入白银十年 //154
并非是汽车就适合 4S 店模式 //155
豪华车暴利背后的第三只手 //156
学会适应没有鼓励政策的车市 //157

第八章

轮上北京

北京城的汽车印迹 //159
北京限车令的好消息与坏消息 //161
稀缺的号资源 //162
500 万辆后依然充满商机 //164
汽车消费也需要价值观 //165

第九章

何去何从新能源

新能源车"远水难解近渴" //167
电动车只是个传说 //169
新能源车的好消息与坏消息 //170
丰田在华好好"混" //172
从腾势可期到借道奔驰续命 //173
知豆打开纯电动车一扇窗 //175
卡罗拉双擎哪里"行" //176
我们需要什么样的新能源车 //178
北京应成新能源车百花园 //180
新能源车弯道提速比超车更重要 //181
没有互联网思维甭谈互联网汽车 //182
爱驰 U5，造车"老男孩"焕新代表作 //184

第十章

群雄逐鹿

"入世"不是中国汽车的鬼门关 //187
中国车市像美国还是像欧洲 //193

美伊局势左右中国车主 //194

胡润版中国车主形象太任性 //195

汽车世家的红楼族谱 //196

第四部分　海外车辙

第十一章
五大车展

门可罗雀底特律 //200

并不遥远日内瓦 //201

巴黎车展优雅地老去 //204

美茵河畔法兰克福 //205

在东京车展提前感受 2050 年的汽车 //207

第十二章
汽车地理坐标

欧洲汽车纪行 //211

行走在汽车鼻祖的国度 //214

塔尖上的英伦汽车 //216

第十三章
中国车在海外

金字塔下中国车 //219

哥德堡的吉利与在巴西的奇瑞 //221

英国伯明翰升起中国国旗 //222

少对中国汽车出口说三道四 //224

第十四章

总部探源

在奔驰总部生活五天五夜 //226

名古屋感受丰田固执造车 //229

慕尼黑亲历宝马百年 //231

克莱蒙费朗揭开米其林轮胎黑色之谜 //234

普利司通总部，不只是轮胎 //237

哥德堡马拉松：读懂一座城一个人 //239

第十五章

海外试驾

"大切"开上泰国"珠穆朗玛峰" //243

美国犹他州与路虎一起"发现" //244

加拿大多伦多全球首试奔驰大 S //246

加利福尼亚海岸线上的 Jetta 节油赛 //248

马洛卡感受 KODIAQ 的大块头大智慧 //249

西班牙感受宝马小 5 系 //251

林肯"小领航员"飞行纳帕谷 //253

第十六章

走马观花

丰田汽车里的母亲情节 //256

欧洲寻觅中国造 //258

普锐斯在美国的示范效应 //259

在法国马尼库尔当 F1 赛手 //261

沃尔沃帆船赛从阿利坎特漂洋过海到三亚 //262

苏黎世偶遇国际足联主席 //263

韩国百闻不如一见 //265

走马观花看我国台湾岛内车市 //266

英国女王三件宝：马匹、路虎和温莎城堡 //267

陪伴历任美国总统的座驾 //269

第一部分
车企运势

中国每年 2300 万辆巨大规模的汽车市场,是全球车企的兵家必争之地。街头巷尾涌动的万国汽车博览会背后,实力和运气缺一不可。

第一章　欧耶

欧系车显然是中国市场的大赢家，若按国别细分起来，德国车则扛起了欧洲车的旗帜。正是德国车在中国市场占有的巨大份额，成就了整个欧洲汽车在中国的功名利禄。

施罗德亦庄见证国产奔驰"挂挡"

不知道德国是否有汽车外交的说法。不过，我能明显感受到德国汽车外交的强势，从科尔见证上海大众当年合资到施罗德参加北京奔驰投产，再到默克尔访华专程去沈阳的华晨宝马参观，德国多位总理的视野从未远离汽车，并且亲力亲为。

施罗德在访华期间专程抽出时间见证国产奔驰亦庄"挂挡"。对于北京奔驰而言，这是一个提前实现的梦想——2004年12月6日15时50分，北京奔驰-戴姆勒·克莱斯勒汽车有限公司新工厂奠基仪式在亦庄的北京经济技术开发区举行。对中国进行工作访问的施罗德，在时任北京市委书记刘淇及时任北京市长王岐山的陪同下，亲临现场挥锹奠基。奔驰在北京的生产，为北京汽车工业增添了新的高级轿车品种，全面提升了北京汽车工业的技术、制造、品牌、质量水平和形象，"大奔"北京造同时标志着北京汽车成为中国乃至世界汽车工业的重要组成部分。

当天下午的开工典礼现场西侧展区，两辆黑色的奔驰样车是人们关注的焦点——一辆奔驰E级和一辆奔驰C级。2005年7月的一个上午，从生产线缓缓驶下的新车被"打上"北京奔驰的标签。两款新车的机器盖上贴着的"驰骋中国——Ready for China"字样，寓意不言自明。按照项目推进计划，国产北京奔驰在2005年开始分阶段推向市场。

"这就是'梦想成真'。"安庆衡时任北京汽车工业控股有限责任公司董事长兼北京奔驰-戴姆勒·克莱斯勒汽车有限公司董事长。2002年安庆衡在接受我专访时就表示，他

汽车运势：这个市场谁不动心

期盼 2008 年前能够在北京生产奔驰轿车。时过两年，盼望成为现实。按照规划，2005 年 7 月 1 日 CKD"京产"奔驰下线，并在 2006 年达到一两万辆的规模。

尽管相关变更手续还在进行之中，但北京吉普汽车有限公司已经以北京奔驰－戴姆勒·克莱斯勒汽车有限公司亮相众人面前。"北京吉普升级成北京奔驰。"时任北京奔驰－戴姆勒·克莱斯勒汽车有限公司高级执行副总裁童志远有感而发。北汽控股公司与戴姆斯·克莱斯集团（以下简称戴·克）10 天前，正式就奔驰轿车项目签订增资合作合同，标志着落户北京的北京奔驰－戴姆勒·克莱斯勒汽车有限公司将全面开始运行。新组建的公司新增注册资本 1.4368 亿欧元，中外双方各占 50% 股份。合资初期，生产 E 级和 C 级 2 万辆，合资期限为 30 年。根据协议，双方对北京吉普汽车有限公司进行重组，大切诺基、Jeep2500、三菱欧蓝德等车型调整后从东三环的劲松桥整体搬迁到亦庄新厂生产。

"一切的进展都很顺利。"时任戴·克汽车有限公司副总裁、北京奔驰－戴·克汽车有限公司总裁兼首席执行官的赵利民当天特地戴了一条鲜红的围巾，为这个大喜的日子助兴。"我们的目标是在北京生产的奔驰工厂将严格遵循梅赛德斯－奔驰生产体系运作，确保每辆汽车都达到全球统一的高质量标准，甚至在质量上要超过母公司。"新厂区面积为 198 万 m^2，其中厂房占地面积为 62777m^2，包括车身车间、车辆总装区、部件装配区、工程技术区和行政管理区，新增年产能 2.5 万辆奔驰 E 级和 C 级轿车。

从 2.5 万辆的计划产能看，当时奔驰的胃口并不算大。戴·克高层称，在北京生产全球统一标准的奔驰是他们考虑的首要因素。奔驰的上市要到 2005 年 7 月，但是网络建设已经有了雏形。截至 2005 年年底，在中国建成 50 多家特许销售和服务中心。而在 2007 年之前，把在中国的特许销售服务中心增加至 100 多家。从某种程度上说，围绕奔驰在中国上市的各种准备工作已经全面展开。

奥迪、奔驰、宝马在内的豪华车品牌已经全部在中国本土化。从时间上看，虽然奔驰是豪华车品牌中最晚到者，但是奔驰在中国人心中的品牌优势是其他豪华车品牌无法比拟的。一项调查显示，奔驰品牌的知名度位列所有汽车品牌的首位。

童志远告诉我，北京奔驰的招聘范围包括蓝领、白领及中层管理人员。很多具有海外留学背景且具有一定从业经验的人纷纷加盟。招聘计划涵盖采购工程师、财务审计、市场营销、广告策划、公关、行政等专业，招聘职位起步就是 400 多人。公司还首次对高校进行巡访，走遍全国 16 所名校广发英雄帖。奔驰的工资待遇十分优厚，内容包括 13 个月工资、绩效奖金，甚至生日、结婚和生子补贴等。童志远表示，这不过是很多成功企业的惯例而已，北京奔驰会给符合条件的加盟者很大的发展空间，以及优厚合理的报酬。与此同时，他也希望加盟者有足够的思想准备，即努力工作、艰苦奋斗的思想准备，因为任务重、工作量大。高级蓝领的月薪超过3000元，高级技师的月薪为5000～6000元，这样的薪水在当时极具诱惑力。

北京奔驰项目对戴姆勒·克莱斯勒汽车有限公司来说巧遇三个"第一"。首先是奔驰第一次在国外搞合资生产。以往在巴西、印度、泰国和南非等国建立的工厂都是独资形式，而在中国以各50%股份的方式合资生产，对于奔驰还是头一次。其次是遭遇国产化的要求。奔驰在世界各地的工厂都是组装出厂，把原厂散件运来组装。但在中国，由于国家产业政策的严格规定，任何品牌都必须按计划实现规定比例的国产化要求。在这点上，戴姆勒·克莱斯勒汽车有限公司起初很难理解。通过谈判最终同意国产化的要求。奔驰在质量控制上奉行的是"不妥协"政策，对零部件要求非常高。因此，北京奔驰的"国产化"将是所有合资企业中难度最大的。最后是销售。全世界奔驰汽车都是由奔驰一家统一销售的，从不让他人介入。这次必须根据中国的产业政策，即合资企业的产品要建立独立自主的销售体系和服务网络，这的确让奔驰接受起来难度巨大，但最终还是谈判成功了。

默克尔访华签过的汽车大单

2017年9月24日，对于德国来说，是历史性的一天，一年一度的柏林马拉松与四年一度的德国大选同天"撞衫"。作为宝马的柏林马拉松跑团一员，有幸在勃兰登堡门见证了这个历史性的时刻。选举结果，默克尔四度当选德国总理，任职时长仅次于科尔。

"赢了结果，输了过程"成为默克尔第四次当选德国总理的关键词。由于在接受难民上宽容的政策，让默尔克险些丢掉总理宝座。一方面，默克尔担任党首的CDU和巴伐利亚执政的CSU属于姊妹党，两者相加的支持率只有30%左右；另一方面，其他党的支持率上升明显，自由民主党获得10.7%的选票，绿党得票率为8.9%，极右的选择党取得12.6%的选票。此举意味着此前可以单独组阁的默克尔，第四个任期执政需要看其他政党脸色。第四个任期提前结束的可能性倒是没有，但是第四届总理任期的默克尔将是最弱的总理。

第二天出版的《柏林晨报》，头版刊登的是默克尔连任的照片和消息，报纸内页的特刊上刊登了来自全球马拉松赛跑者的名单。虽然在2016年跑完柏林马拉松之后，我和多名跑友的名字同样出现在《柏林晨报》的马拉松特刊上，能和铁娘子默克尔"同天、同报、同窗"还是头一回。

中德两国关系中，其经贸关系与双方都是大国的地位非常匹配，尤其是中国是德国汽车最大、最重要的市场。默尔克每次访华，都对汽车工业格外关注。科尔任上曾经到访上海大众，施罗德任上曾参加过北京奔驰工厂的奠基，默尔克到过宝马在沈阳的合资企业华晨宝马，德国在华的多家汽车企业都留下过历任总理的足迹。

默克尔在四个任期内12次访华，仅前三个任期内就有过9次访华，可见两国之间的热络程度。2016年6月第九次访华时，陪同者不乏大众汽车集团董事长兼CEO穆伦、宝马集团董事长科鲁格及戴姆勒高层等重量级汽车工业巨头。访华期间，默克尔出席了多场与汽车相关的活动。

赴沈阳访问华晨宝马成为默克尔那次访华的"压轴"。结束访华回国前，默尔克专程到辽宁沈阳参观宝马集团最先进的智能制造基地——华晨宝马铁西工厂，与员工共同见证了首款国产豪华新能源SUV车型——全新宝马X1插电式混合动力的下线仪式。陪同访问的时任宝马集团董事长科鲁格向默克尔详细介绍了宝马在新能源汽车领域的战略布局和本土化发展，华晨宝马相继推出了合资自主品牌之诺和国内首款高档纯电动SAV——之诺1E，以及国内第一款插电式混合动力豪华商务轿车BMW 530Le。

宝马与华晨合资的华晨宝马成立17年时间，华晨宝马实现了令业界瞩目的高速发展，并常年保持沈阳市纳税企业第一名。目前，华晨宝马沈阳生产基地包括大东和铁西两座整车工厂和一座新发动机工厂，整车年产能60万辆，产品包括宝马3系、5系、2系，以及宝马X1、宝马X3等车型。

能够享受到默克尔关爱的不只宝马。访华期间，在李克强和默克尔中德两国总理的共同见证下，戴姆勒股份公司和北京汽车股份有限公司正式签署了旨在进一步深化双方在合资企业北京奔驰汽车有限公司（简称"北京奔驰"）的合作协议，增加超过5亿欧元的投资框架协议，将用于进一步扩建北京奔驰发动机工厂。负责大中华区业务的戴姆勒董事会成员唐仕凯和时任北汽集团董事长徐和谊表示："协议进一步强化了北汽与戴姆勒的全面战略合作伙伴关系，同时表明北京奔驰在制造和管理能力方面已经达到了新高度，进一步提高了北京奔驰的竞争力。"

最早在华设立合资公司的大众汽车集团在默克尔第几次访华之际，捐赠1000万元在中华环境保护基金会设立"大众汽车环境教育基金"，项目目标包括：每年就环境问题和环境教育方法在全国培养 1000 名教师环境友好使者，引导教师开发环境宣教课程；提升青少年的环境知识、意识与行动能力，推动他们对当地学校和社区产生积极影响。大众汽车集团（中国）总裁兼 CEO 海兹曼表示：“项目致力于将教师打造成为环境教育的先锋，带领年轻一代投身到环境保护和生态文明建设中去。”

大众在华"三十而立"的新想法

2021 年是大众汽车进入中国市场的第 35 年，2021 年，他们将庆祝进入中国市场的 35 岁生日。35 年时间，有超过 4300 万辆大众汽车集团的各种型号的汽车驰骋在中国的大街小巷。对于在中国市场未来的新想法，在大众汽车"三十而立"的 2016 年，就有过清晰地表达。

35 年前，正是桑塔纳和捷达的先后国产构成了中国人最初的汽车记忆。一度在中国的很多地方，人们在形容一年的年景时习惯和大众搭上边，用"今年也就赚了辆桑塔纳"来比喻一年的收成，足见大众汽车在中国人心中的重要地位。

合资 35 年来，南北大众累计生产、销售超过 4300 万辆各种型号的汽车，大众、奥迪、斯柯达、捷达等品牌实现国产，旗下宾利、保时捷、兰博基尼、杜卡迪等 12 个主要品牌以进口车的形式驰骋在大街小巷。不可否认，尽管出现过诸如召回这样的插曲，但瑕不掩瑜，大众汽车在中国的光环无人能及。当人们习惯了大众汽车品牌时，大众汽车却立志思变，在华又有了聚焦包括移动出行和新能源车在内的一揽子新想法。2016 年在德国成立的移动出行服务公司——MOIA，把大众汽车集团的品牌扩容为 13 个。

从最初在北京标志性的 CBD 核心地标国贸，到毗邻使馆区的三里屯，再到太阳宫桥的"百盛"，大众中国的办公地三度易址，每次皆因业务扩容。很多人并不知情，当时偌大的三里屯办公区，靠东的一侧曾是米其林中国的地盘。由于业务范围不断扩大，"一座三里屯"已经容不下上千雇员，大众汽车销售（进口车）公司、大众金融、大众培训学院都坐落在京城四处，三里屯是大众在华扩容的缩影，作为"左膀右臂"，以上海为中心的上汽大众和以长春为中心的一汽 – 大众，形成了布局全国 11 省区、超过 19 个工厂或产业基地的全产业链布局。

与这些有形的布局相比，大众汽车正在谋划下一个 30 年的未来。"三十而立"的 2016 年，大众汽车中国总裁兼 CEO 海兹曼（Prof. Dr. Jochem Heizmann）、大众汽车中国企业战略兼销售及市场执行副总裁苏伟铭，甚至时任大众汽车总裁穆勒，多次在不同场合均谈到了"三十而立"的大众汽车在华的一些新想法。

从汽车制造商转变为可持续移动出行解决方案的提供者——大众汽车以此跨越性的转变重新定义自己。为此，大众先后与北京首汽集团、优信和滴滴三大商业伙伴签署战略合作意向。其中，与首汽集团合作，发力快速增长的汽车共享领域；与滴滴出行合作，为客户提供高质量的智能网络约车服务。同时，大众汽车中国还携手一汽-大众和上汽大众共同组建一家全新合资公司，并携手优信为快速发展的二手车市场共同打造虚拟平台，全方位服务消费者。海兹曼把这些连贯性的招牌动作解释为大众的"面向未来"。苏伟铭更是巧妙地把其描述为大众汽车在移动出行领域的"热身"。

在新能源汽车领域，大众汽车也列出了惊人的时间表和数量级计划：2020年，大众汽车在中国的新能源车年销量目标为40万辆，在2025年之前，计划为中国市场提供约150万辆零排放的纯电动汽车。在这个时间表内，新能源汽车将覆盖所有级别的细分市场，在SUV市场，提供插电式混合动力及纯电动，在和滴滴合作中广泛使用新能源车。大众汽车的新能源车覆盖所有级别的细分市场，车型涵盖各条产品线。

海兹曼明确表示，大众与江淮的合资项目"江淮大众"，在2019年实现首车思皓投放市场。江淮大众把经济型纯电动车当作主攻方向。这不仅仅是定价策略问题，更为重要的是目标市场锁定在一个非常清晰的细分市场，江淮大众不采用大众品牌的LOGO。主管与江淮合作事务的苏伟铭表示，大众汽车将与江淮汽车携手合作，在不断增长的经济性汽车市场细分领域，合作研发出更多具有竞争力的纯电动汽车产品。

当时尚未离任的海兹曼前瞻性地认为，车主所希望的未来新能源车在价格上与传统燃油车相近的呼声，政府的介入特别是补贴尤其重要。但大众仍然对于新能源车发展态势保有乐观态度，随着新能源车市场的快速增长，规模经济效应会逐渐体现出来，新能源车的价格与传统内燃机汽车的价格差距将越来越小。从技术角度来说，纯电动车成本大半在电池上面，因此纯电动车、新能源车由于电池成本下滑态势，价格也将逐步降低。此外，传统内燃机车的价格也可能逐渐攀升。例如，随着排放标准日益严格，"国六"标准出台会促使汽车生产企业成本增加，从而拉高传统内燃机车的价格。从趋势上看，新能源车的价格与传统内燃汽车的价格鸿沟将逐渐缩小，并有可能迎来拐点。除了成本因素，其他因素也会影响消费者的购买行为。又如，在北京对传统内燃机汽车限号限行的背景下，消费者可能越来越多地倾向新能源车。

与美国、德国并行的大众汽车集团全球三大"未来中心"之一的北京中心，2017年年底建成如期投入使用，超过3600人的强大研发团队研究未来出行的需求，决定未来的车到底是三个轮子还是两个轮子，是四个门、三个门还是两个门等。

从桑塔纳到I.D系列，"而立之年"的大众正在用创新开启在华下一个30年。虽然大众汽车在中国市场续写了30多年的神话，但是受到的挑战也越来越大。一方面来自其他品牌的竞争，另一方面大众汽车内部也乱了方寸，尾气排放造假使人们对德国制造的高品质产生了动摇，皮耶希之后，文德恩、穆勒、迪斯等高层的持续动荡导致大众似乎放慢了创新步伐。

一汽奥迪拿什么开启"新时代"

——拿30多年在豪华汽车品牌持续领先的气势；
——拿近700万辆用户的保有量；
——拿新团队的精气神儿；
——拿新一年数不胜数的新车；
……

奥迪自己也没想到，品牌主题年会和百年不遇的超级月亮发生偶遇。难怪有人戏称，"当四个圈的奥迪遇到超级月亮，就是汽车界的奥运会"。冯仑、杨澜、马未都、程丛夫等奥迪英杰汇的"老炮儿"，从不同维度阐述了对新时代元年的思考。

与之相对应的是，奥迪以16款全新车型开启新时代元年。履新后首次助阵奥迪品牌活动的一汽－大众总经理刘亦功的出现，如同他铿锵有力的致辞，为奥迪打气鼓劲的意味深长。似乎只有那些亲身经历过2016年奥迪事件的人，才懂得刘亦功助阵的意义。一汽－大众显然希望，奥迪2017年的一切意外都翻篇儿，以品牌主题年会为界，开启新时代的元年。

御风投资控股有限公司董事长冯仑从政治、经济、社会、文化各层面，论述了新时代带来的思想变革，生活方式和用户场景的变革，号召以前瞻的勇气去创造新时代文明。冯仑甚至半开玩笑地认为，不断走向智能的奥迪才是房地产商的最大挑战。在冯仑之外，杨澜、马未都从不同角度阐述了从思想上对接新时代的可能。

2018年是改革开放四十周年，也是中国一汽和奥迪合资合作三十周年。刘亦功称，一汽－大众将为奥迪的全新航程提供不竭的动力和强大的体系支撑，以产业融合为方向进行制造升级，推动互联网、大数据、人工智能融合生产之中；以绿色经济为导向进行产业链构建，开展新能源产品的开发；以全球化为核心进行研发提升，全程参与所有奥迪车型的前期开发流程，把中国用户的市场需求融入奥迪的产品研发中；以创新驱动新业务拓展，致力于为用户提供更多元、更智能的高端出行解决方案。

时任一汽-大众奥迪销售事业部执行副总经理荆青春表示，在新的时代，一汽-大众奥迪将突破束缚，创造更多的场景，提供更多的可能。在产品方面，一汽-大众奥迪推出16款重磅车型，其中包括数字汽车时代的智能高端旗舰——全新奥迪A8L，拥有同级别最大的驾乘空间、提供最佳家庭出行体验的全新奥迪Q5L，以及开拓一个全新的细分市场，创造入门车型高档驾控需求的全新奥迪Q2L。在新能源方面，奥迪品牌现阶段已经形成奥迪A3 Sportback e-tron、奥迪A6L e-tron、奥迪Q7 e-tron的家族布局。2020年，一汽-大众奥迪发布7款新能源车型，其中包括续航里程达到500km的奥迪首款国产高档电动SUV——C-BEV。

如果说2017年的奥迪因为上汽奥迪的横空出世在华遭遇了些意外，2018年重回赛道的奥迪，应该对他们的王者归来抱有期待。事实上，2018年奥迪以近70万辆的销量重夺单一豪华品牌桂冠。

奔驰一度"巧妇难为无米之炊"

把目光放得更长远一些，也许对奔驰来说比简单的销量更重要。销量上比不过奥迪和宝马的奔驰，并非一无是处。

始于2012年的豪华品牌销量数据比拼，奔驰以第二收场。与奥迪销量的40万辆，宝马销量的30多万辆相比，奔驰的20万辆的确差距不小。但是，这也是市场和运营模式的实力所在，奥迪的40万辆是奥迪在华苦心经营20多年的结果，支撑40万辆的背后是"全价值链本土化"的模式，而宝马最近几年销量连续攀升的背后源于强势的"人治"。宝马大中华区原总裁史登科，虽然是德国人，但是精通汉语的"老史"用人格魅力确保了宝马在华的销量。奔驰的20多万辆销量，与奥迪、宝马相比，虽然稍显逊色，但是这个销量还是实现了近10%的增长，这个数字放眼奔驰全球并不低。再者，数字的差距并没否认奔驰依然是豪华品牌强者的地位。

与奥迪的全价值链本土化模式以及宝马的"人治"不同，奔驰中国和北京奔驰各自为政也只是问题的表象，如果一定要分析奔驰问题的症结，那就是产品问题。这是奔驰集团战略性的问题，以产品对标，与奥迪 A6L 和宝马 5 系 L 相比，奔驰 E 级无论外观还是配置都落后了一代。奔驰 E 级只是奔驰集团战略性失误的一个缩影，从 A 级到 S 级所覆盖的车型，奔驰是在设计开发上输给了奥迪和宝马。而奔驰集团战略性的失误正在得到纠正。不久前举行的第 83 届日内瓦车展上，奔驰 CLA 和全新 E 级正在得到全新改观。CLA 是一款开辟全新细分市场的 A 级四门运动轿车，从设计角度来看，CLA 是最为经典的奔驰 CLS 的延伸车型，从侧面看，三个显著的线条勾勒了车身的流线结构：引擎盖两侧的轮廓边缘向后平滑延伸，淡淡收尾；紧接着，从车门处展开的另一条强壮有力的肌肉线条横越车门直至后轴上方；最后，前后轮之间的一条上扬线条成为侧面腰线的完美收笔，三条精致的线条共同勾勒出一个丰满的动感车身。最早亮相底特律车展的 CLA 在美国市场的售价为 2.99 万美元起，于 2013 年 4 月交付给消费者。在 2014 年推出的欧 6 标准的前一年，奔驰 CLA 两款排量的车型已经满足了欧洲排放标准的要求。全新 E 级的变化同样可观，收紧后的前脸同时加厚，让全新 E 级在传承经典的同时更加饱满……

在奔驰全球倚重的中国市场上，虽然量不如人，但是奔驰中国的市场营销和品牌维护功不可没，无论是奔驰驾驶学院，还是奔驰时装周、Smart 网上竞拍的销售模式，以及旨在维护品牌形象的"奔驰星愿基金"都有声有色。2013 年，伴随着戴姆勒和奔驰中国两位外方高层的逐渐进入角色，以及奔驰中国和北京奔驰 3 月的整合到位，再加上奔驰全新产品的出世，相信奔驰不再"巧妇难为无米之炊"。

别争了，都是德国制造业的胜利

对于普通消费者来说，可能会为买奔驰、宝马还是奥迪发愁，不管最终买了哪一个品牌，都是德国制造业的胜利。

每年伊始，是车企年内各种大数据相对集中披露的时候。就 2019 年的豪华品牌而言，奥迪凭借着 68.88 万辆的销量再创同比新高，宝马在 2019 年"拳打脚踢"实现了超过 72 万辆（含 MINI）的销量，汽车发明者的老牌劲旅奔驰在中国市场同样收获了 70 多万辆的不菲业绩，为 2019 年画上了圆满句号。尽管第二豪华品牌阵营之中，美系的凯迪拉克和日系的雷克萨斯也收获了 20 万辆左右规模的销量，但是同样来自欧洲的保时捷和沃尔沃也分别收获了 10 万辆和 16 万辆左右的用户。

不只是在中国，放眼全球市场，奔驰、宝马、奥迪三大豪华品牌也凸显出德国制造业的强大，德国三大 2019 年全球的销量都在 200 万辆左右。在全球市场，三者相加的数量为 600 万辆左右。奥迪、宝马、奔驰在中国市场霸占了 200 多万辆的市场，在豪华车市场形成的垄断效应更加明显。

对外是德国制造业的胜利，对内则是德国南部的胜利，宝马总部慕尼黑与奥迪总部英格斯塔特的距离不远，开车不足 1 小时车程，两家久负盛名的公司总部都属于巴伐利亚州。而奔驰总部斯图加特与慕尼黑距离不远，虽然斯图加特属于巴登－符腾堡州，但是两个州接壤，距离 300km 左右。同样如雷贯耳的还有保时捷、博世，总部也在斯图加特。地标性的斯图加特火车站，始终屹立着奔驰三叉星辉。无论是宝马、奥迪还是奔驰，三个品牌从地理位置上都同处德国西南部。全球公认的汽车发明者奔驰都 135 岁了，奥迪和宝马也都是百年老字号。德国西南部地区是全球汽车工业名副其实的发源地。

不过，越是看到他们业绩斐然，我们就越为自主品牌汗颜，这种汗颜不是技术上的，而是心态上的。一来我们时常陷入奥迪、奔驰、宝马谁卖得更多一些的井底之蛙的认识中，他们卖多少都是德国制造业的胜利。二来也是最痛心的，经过几十年的沉淀，自主汽车品牌好不容易有了走出海外的机会，面对并不大的市场互相恶意竞低价、拆台，甚至自相残杀，而年底的统计数据不管卖了多少都以第一自封，而不是互相"抬轿子"、帮一把。

德国制造业的强大对中国自主汽车而言是一部教科书，其中的要义必须重视实业和制造业，这才是经济的压舱石。在德国，学技术出身的蓝领所受到的礼遇，无论是薪水还是职称，都不比白领低，这就说明了其中的奥妙。

标致 200 年没有东风不完美

放眼全球，造车历史超过百年的品牌不超过 5 个，除了奔驰、奥迪、宝马、斯柯达属于典型的百年老店，标致更为久远厚重的历史却鲜为人知。早在 2010 年，标致就迎来了 200 年诞辰。只是，知道标致 210 年历史的人就更少了。

在标致的历史卷宗中，很难找到一个切口。这个品牌涉猎的领域太多，以前管这叫全才，现在叫达人。光赛道成就就要分成两条：一条是赛车的，另一条是自行车的，环法赛事近在咫尺，标致是生产自行车的祖宗，能不染指吗？关于赛车，到手的奖杯比参加的赛事还要多。这个品牌对金属有一种天然的敏感和爱好，从汽车到摩托车再到自行车，从夹鼻眼镜的弹簧到外科手术器械。

能在 200 年创业史和 100 多年的汽车制造史中保持独立运作姿态的品牌，到今天已经所剩无几，标致的历史精华浓缩在两个词组——技术 + 趣味中。

标致对技术的追求非常单纯，思路也很简单。在家用车市场上富足了，就规划资金投入赛道。例如，1889 年第一辆标致汽车出产后，1894 年就拿到一项赛事冠军；1931 年在成功研发出世界上第一批采用前轮独立悬挂的 201 后，隔年就在蒙特卡洛汽车拉力赛上问鼎。

总部坐落在巴黎塞纳河右岸的标致品牌，对赛道有点巴黎塞纳河左岸文化的纯粹精神：从勒芒的赛道通向了 F1，F1 又连着 WRC，仿佛赛道史就是品牌史。反过来，其经过残酷赛道验证过的技术，再把其中可移植的东西拿到家用车市场上来。

不少人都希望从标致车身上体会一些法式生活和文化，这是有同感的。例如，307两厢简洁精致的尾部，就好像在大街上辟出一条普罗旺斯式的寂寞小径，有点那里的韵味。巴黎是世界上首个对城市自然资源——树木进行保护的城市，这种意识也许是促成标致与法国、巴西开展环保项目合作的原因，包括408，标致所有产品的车身材料90%都是可回收利用的环保材料。

所以，法国人的生活是带点质感的，这种质感也可以说是情趣。例如，在1926年巴黎车展上展示了首款"敞亮透光"的车型——今日汽车上常见的天窗，鼻祖便是标致。3年后，标致201用上了折叠式织物软质车顶；1934年，标致601成为使用ECLIPSE折叠硬顶技术的始发车型。

经常说某车搭载4个涡轮，是一台动力野兽，没错，就是纯粹的野兽，简单粗暴无细节。所以，当408温润的海洋性气候中还带点"街头舞步"之类的操控基因时，这样的车才有点意思，这样的品牌才有意思。

应该庆幸标致在中国有合资车企东风标致。同是百年老店，标致并没把自己的姿态摆得像奥迪一样高，你可以用A4、A6甚至A8"高处不胜寒"，我想用1系列、2系列和3系列中小型车的穿梭活络全世界，这取决于自己想往哪个方面发展。1934年，搭载在当时很先进的6缸动力总成的标致601问世，这款车还是世界上第一款折叠硬顶车，技术像个万能的平台，出什么产品、出什么等级的产品，发自意愿。所以，即使没有HDI、BB1这类标致现在很拿手的柴油技术、纯电动或新能源技术，中国消费者也可以轻松享受到207、307、408的安全技术、底盘炼制调校和更耐久的组装品质。

标致200年，共向全球交付了近6000万辆汽车。而在中国，与东风合资10年，东风标致在中国的销量100多万辆。尽管这个数字与标致的6000万辆相比九牛一毛，但是在中国身为全球第一大汽车市场面前，有参与就是一种荣耀，没有中国的100多万辆销量，标致200年就不完美。当然，对于今后的东风标致可以期待更多。

PSA拿DS在华最后一搏

法国PSA（标致雪铁龙）用42亿元下了最大的赌注，这恐怕也是其在中国汽车市场的最后一搏。

2010年7月9日，法国PSA与长安汽车正式签署协议，双方按照50：50的出资比例，初期投资 84 亿元成立全新的合资公司。根据协议，合资公司集中力量将雪铁龙品牌的 DS 系列产品引入中国并推出合资企业特有的品牌。之后，根据合同计划，合资企业将设在广东省深圳市，可用合作双方的其他品牌：标致品牌及长安品牌，销售其他车型。合资企业一期产能为 20 万辆汽车和一个研发中心，首款车 2012 年下半年投产。至此，长安在成为继东风神龙之后与 PSA 合资的第二个企业的同时，PSA 也满足了中国规定的可以同时拥有两个合资企业的名额。

还是先看看 PSA 给出的与长安合资的理由吧。时任 PSA 执行副总裁、中国事务 CEO 华日曼此前的解释为，PSA 在中国的发展目标是：到 2020 年要达到 200 万辆的年销售规模，市场占有率要提升至 10%。神龙显然还承受不了这个重任，他甚至举例说：截至 2009 年，PSA 在中国的唯一一家合资公司——神龙公司年销量仅 27.2 万辆，市场占有率为 3.5%。尽管神龙汽车从去年开始就重振雄风、增长迅猛，但显然仅靠神龙的力量难以实现 PSA 在华 200 万辆的宏伟目标。

PSA 与长安的合资难说好坏基于以下几个事实。

其一，双方的合资从谈判之初就是一场表演，在与长安签署合资的同时，PSA 也公布了与神龙启动第三工厂的消息；PSA 总裁瓦兰来华拜访长安高层的同时，也特意拜会了时任工业和信息化部副部长的苗圩，苗圩曾长期担任东风汽车公司的总经理。有人说，瓦兰拜会苗圩显然是希望与长安的合资能得到支持。

其二，有人说神龙没有把车卖好。这显然不是事实，要知道神龙旗下的汽车，卖得好的都不是 PSA 的原型车。例如，爱丽舍比富康卖得好，三厢世嘉比两厢卖得好。又如，标致的三厢 307 比两厢好卖，三厢 207 比两厢好卖。一度月销近万辆的 408，也正是融入了中国的元素才有今天的成就。简单地说，卖得好的车都是神龙经过本土化改造的车型。

其三，合资的时机太晚了。PSA 和神龙的合资曾是中法最大的合资项目，PSA 来华的时间和同样来自欧洲的大众汽车是前后脚的事儿，大众汽车去年凭借超过 140 万辆的业绩成为最大的跨国汽车公司，而 PSA 在华的销量只是大众汽车的零头。如果 PSA 早五年就找个伙伴，PSA 的销量也不会是今天这个样子，而如今跨国公司在华都羽翼丰满，PSA 与长安杀出重围，何德何能？

连中国汽车工业咨询委员会委员陈光祖也有同感："我个人认为，标致雪铁龙集团不太了解中国国情，近些年在中国市场的表现就是最好的佐证。"对于今后长安与 PSA 的合作前景，陈光祖坦言现在评论还为时过早。但双方无论采取何种合资方式，都不能再次延续 30 年前的合作方式，中方必须在合作过程中取得绝对的话语权，最关键的是获取技术。新一轮的合资潮再次袭来，跨国公司要在中国获得稳固发展，必须认清这并不是短期行为；中方也要考虑到一系列的权益，要通过合资促进自主品牌的发展，而不是引起激烈竞争。

要不是徐骏被调离长安 PSA，人们很难想到汽车市场还有 DS 这个品牌了。身为长安 PSA 副总裁的徐骏被调离，既是长安高层的一种保护，也是 DS 艰难甚至乱象的缩影。能够被调离说明这种保护还"有地儿"可去，艰难甚至乱象是 DS 过往的真实写照，但更多的是说给徐骏继任者的逆耳忠言。

DS 作为在中国并不知名更谈不上美誉度的汽车品牌，其在换人的节奏上远超很多汽车品牌的老牌劲旅，不知道的以为长安 PSA 是一家人事公司。2016 年 3 月 24 日离职的时间节点，距离其去年春天出任长安 PSA 刚好一年。一年对 DS 来说已经很长了，譬如代表外方与徐骏一同执掌 DS 的陈国章，任上不足一年就离开了长安 PSA。而徐骏和陈国章只是堪称最年轻合资车企长安 PSA 人事更迭的插曲，在人员变更上，这家企业接连上演人来人往，如蔡建军、赫博、陈国章、徐骏、博杰斯等，都曾在 DS 任过职。很多人是带着光环而来，带着郁闷而去，长安 PSA 输得一度仅剩下一个"看门儿"的应展望。

"徐先生"堪称长安重臣，虽然长安 PSA 销售副总裁任上近履职一年。但其职业生涯与汽车颇有渊源，仅在长安汽车集团的"工龄"就超过 10 年。一个细节是，履新长安 PSA 副总裁后，徐骏把自己微信的名称一度改为"5 万辆先生"，这不仅是"徐先生"也是几任长安 PSA 高层渴望的一个销售数字，事与愿违的是 2015 年 DS 的销量最终锁定在 2.4 万辆。5 万辆已经是长安 PSA 调整后的数字了，在公司成立之初，他们的愿景是 10 万辆。

高层频繁更迭的背后凸显出 DS 迫切需要解决的几个问题：一是中外合心的问题，中外双方短时间内高层频繁更迭的背后，说到底是话语权的问题，正是长安 PSA 的内耗错失了发展机会。二是定位问题，去雪铁龙化只是 DS 迈出的第一步，而在 DS 究竟是什么样子的车的问题上始终摇摆，"前卫·巴黎"的品牌口号听上去与汽车没有一点关系，很多人听后的第一感觉以为"是个化妆品"，更有人戏称"前卫·巴黎"的品牌口号是巴黎的城市公益广告。三是最根本的，也是必须量力而行的问题。在中国车市竞争白热化的今天，市场留给 DS 的缝隙本来就不大，长安 PSA 不该万不该喊出 10 万辆的目标，虽然说"不想当将军的士兵不是好士兵"的理儿都懂，但是现在的市场凭什么要给 DS

留出 10 万辆的市场？先给个理由。"徐先生"任上把销量做到 2.4 万辆，其增长率已经远超行业平均增速，长安 PSA 应当知足。对于中外双方数十亿元的投资，尽早收回成本甚至早点盈利的想法无可厚非，但是谁让你自己都说不清是什么品牌呢？要么，中国市场不再需要 DS 这样的品牌。

长安 PSA 后来还推出过 DS 的后续车型，但留给继任者的是无穷的挑战。长安 PSA 董事会制定的 2016 年的 3.5 万辆销量会不会因高层更迭生变，又靠什么完成？

当年这些担心的预言如今都成为现实。10 年时间，DS 的老外纷纷打道回府，蔡建军去了爱驰、观致和吉利，应展望投奔拜腾，DS 卖给了收完观致收 DS 的宝能。

惹不起的桑塔纳

从"普桑"到"桑塔纳·尚纳"，桑塔纳用了 35 年时间构筑起一道难以攻破的防线。音译为桑塔纳的 Santana，原是美国克罗多拉大峡谷的一种季风的名称，没承想作为一辆车，桑塔纳在中国市场呼风唤雨 35 年，以至于成为一种长期存在的现象，桑塔纳是衡量北京人是不是"老炮儿"的标志性物件之一。

原来市场上只有一种车可选择的时候，那辆车就是桑塔纳，当捷达和富康相继问世，尤其是富康逐渐淡出人们视线的时候，桑塔纳也在。而当福克斯、轩逸以新势力成为 A 级车主流的时候，桑塔纳还在。这期间还夹杂着福美来等车型也把桑塔纳当作竞品。都

汽车运势：这个市场谁不动心

35年了，当其他车型渐行渐远成为过客时，桑塔纳还是常客。

到2020年，桑塔纳作为大众一款简单的车型，而不是一个独立的品牌，在中国市场超过了600万辆的保有量，难怪包括汽车行业之外的很多人士把桑塔纳当作一种现象来研究。片面的说法是沾了早来中国市场的光，其实在桑塔纳长盛不衰的DNA中，始终有一条清晰的本土化创新主线。上海大众当年在只有"普桑"一款车型的基础上，逐渐衍生出桑塔纳2000、桑塔纳3000、桑塔纳志俊等车型。在基本没有经验可借鉴的情况下，上海大众数任总经理薪火接力，愣是把桑塔纳一款车做成了一种社会现象，并成为中国社会的一部分。

在山东老家，我小时候印象最深的就是邻居用"一年赚辆桑塔纳"来形象比喻家庭的年收入。当然，也有学桑塔纳走了样的例子，当时的天津汽车从丰田NBC平台上引入的一款A级车，就是后来"败走麦城"的夏利2000。据说，当时天津汽车有更好的名字，有拍板权的领导是个好事者，上海有个桑塔纳2000，天津就叫夏利2000吧。当然，夏利2000的失利不仅仅问题出在了名字上那么简单，以此足见桑塔纳的江湖地位之重。

在2012年顺势推出了全新一代桑塔纳之前，上海大众像巴乔告别球场一样专门为老桑塔纳举行了谢幕仪式。有一年上海车展上一款叫桑塔纳·浩纳的车型纳入桑塔纳品牌旗下，桑塔纳·浩纳整体造型有些跨界，融合了旅行车和两厢车的特点，车身比例突破传统，带来视觉上的延展感与充裕的空间。外观上，前脸部分犀利的前大灯与水平横向的进气格栅融为一体，提升了整体感和视觉的横向性。修长而扎实的腰线，配合尾部大角度倾斜的后挡风玻璃，勾勒出速度感十足的造型。内饰上，则延续了桑塔纳品牌简约纯粹的设计风格，兼具实用与美观，满足当下年轻消费群体时尚个性的需求。上海大众还把三厢新桑塔纳命名为桑塔纳·尚纳，使得桑塔纳不再只是一款车，而是名副其实地成为一个车系。上海大众汽车有限公司销售与市场执行副总经理、上海上汽大众汽车销售有限公司总经理贾鸣镝称，经过梳理后的桑塔纳作为上海大众的金字招牌，今后将以家族式的面貌，完成A级车市场从两厢到三厢再到旅行车的多车型全覆盖的布局。

在时代变迁中，当不少车企还聚集在分网、分品牌时，上海大众却不断以与时俱进的车型把脉市场需求，以产品扩容聚焦桑塔纳品牌，续写桑塔纳的新传奇。

1998年《北京晨报》创刊，暨20世纪90年代末期，正是以上海大众桑塔纳为代表的"老三样"的鼎盛时期。1998年，桑塔纳2000Gsi"时代超人"投放市场；1999年，桑塔纳"99新秀"上市……当时正处于桑塔纳2000的车型周期，在市场持续热销。时至今日，桑塔纳已经在中国走过37年，从普桑到桑塔纳2000，从桑塔纳3000到桑塔纳Vista志俊，再到新桑塔纳，已经收获了600万车主与桑塔纳品牌同行。

"桑塔纳"这个名词起源于一座盛产葡萄的山谷。在这山谷里，经常刮起一股强劲的旋风，当地人把这种旋风称为"桑塔纳"。而当第一辆新型轿车从西德大众公司生产出厂时，公司即决定以"桑塔纳"为其车名，希望它如同"桑塔纳"旋风一样风靡全球，至少风靡了中国大江南北。

1983年4月11日，上海安亭的一处旧厂房里，一辆刚刚手工组装完成的轿车缓缓驶出，这意味着中国首辆桑塔纳轿车的诞生。

1994年，在上海大众成立10周年的庆典上，中国轿车合资企业涉足开发的第一个成果——桑塔纳2000首次亮相。该车型根据中国市场的特点，提升了后排的乘坐空间，成为国内汽车升级换代的经典案例。

2006年，桑塔纳3000横空出世。同时兼顾商务用途和家庭生活，在车市中掀起了"务实"之风，可谓是"井喷"的车市中最为得意的作品之一。面对竞争激烈的车市，桑塔纳品牌也在寻求新的市场和突破。

2008年，桑塔纳Vista志俊上市。凭借可靠的品质和优良的性价比以及上海大众汽车遍布全国的维修服务网点，桑塔纳Vista继续延续了桑塔纳品牌常青树的神话。

2012年12月，新桑塔纳耀世而生，中国汽车工业发展的见证者——桑塔纳品牌迎来了又一个崭新的开始。凭借领先时代的造车理念与始终如初的至真品质，新桑塔纳迅速在竞争最为激烈的中级车市场中崭露头角，上市一年半，新桑塔纳累计销量突破34万辆，充分说明了桑塔纳品牌跨越时代的蓬勃生命力。

新桑塔纳热销背后除了桑塔纳品牌30多年来积聚的强大市场号召力，更得益于其产品与服务的过硬品质。

亲历奥迪零到600万辆的跨越

从零起步，到100万辆、200万辆、300万辆、400万辆、500万辆和600万辆的跨越，奥迪长期是中国豪华车市场的冠军。尽管优势有所缩小，但并没有改变奥迪在豪华车品牌中保有量最大的基本面。截至2020年，奥迪在华累计销量超过600万辆。

2010年：奥迪100万辆的秘密

很多人对奥迪在中国取得100万辆的销售业绩表示惊讶，却很少有人能说清楚是什么原因成就了奥迪在豪华车市场老大的地位。大家的惊讶正是因为是奥迪，而不是奥拓或其他的车型累计销售了100万辆，在机场偶遇时任一汽丰田销售公司常务副总的田聪明，他竖起大拇指说"厉害"。

不少汽车行业之外的商业人士也都在探寻奥迪成交100万辆的秘密。2010年10月，奥迪在长春高调举行了7000人参加累计100万辆的庆典，除了奥迪董事会主席施泰德等合资双方的高管，还请来了宋祖英、张靓颖、汪峰助兴。10月下旬的长春晚上气温接近零度，庆典仪式却让人沸腾。奥迪累计100万辆的销量引起了人们的各种议论：有的说奥迪是沾了进入中国市场早的光，有的说是政府用车成就了奥迪，还有的说奔驰、宝马为什么就到不了这个量……

奥迪把自己的成功归结为"全价值链本土化"的模式，如生产的本土化。奥迪从一开始就以国产的方式进入中国，本土化体现在奥迪的产品开发、零部件采购、产品制造乃至营销服务等所有环节上。关于本土化开发，普通消费者感受最深的是：国产奥迪比

汽车运势：这个市场谁不动心

世界上任何一个国家的奥迪都要长，车型上的豪华配置在全球也屈指可数，而这一切是在中方提出意见后才得以实现的，尽管奥迪拥有百年的历史，但是在人们对汽车的需求上，中方的把握比德国人更准确。当时，奥迪引入国产的23款车型，均做了较大程度的本土化二次研发。在奥迪所销售的100万辆中，国产奥迪接近93万辆，进口奥迪只有7万辆左右。与奥迪86%的国产化率相比，宝马的国产比例是43%，奔驰的国产比例为32%。以致奔驰E和宝马5系在国产时也不得不步奥迪A6L的后尘，国产时候都进行了加长。

在我试图寻求奥迪成功答案的过程中，相关负责人给我提及了一份报告，尽管那是十几年前的"老皇历"了，可依旧让人记忆犹新：麦肯锡十几年前做的一份豪华车市场的调研报告显示，奥迪和奔驰、宝马之间有一堵墙，墙的这边是奔驰、宝马，真正的豪华品牌，另一边是像奥迪、沃尔沃、雷克萨斯这样的品牌，代表了两个不同层次豪华车的品牌。从1999年奥迪A6国产以来，奥迪用了近10年的时间只做了一件事，就是让奥迪品牌在中国实现价值回归、形象回归。在奥迪"突破科技，启迪未来"一以贯之的品牌理念之下，奥迪用独特创新的方式诠释了其"进取、尊贵、动感"的品牌内涵。现在，人们一提到奥迪，除了"官车"，还能想到它的科技、品质、动感和尊贵。在2007年的一次权威机构调研报告中，奥迪作为高档汽车品牌的认知度，已经与奔驰、宝马不相上下。

时任一汽-大众奥迪销售事业部副总经理的胡绍航回忆说，甚至连广告也要细致到本土化，德方同事带来的是奥迪的品牌理念、品牌文化，什么样的广告中国人能看懂，能够接受，给中国人的感受是什么，肯定和外国不一样，在坚持奥迪品牌理念的前提下，最大可能发挥中方本土文化的优势。所以，人们看到的无论是奥迪的广告还是市场营销活动，要么背景充满中国元素，要么是诸如郎朗、张曼玉、杨澜这样具有进取精神的人担任代言。近年来，奥迪无论是在诸如北京车展这样的汽车行业中，还是在艺术、文化、体育等领域的跨界营销过程中，始终保持和强化本土化营销的元素。

说奥迪的100万辆得益于进入中国市场早，多少有些以偏概全。因为在1988—1999年，从销量上看实在微不足道，最高的一年才销售19823辆，不及现在一个月的销量。政府用车的确曾经为奥迪的销量立下了功劳，在现在的销售结构中，公务用车购买比例只有不到20%，超过80%的用户来自个人消费。张晓军说，奔驰和宝马都是奥迪尊重的对手。但是在坚持奥迪全球统一标准的基础上，以全价值链本土化为核心的模式是宝马、奔驰难以复制的。

奥迪100万辆时，宝马60万辆左右，奔驰和宝马旗鼓相当。与奥迪有40万辆的差距，这差距宝马和奔驰追赶了10年。

2013年：200万辆的新起点

在庆祝奥迪销量200万辆欢乐时刻的同时，一汽和奥迪的中外股东为奥迪在中国的更大发展谋划了清晰的未来。

2013年是一汽携手奥迪整整25周年，这对于一汽和奥迪乃至中国汽车工业来说都是"里程碑"。1990年一汽老厂长耿昭杰与时任大众汽车董事长的哈恩在人民大会堂签署生产协议的时候，几乎可以断定没有人能想到奥迪会在中国实现200万辆的保有量。更令人出乎意料的是，双方携手25周年暨销售200万辆的庆生地点，不是在长春，而是在距离长春3000km之外的佛山举行。佛山是长春工厂产能饱和之后，一汽－大众投资兴建的第二座奥迪工厂，全新奥迪A3三厢/两厢在佛山生产。

200万辆本身就是一个可怕的数字。别说是200万辆奥迪，就是200万辆捷达也已经足够令人惊讶了，更何况一辆奥迪的售价可抵数辆捷达。惊讶还在于，实现第一个销售100万辆，奥迪在中国用了长达22年，而第二个100万辆，仅仅用了两年零9个月，数字在折射奥迪自身神速增长的背后，也将宝马和奔驰两位老大哥远远地甩在了后面，宝马在中国市场保有量相对较多，也才110万辆左右。尽管奔驰和宝马不太愿意把奥迪当作豪华车看待，但是在中国市场奥迪是绝对的豪华车的领导者。

宝马和奔驰为什么追不上奥迪的脚步？把原因仅仅归结为奥迪来华时间最早是片面和不公平的。奥迪在华成功的DNA是"全价值链的本土化模式。"例如，奥迪A6L针对中国人的需求进行了车身的加长，而当主要的竞争对手也效仿简单的车身加长时，奥迪却在汽车的舒适性、实用性等内涵上领先了，如根据中国人的身体特性量身定制的座椅，有的配置甚至具备按摩功能，就连在车上能够满足商务人士需求的220V充电插座装备都有体现。从这点上来说，奥迪是从骨子里琢磨透了中国消费者的需求和嗜好。

时任一汽－大众总经理的张丕杰说，200万辆已成为辉煌的句号，奥迪正站在一个新的起点上深耕细作"全价值链本土化模式"。

一汽和奥迪合作前20年，关注的是增速以及增量给汽车产业带来的机会、GDP、税收等。一汽奥迪未来的发展将更加关注环保、更加关注节能、更加关注体系能力建设，这种和以往不同的关注点将进一步丰富"全价值链本土化模式"的内涵。例如，佛山工厂是国家唯一一个三星级的"绿色环保工厂"，所安装的太阳能电池板将来靠太阳能发电可以为这个工厂提供近10%的供电。第三代发动机与现有的车型相比，整车油耗至少可以降低18%。

对于整个产业的拉动关注。一汽－大众将集成所掌握的技术来支援本土供应商的发展能力。如为一汽－大众配套的本土供应商有500多家，为一汽－大众奥迪配套的纯中资供应商有180家，其中的60家中国本土供应商已经进入奥迪的全球采购体系。

庆典仪式后的小范围交流会上，当问及奥迪董事会主席施泰德对过去25年中奥迪在中国有哪些遗憾时，施泰德坚定地说："NO，没有任何遗憾。"

2015年：里程碑意义的300万辆

没有大张旗鼓庆祝的奥迪在2015年5月21日迎来了具有里程碑意义的第300万辆。视奥迪为主要竞争对手的奔驰和宝马在中国市场的累积保有量，分别约为130万辆和140万辆。在中国市场，无论是消费者还是媒体，多数人愿意把奥迪、奔驰和宝马看作名副其实的豪华车，并取每个品牌的首个英文字母组成了"ABB"阵营。调查显示，"ABB"是中国人购买豪华品牌时率先能想到的品牌。

奥迪每售出的100万辆都是破纪录的，犹如跨栏运动员把成绩每提升一秒都是巨大的挑战，奥迪在中国市场也是这样走来的：完成第一个100万辆用时22年，第二个100万辆用时33个月，达成第三个100万辆则缩短至22个月。屈指算来，从进入中国市场算起，完成300万辆的累计，奥迪用了27年时间。奥迪具有里程碑意义的300万辆的DNA，是在不断丰富和践行"全价值链本土化"模式下的强大体系支撑。人才本土化、车型本土化和营销本土化。以车型本土化为例，奥迪A6和奥迪A4的车身加长，不仅帮助奥迪完成一个又一个量的积累，更成为豪华品牌的标配，奔驰C、E，宝马3系、5系以及其他品牌，都先后步了奥迪加长的后尘。当豪华品牌车身普遍加长蔚然成风之时，奥迪又玩出了全铝车身轻量化和MMI"大汉显"等。在新奥迪A6L车型上，不仅驾驶席的中控台上及时加上了USB插口，后排还增加了适合商务人士为电脑充电的插座。在把握消费者所需上，奥迪总能先人一步。

按说，"逢十逢百"是要大庆的。一汽奥迪却选择了在各地以经销店投纪念版车型的方式低调庆祝，而非当年 100 万辆下线时的烟花烂漫。显然，一汽奥迪希望用务实的方式来进一步提升销量，而非靠好大喜功的场面大肆庆祝。

2016—2019 年，奥迪在华每不到两年就达成 100 万辆的速度累计超过 500 万辆，并在 2020 年 2 月迎来第 600 万辆。宝马和奔驰在中国市场的累计销量为 400 万辆。

斯柯达尾标为何去大众化

国产斯柯达的尾标从"上汽大众斯柯达"改为"上汽斯柯达"，去大众化的背后是增加斯柯达的曝光度、识别度，与斯柯达的股权变更及独立没有一点关系。

斯柯达完成对上汽大众 1% 的入股，股权变更后的 2017 年 7 月底，率先从旗舰车型速派开始，将尾标的标识由"上汽大众斯柯达"改为"上汽斯柯达"，并陆续全车型更改新标识。这并不是斯柯达要独立的意思，斯柯达还是上汽大众的双品牌之一，有点儿像一汽–大众的奥迪品牌，奥迪在一汽–大众的尾标同样是"一汽奥迪"，并不体现大众。

所谓的独立，有的有之，有的无中生有。有之的是，作为上汽大众双品牌之一的斯柯达在销售渠道上一直是独立的，上汽大众的大众经销商和斯柯达经销商从品牌引进之初就是渠道泾渭分明，在上汽大众内部的销售机构中，也有类似大众品牌和斯柯达品牌销售事业部之分的架构设置。无中生有的是，斯柯达折腾得再大，也是上汽大众的双品牌之一。独不独立不源于上汽大众的中方，斯柯达从根上就属于大众汽车集团的 12 个品牌之一。即便是独立，也是斯柯达在大众汽车集团先独立，然后和上汽集团探讨独立的可能性。所谓的独立，更多的是资本上的，前提是斯柯达与上汽建立对等合资关系的可能性。即使在现有建构的框架下，要想独立，也是大众集团与上汽集团以增资的形式，而不是通过换尾标就能独立的。简而言之，斯柯达好比上汽大众的风筝，飞得再高，线儿还在上汽大众手里攥着。

一个换尾标引发可德巴赫样的猜想，恐怕也源自上汽斯柯达逆生长的劲头儿，在市场整体放缓尤其是轿车市场差强人意的情况下，2016 年上半年上汽斯柯达品牌以同比超过 14% 以上的增长跑赢大势，实现销售 17.45 多万辆。其中，明锐、昕锐、昕动和 Yeti 等车型的销量皆轻松超过万辆，旗下多款车型势均力敌、齐头并进的增长，让此前忽略了斯柯达是对手的其他品牌防不胜防。

斯柯达尾标去大众化，是外界把简单的事儿想复杂了，上汽大众仅仅是为了增加斯柯达的曝光度、识别度和提升品牌美誉度。不过，未来也有存在变数的可能。以往斯柯达在大众汽车集团的品牌定位是稍逊色大众品牌的，但在范安德主政时期，斯柯达除了技术上全面对标大众，在造型设计上尤其加上了捷克独有的波希米亚和水晶元素。也就是说，斯柯达在品质上与大众所差无几的同时，在造型上又独具特色，形成了与大众平起平坐的可能。

尤其是大众尾气造假丑闻之后，大众汽车集团不排除今后把斯柯达打造成一个与大众品牌平起平坐的品牌的可能性。一个细节是，接替范安德出任斯柯达全球董事会主席的梅博纳，与接替文德恩出任大众汽车集团总裁兼 CEO 的穆勒，两人履新之前，分别担任保时捷的"一、二把手"。给人的感觉，梅博纳是个从骨子里宁可提升斯柯达也不愿意降低斯柯达品牌的人，毕竟操刀保时捷的经历让他降低斯柯达的品牌定位，几乎为零。

伴随着斯柯达后续多款 SUV 以及全新车型的推出，斯柯达逆生长或许将成为新常态。上汽斯柯达去大众化也等于是"偷师"了上汽集团的一招，与上汽集团将上海通用、上海大众更名为上汽通用、上汽大众一样，是市值化和品牌化的体现。

宝马在华车主平均年龄 35 岁

在 2016 年宝马年度业绩沟通会上，与当年宝马汽车在中国市场销售 47.2 万辆的业绩相比，我更感兴趣的是宝马车主年龄，时任宝马集团大中华区总裁兼首席执行官康思远说，宝马在华车主平均年龄只有 35 岁，一个比欧美市场普遍年轻 10 岁的年龄。

在宝马中国和华晨宝马所有"班子成员"参加的"BMW 迎新年媒体沟通会"上，宝马重申中国市场在全球战略中的重要地位，并表示将在市场变革中继续采取主动、坚持创新、深化本土化发展，推动公司业务的可持续增长和"共赢"发展。康思远说："宝马致力于引领变革潮流，将可持续性提升至更高水平。"他表示，2016 年宝马在中国取得令人满意的两位数增长以及业务质量全面提升的基础上，将在 2017 年进一步推动全球战略在中国落地，在品牌、产品、数字化和本土化等方面继续发力，推出 14 款令人振奋的新产品。

华晨宝马在 2017 年迎来新一轮快速发展，大东新工厂和位于沈阳动力总成工厂的高压电池生产中心 2017 年投产，专为中国客户量身打造的全新 1 系运动轿车和全新 5 系长轴距也在同年推出。国产宝马的车型系列增至 6 款，新能源产品的数量也逐年增加。

那次沟通会上，宝马中国车主的画像首次更新，在品牌方面，宝马在华车主平均年龄仅35岁，这个年龄比欧美市场几乎年轻10岁。其他几个维度也把宝马全球车主甩出了几条街：84%已婚，62%有孩子，75%为男性，47%为企业主，45%买车时考虑他人意见。此外，还有40%的人认为宝马代表个人身份。从这一点上，宝马把中国车主的画像描述得淋漓尽致，也与奔驰、奥迪进行了最好的切分。为此，针对中国客户平均35岁的年龄，宝马更多采用创新的营销方式，如全行业首次使用微信广告和在线直播"X1和Ta的朋友们"音乐会，强化了宝马品牌与消费者之间的情感纽带；产品方面，全新宝马730Li、宝马740Le及宝马7系个性化定制版等车型巩固了宝马旗舰系列的创新领导地位；为中国客户量身定制的全新宝马X1和创新宝马2系旅行车加强了宝马在紧凑型豪华车细分市场的产品布局；M2、M4 GTS及X4 M40i等产品展现了宝马运动精髓；i3升级版等新能源车型的推出使宝马在电动出行领域遥遥领先。

当他人还在谈论年轻的时候，年轻人已经成为宝马的车主群体。例如，宝马眼中的"90后"消费者具有六大与众不同的特征：爱好尝鲜、颜值党、追求体验、网络原住民、乐趣为先和生活富足。

斯柯达全新速派属于哪一派

2015年11月25日在黄浦江畔上市的上海大众汽车斯柯达品牌全新速派，最大的意义是价格的公布：1.4TSI、1.8TSI和2.0TSI三种排量7款车型16.98万~27.68万元的价格，如果用现场的掌声衡量看似没有什么玄机，但是看看1.0TSI两款主力车型20万元左右的价格还算给力。从价格上，全新速派对消费者和主要竞争对手有两个标志性的意义：一是16.98万元买辆欧系B级车；二是20万元能买辆不错的欧系B级车。

当年11月全新速派的上市更像是斯柯达可以预见成功的确认仪式。毕竟，在缺乏一个像样的上市仪式之前，就速派产品本身而言，其造型、性能和卖相等方面已经端倪大开。

甚至上市仪式前，上海大众为此组织了多批次的包括媒体和潜在用户的试车。在事关价格最后一层窗户纸捅破之前，试过车的人的反应，用东北话说"效果叫杠杠的"。

谈完价格，说说全新速派在汽车武林中到底属于哪一派。

首先是个技术派。早些年间被德国大众收购的捷克斯柯达拥有120年的历史，是世界汽车史上最为久负盛名的两大品牌之一，这说的是斯柯达"老外"的出处；上海大众是中国成立最早的汽车合资企业之一，拥有强大的制造和研发体系能力，生产力迄今为止无人能及的1200多万辆汽车，斯柯达品牌作为上海大众的两大品牌之一扮演着比翼齐飞的角色，这是斯柯达的"中方"背景。斯柯达在中国，好比"一中一洋结婚"的两个人，生出的速派血统上按照英国的说法，属于王室的那种。

其次是个艺术派。用主持人马季之子马东的话说，上市的现场原本是一片空地，愣是从空地上搭出了一个无中生有的大舞台，还是艺术盛典的舞台。上市盛典前暖场时大屏幕上循环播放着的是拥有600年历史的布拉格老城的神秘与浓郁风情的波希米亚水晶。在上市的过程中，助阵的也都是世界级的角儿，如男神海豚音之王维塔斯、旧金山芭蕾舞团首席大家谭元元及九球天后潘晓婷等。一个桥段是，当谭元元曼妙的舞姿跳毕，连调皮的马东都正经地称谭元元为"谭老师"。这一切，都凸显了斯柯达速派在卖车的同时，想借助此把品牌向上"拔一拔"。毕竟，活在大众之下，斯柯达的品牌被低估了。

再次是范安德派。此次推出的全新速派可能是斯柯达董事会主席范安德留给斯柯达的政治遗产。尽管老范已经离开斯柯达和大众汽车了，但是熟悉的人仍然愿意把他称为斯柯达的"一把手"。范安德在从大众中国总裁兼首席执行官任上功成名就之后，这个一度被认为是大众汽车集团总裁潜在人选的老范，被委任为斯柯达董事会主席，与范安德同为中国汽车人熟知的董事会成员还有担任过一汽－大众奥迪销售事业部总经理的安世豪。安世豪那时是斯柯达负责销售与市场的董事会成员。

范安德在斯柯达任上的时间并不长，但是对斯柯达的变革几乎是颠覆性的，小到把斯柯达象征着"飞翔的箭"的LOGO的绿色去掉，大到斯柯达车型全部重新定位、设计。全新速派正是范安德执掌下的重要产品力作，其设计造型、产品性能等全方位实现了"来自大众，高于大众"。为此，速派可能是斯柯达120年历史长河中最具有标杆意义的一款车，他正是出自范安德治理下的斯柯达。除了全新速派，范安德治理下的斯柯达还有两款力作，全新法比亚晶锐和一款中大型SUV。

剩下的，前人栽树后人乘凉罢了。甚至，斯柯达再无范安德式的产品。斯柯达内部相关人士对范安德的离开表示了惋惜，称老范在大众的三部曲，曲曲动听：大众中国总裁兼CEO的履历没有人比他更了解中国；为斯柯达带来了颠覆式的变化；他是帮助大众在美国度过危机的合适人选。

只是，这一切伴随着倔强的范安德拒绝履新而曲终人散。

奔驰的新E有多长

将科技配备武装到牙齿的奔驰长轴距E级车，却给出了43.68万~49.98万元的售价——一个意料之外的低价。在保持豪车第一品牌定位的同时，奔驰显然也想放下价格上的身段，在销量上向宝马、奥迪发起冲击。在中国豪华车市场，奔驰销量虽然排名第三，但是与宝马和奥迪两个主要竞争对手之间的差距越来越小，在北京奔驰国产的第十代奔驰长轴距E级车将成为奔驰在华持续发展的驱动力。

以戴姆勒董事会成员的要职督战中国市场的唐仕凯，和取了个特别中国化名字的倪凯习惯性地在西服上别着鲜艳的中国国旗，而中方员工从高管到普通员工一如既往地戴着奔驰的三叉星徽标，这种骨子里的包容成就了北京奔驰连续41个月的增长。

2016年8月22日上市的奔驰长轴距E级车成为中外双方"合群"的新结晶。京产奔驰E级车拥有"第十代"的最新和"长轴距"的亮相专属特性，E级车在第十代推陈出新之前拥有1300万辆的保有量。长轴距则是名副其实的中国专属，车长超过5m，轴距超过3m，比较标准轴距增加出来的14cm全部用于后排空间，既可以跷"二郎腿"，也可以"葛优躺"，以至于业界把全新的长轴距E级车称为奔驰小S，倪凯、李宏鹏、段建军等高管都强调了这种加长源自E级产品规划之初对中国消费需求的调研。

被称为奔驰品牌核心的全新长轴距E级上市会所选在北京科技大学，地点远非随便找个"大场地"那么简单，说法也大有来头，倪凯特别解释，不久前发射的"墨子号"卫星以及"中国高铁"等代表着中国科技进步的大事小情都与北京科技大学密不可分。这些铺垫与第十代奔驰长轴距E级的智能科技异常的"搭"：长轴距只是冰山一角，造型获得了"设计界奥斯卡"的2016年红点设计大奖，几何多光束LED大灯，每盏车灯内84颗高性能LED光源能够针对不同的路况和驾驶状态，独立熄灭和点亮；标配的双12.3英寸高清显示屏，同级别者无出其右；全液晶仪表盘提供经典、运动及前卫3种不同风格，满足驾驶者的个性追求；高端空气净化器可高效过滤PM 2.5。不过，在诸多"黑科技"中引起我的兴趣是智能领航限距功能（Distance Pilot DISTRONIC）系统，该系统不仅可以自动与前车保持合理距离，还可以自动跟随前车，有效减轻驾驶员的负担。

标配的带横向行人探测功能的主动式制动辅助系统（Active Brake Assist），可探测到前方车辆和横穿而过的行人，当感知到碰撞风险时，视具体情况进行判断并采取对应的安全措施，包括对驾驶者发出视觉和声音警告、协助驾驶员施加制动力，盲点辅助系统可有效识别盲区内存在的碰撞风险，并通过声音及时示警，令危险消弭于无形……

从产品力上来说，这绝对是史上最强的一代E级车。面对解决了产品力之后上升的势头，看热闹不嫌事大的媒体似乎更期待奔驰何时超过相近的宝马甚至排名第一的奥迪，唐仕凯和倪凯的回答似乎有些外交辞令，两位戴姆勒在华的代言人均把销量看作不是大事儿，与简单的销量相比，奔驰更在乎消费者对奔驰品牌价值的认同，哪怕是价格比对手贵一两万元。当这些话从他们口中和盘托出时，我以为新E级车的价格不会太低，毕竟奔驰是世界公认的汽车鼻祖，一如130年来它一直令人傲娇的汽车发明者的称谓。可是当北京奔驰市场与销售副总裁段建军把两个排量六款车型的价格锁定为43.68万～49.98万元时，能感受到现场掌声的真诚，与其他企业要掌声不同，奔驰新E级车的掌声发自内心。这种极富竞争力的价格，等于是把皮球踢给了宝马5系和奥迪A6两个德国老乡。难怪段建军调侃说，为了全新长轴距E级车，北京奔驰也是用尽了"洪荒之力"。当价格公布的一瞬间，价格将成为奔驰价值一部分的看法在脑海中挥之不去。

段建军的头发青丝中又有些变白，李宏鹏的身体瘦而强壮，倪凯的光头更亮了，坐镇的唐仕凯满面红光，人称老徐的徐和谊在交流中更对北京奔驰的发展竖拇指点赞。这样的一幕发生在长轴距E级车发布之前的后台。奔驰的持续发力就在于北汽和戴姆勒都明白了"合则两利"的理儿，当有同行把奔驰的起势归结于产品力增强的时候，代表外方的倪凯则谈起了代表中方的北京奔驰销售执行副总裁李宏鹏的功劳，要不是稳健的经销商队伍，也取得不了今天的业绩。徐和谊在谈及与戴姆勒合作十多年的心路历程时说，现在是北汽与戴姆勒合作最好的时期。戴姆勒大中华区总裁兼CEO唐仕凯称，良好的势头源自中外双方的互相尊重。一个有意思的桥段是，全新长轴距E级车上市现场，北汽集团旗下北汽股份、北京现代、北汽自主品牌的高管均现身捧场，当然也有偷师学习的成分，个顶个的角儿的出现足见长轴距E级对北京奔驰的重要性。

2020年3月的日内瓦车展，因为全球多个国家和地区暴发新冠肺炎疫情，瑞士联邦政府宣布了取消重大活动，瑞士标志性的巴塞尔表展和日内瓦车展"疫"外取消，奔驰以线上的形式发布了全新一代E级轿车，康林松在连线中表达了对中国的坚定支持。

第二章 "美国三大",差点儿没熬过金融危机

美国有两个通用:一个是通用电气,一个是被国人广泛称为通用的 GM 汽车。先是和德国戴姆勒(后来和意大利)合资的克莱斯勒,以及拥有林肯等品牌的福特汽车,与 GM 汽车统称为美国汽车的"三大"。2008 年前后的金融危机,"美国三大"差点没熬过去。

天下从此无通用

破产在意料之中。

当破产真正来临的时候,所有从事汽车行业的人和我一样感到惋惜!谁又曾想到这个曾经的全球车企老大会选择在 2009 年"六一"国际儿童节破产呢,通用汽车的破产算是送给谁的节日礼物呢?在其百年的历史上,通用汽车曾经有过无数的特殊一天,但是只有当无论是奥巴马总统还是通用总裁韩德胜都把"六一"国际儿童节称为特殊一天的时候,才知道这一天最为特殊:6 月 1 日,通用汽车破产的日子,从这一天开始,天下再无通用!

通用汽车作为一家美国公司，其 GM 的符号不仅仅是美国的，更是全球的。如同大厦不是一天建成的一样，通用汽车的破产也是长期积累所导致的。很多人往往把通用汽车的破产和金融危机简单地画等号，其实金融危机只是导致通用汽车破产的助燃剂。也就是说，即使没有金融危机，通用汽车还是要破产的。

导致通用汽车积重难返的两个重要因素是其自身的保守和昂贵的成本，这也是导致通用汽车最终走向破产的症结所在。保守体现在，多少年来，包括通用在内的"美国三大"汽车公司，生产舒适、豪华的大型车成了惯性。记得通用汽车有句著名的企业理念，以生产"任何价格、任何用途"的车为荣，而这些车型的一个显著特点就是高油耗，历史上的每次石油危机都成了通用汽车难以迈过去的槛。油价的每次波动（具体说是上涨），都无疑对生产大型汽车的通用来说是一次刺激。伴随着最近几年石油价格的急剧动荡，更加剧了通用汽车的动荡，直至 2009 年 6 月 1 日的破产。

当全球消费者普遍青睐节能的车型时，拥有百年历史的通用汽车才发现，自己压根儿没有一款可以向美国人提供的小车，更别说向全世界消费者提供这样的小车了。大家在中国市场看到的诸如凯越、乐风、乐驰、景程这样的小车，也不过是通用汽车收购韩国大宇后获得的车型，只不过在中国被冠以了其他名字而已。

把通用的保守称为自傲也是合适的。通用的自傲在于始终认为自己100多年来始终是全球汽车行业的领袖。殊不知，今天的市场已经不是以需求大车为主的市场，通用的市场也早已不是以美国市场为主的市场。数据显示：通用汽车在美国汽车市场的份额在2005年前还是接近45%，2009年则下滑为19%。

高管理成本也是通用破产的缘由。长年累月的高昂工资和丰厚的退休金等成本压垮了通用汽车，有数据显示，通用在市场上所销售的每辆汽车的价格中，有将近三分之一是用于保障工人工资的。同样在美国设立工厂的丰田汽车，其工人的薪水仅为通用汽车员工的三分之一。这种人工的高成本造成了通用汽车在价格上与竞争对手相比没有任何优势可言。

准确地说，通用汽车此次是破产保护，而不是破产。说到破产，我们往往联想更多的是公司倒闭了。其实不然，在美国的《破产法》中，破产保护和破产不是同一个概念。根据美国《破产法》，如果公司申请破产，公司全部业务必须立即停止。而破产保护，是指企业可以通过重组业务，争取再度盈利。此次通用破产属于破产保护，而不是破产清算。

简而言之，就是此次通用破产只需把不良资产剥离出去，而把现在依然有价值的优质资产重组为一个新公司。我注意到，在通用破产的当天，与通用汽车有合资项目的上汽集团随即对外发表公开声明，上海通用将纳入新公司。这也是通用汽车破产不会影响中国业务的最好办法。

根据通用汽车对外披露的时间表，新通用汽车的重组需要在60～90天内完成。当然，如果申请破产保护的公司重组失败，最后依然要破产清算。如果真是这样，通用汽车才会真的倒闭了。时任美国总统的奥巴马在通用汽车破产当天的讲话中说，如果政府不参与，通用汽车将面临破产清算。

通用汽车是美国的企业，在美国有众多工人，所以美国有不可推卸的责任。政府将拥有新通用汽车60%的股份。通用汽车象征了几代美国汽车人的历史，如果处理恰当，新的通用汽车将崛起，能与全球各大汽车公司相匹敌。

全球开源节流渡难关

虽然身价依然属于排名比较靠前的世界500强，但这丝毫不能掩饰通用汽车的脆弱。2008年7月末，通用汽车公布了包括暂缓股票市场分红派息在内的一揽子救市计划，以最大限度地挽救处在危机中的百年老店。不过，在通用汽车对外发表的公告中特别强调，其在中国包括上海通用在内的战略不会受到影响。

根据通用汽车2008年7月15日向外界披露的开源节流方案，预计能挤出150亿美元现金流来挽救公司命运的计划几乎包括了所有方面。例如，进一步裁减在美国和加拿大薪水制员工岗位，这一计划通过正常的人员更替、提前退休、共同的分流项目或其他分流方式来实现。而从2009年1月1日起，公司将不再负担年龄超过65岁的退休员工的医疗保障计划，受此计划影响范围内的退休工人及其配偶将获得一笔养老金作为他们的医疗保险及补充保障的补偿。

与此同时，2008年公司管理团队成员的可自由支配的现金奖金将被全部取消，与年度奖金一同取消的还有随通用汽车股价浮动的长期激励计划。这些决定将使通用汽车的管理层2008年的现金收入出现75%～84%的大幅缩减，这些涉及收入调整、薪水制员工岗位缩减和其他的节约成本举措，到2009年预计节约超过20%或15亿美元的现金成本。

更令人感到意外的是，通用汽车董事会一致决定暂缓未来的股票市场分红派息计划，这一立即生效的决定，预计在2009年提升大约8亿美元的现金流。

开源节流的计划覆盖全球主要业务市场，其在北美地区的业务约有25亿美元的结构性成本缩减。这些成本的缩减，部分将通过针对美国市场销量走低而进一步调整卡车产能，以及相关的零部件、冲压件和动力总成的产能来实现。同时，通用汽车还将削减并更加有效利用销售和市场营销预算，这部分的预算将主要集中在保证投放新产品和品牌推广的广告方面。2008年和2009年工程方面的支出将保持在2006—2007年的水平，相比原来的计划，这一方面的预算也进一步缩减。这些削减支出的举措，加上从2007年通用汽车–美国汽车工人工会劳动合同中的获益，目标是将北美地区的结构性成本从2007年的332亿美元降至2010年的260亿～270亿美元，实现节省60亿～70亿美元的成本。

对于非产品项目的支出同样被大幅削减，同时动力总成方面的投入将得到增加，主要是用于研发可替代能源推进系统、更加节油的技术及小排量发动机。调整过的2009年度资本投资计划，在不统计大型皮卡和SUV开发的相关费用之后，将高过2005—2007年度的平均年度资本投资支出。在不计算中国的情况下，通用汽车预计在2009年有70亿～75亿美元的资本支出。通用汽车还推迟大约17亿美元的应付款支出，这笔钱原计划要在2008年和2009年支付给新成立的美国汽车工人工会自发雇员福利协会。

时任通用汽车董事长兼首席执行官的瓦格纳称,"所宣布的一系列举措都是非常痛苦的决定,但是我们必须对目前的市场情况做出必要的回应"。

多种原因导致了通用汽车陷入困境。美国经济的低迷、油价创纪录地攀升以及消费者对汽车产品需求的转变都出现了问题。通用汽车自称,美国汽车行业遇到了10年来最低销量市场环境。自2008年以来,通用汽车全球业务均出现不同程度下滑,唯有中国业务增长迅速。通用汽车表示,其在中国的业务上海通用汽车公司不在开源节流范围内,中国业务还将在2008年和2009年累计投入20亿美元,以推动和保持通用汽车在中国市场的领先地位。

连累上海通用几何

到2008年年底,我在一篇文章中写道"现在是非常有必要讨论困境中的通用对上海通用汽车的连累有多大的时候了"。更确切地说,是讨论消费者还该不该购买和消费上海通用生产的汽车的问题。

金融危机爆发以来,通用汽车的消息不断,个个触目惊心:先是2008年11月26日通用宣布从年底开始不再聘请世界首号高尔夫球员"老虎"伍兹担任别克品牌代言人,而这个契约原本应该到2009年年底才期满。此前,通用汽车已经将其持有3%的日本铃木的股份全部抛售。当时的统计显示,与上一年同期相比,通用当年10月的销售量暴跌45%;向来拒绝走申请破产路线的时任通用汽车CEO瓦格纳,首次表态说通用可能会选择破产。

几乎代表了整个美国和世界汽车工业历史的通用汽车,于二个月前刚刚在包括中国在内的全球多个市场举行了庆祝百年的派对。谁能想到,仅仅百余天过后,这个汽车巨头已经游走在破产边缘。尽管当选总统奥巴马表示有意向救助通用汽车,但是以通用汽车手头上为数不多的现金,可能熬不到奥巴马的上台。

或许,对于多次入选世界500强和无数次被选入EMBA经典案例的通用汽车公司,我们今后只能称呼为曾经是世界最大的汽车公司了。而在此之前,通用汽车已经连续77年是真正的世界汽车销售冠军。

如同始于美国却波及全球的金融危机,病入膏肓的通用汽车对上海通用的连累有多大呢?时任上海通用总经理的丁磊11月25日在接待上海市政协委员来视察的座谈会上表示,上海通用并没有受到美国通用经营危机的实质性影响。一方面,美国通用在中国市场的经营状况良好，亚洲特别是中国市场是全球关注的最重要市场之一，中国巨大的市场潜力是上海通用发展的有利保证。在未来几年内，通用对中国市场的投资计划没有发生改变；另一方面，丁磊坦言金融危机明显影响了汽车销售。

丁磊之言是宽心丸，而不是定心丸。

上海通用作为美国通用的子公司之一，不会受到影响是不可能的。例如，通用汽车手头还有160亿美元的现金，为了求生存，能省的开销全部省掉了。几乎所有新车项目的研发都被叫停，对于仅仅拥有一个泛亚技术中心且只做皮毛工作的上海通用，今后拿什么新车来投放中国市场？对于已经走到破产边缘的通用汽车拿什么钱来进一步投资？不可否认，上海通用是通用在全球表现最好的企业之一，甚至盈利能力超强。

从当年的业绩来看，上海通用的增速也明显放缓。2007年还蝉联乘用车销售榜首位置的上海通用，当时已经被一汽-大众拉下马。从总销量上看，上海通用还算差强人意，但是具体到单一车型销量就逊色不少，除了凯越和雪佛兰，其他车型远没有达到上海通用的预期目标。尤其是荣御，改名为"林荫大道"后也没能把销量赶上去，反倒是赶上了金融危机。

困境中的通用汽车对上海通用的连累佐证还在于，以前上海通用的工作人员出差拔腿就走，现在则需要提前申请了。美国加利福尼亚州帕萨迪纳艺术中心设计学院王受之教授在一篇文章中披露：通用汽车员工的医疗费平均分摊到一辆车上是1800美元，而一辆汽车平均售价才2万美元左右，说明通用汽车帮员工支付医疗费用的金额比制造这辆汽车的钢铁价格还高。

不知道，中国消费者每购买一辆国产通用汽车的费用里边，有多少是上海通用员工的医疗费？不知道，假如通用汽车真的破产了，对消费者购买上海通用汽车的信心影响有多大？

曾与法国PSA抱团取暖

美国通用汽车与法国PSA（标致雪铁龙集团）的合作伙伴关系会重蹈戴姆勒·克莱斯勒当年的覆辙吗？在他们刚刚牵手宣布成为合作伙伴的时刻，真不该这么说。可是，双方之间的合作，无论是形式还是内容都藏有不小的危机。更为重要的是，双方之间的合作同样预示着金融危机的余威对全球汽车产业的波及并没有走远，尽管有人称金融危机已经成为过去。

汽车运势：这个市场谁不动心

先说形式。看似是两个汽车巨头之间的强强联合，实际上是两个企业之间的抱团取暖。通用是美国企业，破产重组之后近四年总算起死回生，但是通用汽车在欧洲的业务明显退化，除了在欧洲市场份额下滑，曾斥巨资收购的欧宝和萨博品牌回天乏术；标致雪铁龙是法国企业，受欧债危机和经济不确定影响，标致和雪铁龙两大品牌在欧洲市场增长乏力。两者联合是为了抱团取暖的意图从双方公布的内容中也能看出端倪，在双方建立全球战略合作伙伴关系的目的中，说得很明白的一条是：提高企业的盈利能力以及在欧洲的竞争力。

再说内容。双方战略合作的核心是围绕着如何省钱，其中最主要的两条：一是共享整车平台、配件和模块；二是双方将建立一个全球采购的合资公司，采购公司的年采购额度为1250亿美元，材料、零配件都在采购的范围之内。

今后通用和PSA旗下的别克、雪佛兰以及标致、雪铁龙等品牌之间的汽车，对普通消费者而言，眼睛所能看到的仅仅是品牌LOGO的不同，而在看不见的地方他们用的可能是同一个零部件。也就是说，别克君威和雪铁龙C5共用同一款发动机在未来是非常有可能的。这样做肯定能把生产成本降下来，但随之而来的是品牌再无任何个性可言。在未来，人们开别克和开雪铁龙的感觉相差无几。

当然，双方之间的合作也有"一个愿打一个愿挨"的成分，建立战略合作伙伴关系后，通用汽车计划收购PSA集团7%的股权，从而成为仅次于标致家族的第二大股东。通用汽车入股PSA，并不是说通用更强大了，而是PSA更缺钱了，否则是不会出让股权给通用汽车的。通用汽车出资的动力恐怕在于想借助PSA的势力使欧洲市场起死回生。

不管是通用汽车还是PSA，尽管国度不同，但都是百年老店，也是世界500强的企业。不过，他们在享受到百年老店光环的背后，也比其他行业更能够感受"春暖鸭先知"的滋味。受全球经济增长缓慢和未来不确定性因素的多重影响，最近几年全球汽车巨头的日子都不如意，美国的通用、福特和克莱斯勒或者破产重组或者被兼并重组，丰田好不容易从召回门中走出，在受到了日本地震和泰国洪灾（丰田的零部件工厂设在泰国）的双重打击后，全球老大地位不保。导致通用破产重组的原因有很多，市场需求量下降是不可忽视的重要原因之一。

通用汽车与PSA的合作背后，说明当前全球经济的不确定性，依然让汽车产业十分脆弱。他们之间的合作对国内车企来说同样是一面镜子，那些实力不强的企业，在经济走势不明的情况下将加速出局。

艾克森中国行说金融危机得失

相比他的前任瓦格纳，艾克森至少看上去和蔼不少，不过通用汽车在市场上的严峻性一点儿也不和蔼。

2011年2月15日，中国的农历正月十三，大多数人刚刚节后上班，艾克森就飞到中国坐在了长安街的北京东方君悦大酒店会议室内。尽管艾克森接任通用汽车董事长不过两个月，但这已经是他第二次访问中国了。与他频繁访问中国相对应的是，通用汽车2010年在中国的销量超过了235万辆，连续六年成为在中国跨国车企中的领导者。同时，通用也是第一家单一年度在中国销量突破200万辆（含上汽通用五菱）的一个跨国车企。借此，中国市场也超越北美成为通用全球最大的市场。

难怪艾克森解释说："作为全球以及通用汽车最大的市场，中国自然是我必定要访问的一个地方。"艾克森毫不吝啬地把中国称为通用全球业务的劳模和样板，如中国市场的再投入均来自在华所得的利润，而不需要像其他市场那样还得靠通用"输血"。

为此艾克森承诺，在未来的24个月中，通用汽车将在中国推出20余款全新及改进的车型，其中包括在新的领域实现增长，如凯迪拉克品牌所在的豪华车领域，宝骏品牌所参与的入门级轿车细分市场。另外，将继续推出新能源汽车领跑业界，即将推出雪佛兰Volt增程型电动车，以及搭载e-Assist系统的别克新君越。

艾克森称，通用汽车2010年的销量接近840万辆，相比上一年增加了90万辆，是一个非常大的改进和复苏，财务状况也连续三个季度实现盈利，但金融危机还是让通用汽车学到了很多，艾克森的原话是："我们希望真的不再重蹈覆辙"。那个时候的公司，工厂使用率不足，尤其在北美更是如此，而且成本的结构也不可持续。其他公司和行业可能会经历一些销售下降，但是至少还会保持稳定，如果像汽车这样一个周期性的行业，和大的经济周期完全吻合。所以，在经济危机过程中通用经历了重创。

通用汽车的心得是：在经济萎缩的2009年，在经历破产保护的过程后，通用汽车又开始赚钱了，有盈利了。但是如果有很多债务，对于新的产品、新的研发方面的投资就必须大幅削减，尤其是在经济萎缩时，因为必须要还债，这种错误希望未来不再犯，通用汽车希望能够在平时积累很多的现金流，那么在经济萎缩时，也能够继续投资，在经济不景气时也能够保持盈利，在经济正常的情况下，或者在经济繁荣的期间，在未来的3～10年内，就能够有一个非常好的表现。

艾克森是火箭般速度出任通用汽车董事长的。艾克森不过是在2009年7月才加入新通用汽车董事会，随后接替爱德华·惠特克继任通用汽车首席执行官，并在 2011 年年初兼任通用汽车董事长。加入通用汽车之前，艾克森的履历和汽车完全无关，曾在通用仪器、MCI、Nextel 通信及 XO 通信等跨国公司担任高层管理职位。

与在中国市场扮演的领导者角色不同，通用汽车在北美市场属于复苏型，而欧洲市场属于振兴型，比如要把欧洲员工的数量降低到一个合适的数目，欧宝的计划也仅仅是希望与 2011 年能够持平。

时过境迁，通用汽车的总裁也由艾克森更新为玛丽·博拉，艾克森希望持平的欧宝品牌因为不景气也被卖给了法国的 PSA 集团。全球化的通用汽车只剩下中美两个最重要的市场，因为美国市场是本土市场，表现还算可以，中国市场依旧是最大的海外市场，其合资业务的主体上汽通用在 2017 年 8 月迎来累计第 1500 万辆的下线，成为中国主要汽车制造商中第一个用时最短，仅 20 年时间就达成 1500 万辆的合资车企。

金融危机档口的克莱斯勒困局

进入中国市场 20 多年的克莱斯勒所谓的光环也将没有了。

2008 年 9 月初，北汽集团董事长徐和谊的一则消息犹如深水炸弹：北京奔驰·戴克（BBDC）中的 300C 和铂锐两款车型将在适当的时候停产退出北汽。此消息意味着克莱斯勒在中国彻底没有了抓手。

停产一款车型或者一个品牌的现象过去有过不少，但是大多数是外方主动停的。对于中方主动表示停产 300C 和铂锐两款车型来说，不仅对于北汽集团，对于中国汽车产业来说都是头一回，况且这两款车型目前还处在有车可卖的阶段。

徐和谊说，BBDC 成立 3 年多，原先预期目标很高，但是在发展过程中遇到了意想不到的问题，最典型的就是戴·克两家闹"离婚"，这使北京奔驰间接受到了影响。BBDC 是北汽和戴姆勒集团的合资公司，克莱斯勒在其中并没有股份，只是有两款车型还在北京奔驰生产，他打比方说，"就好比是两口子离婚了，女方已经从家里搬出去了，但是还有点东西没拿走"。这个没拿走的东西就是和 BBDC 没有任何合资关系却依然还在 BBDC 生产的 300C 和铂锐。徐和谊表示，300C 和铂锐还将继续在北京奔驰生产，北京奔驰会在这两款车销量下降到一定数量时选择合适的时间平稳退出。

表面上看，300C 和铂锐销量不好或许是被叫停的原因。实质恐怕是克莱斯勒过多的想法导致并加速了和北汽的分手。墨斐就任克莱斯勒亚太总裁后，曾与徐和谊有过多次接触。克莱斯勒在与北汽合资上的犹豫不决导致了中方主动提出分手。徐和谊说，过去BBDC的合资是多国文化的融合，涉及中、日、美、德四方关系，董事会、经营班子在管理和协调上非常麻烦，今后BBDC的品牌将集中于奔驰品牌，主要与戴姆勒一家合作。

通过媒体才知道北汽态度的克莱斯勒表示了极大的惊讶。一家虽然不是合资却有着合作关系的车企，外方居然是通过媒体而不是合作伙伴才能了解对方的想法，说明双方的分歧远远大于貌合神离。尽管克莱斯勒在声明中坚信说："BBDC仍将继续以技术许可的形式在中国为克莱斯勒生产300C与铂锐两款车型。"但BBDC都说不要你了，又有什么意义呢？

克莱斯勒是进入中国市场最早的外国汽车企业，20年后依然是在中国最没有品牌的企业。曾经辉煌过的北京吉普不仅没能成就克莱斯勒的品牌地位，反而将中国人对汽车知识的普及带入歧途。例如，直到今天看见SUV就说是吉普者还大有人在。还有人错误地认为，克莱斯勒原来是吉普的。难道这不是克莱斯勒在塑造品牌上的最大败笔吗？

克莱斯勒是一个与戴姆勒分手后在全球范围四面楚歌的企业，墨斐是一个离开通用汽车四处跳槽后暂时出任克莱斯勒亚太总裁的职业经理人。克莱斯勒和墨斐的组合显然不是强强联合。诚然，墨斐曾经成就了通用在中国的基业，但是现在的墨斐是克莱斯勒的墨斐，缺乏小车与合资伙伴是掣肘克莱斯勒在全球和中国遇到麻烦的根源。

算上北汽，克莱斯勒和福建汽车、奇瑞、长城都在谈。如果把克莱斯勒比作一个待嫁的女子，谈的对象太多了。也许是中国和外国观念的不同，中国会认为谈恋爱要专一，美国则认为应该多谈一个。甚至奇瑞董事长尹同跃在谈到墨斐时同样不屑一顾，有人曾问尹同跃："您最近是否拜会过墨斐？"尹同跃的回答很直接："见墨斐也应该是我接见他，而不是什么拜会！"

克莱斯勒在中国到头来"竹篮子打水一场空"的担忧，伴随着菲亚特克莱斯勒与广汽集团的合资解了燃眉之急，尤其是克莱斯勒的Jeep品牌在"广汽菲克"国产后，在郑杰的调教之下，以妙手回春之势让Jeep品牌很快站稳脚跟。同样归郑杰管辖的菲亚特的多个品牌，则以进口车的形式在中国扮演着意大利汽车的存在。

没了穆拉利福特玩不转

现在福特汽车公司的人应该无比怀念艾伦·穆拉利，不管是福特北美、福特欧洲，还是包括中国市场在内的福特亚太，都应该是这样的，尽管艾伦·穆拉利早已经光荣退休。

　　我甚至在想，福特人应该像美国人怀念总统克林顿那样怀念穆拉利。克林顿任上，美国经济实现了近二三十年来最好的时期。穆拉利之于福特，就是福特的克林顿，况且穆拉利带领福特经历过了金融危机等大风大浪，并且在其任上实现了一个福特的回归，其任上卖掉了捷豹路虎、马自达、沃尔沃等品牌，并推出了一批富有竞争力的车型，是福特历史上最出色的总裁之一。

　　福特对穆拉利的怀念更在于，福特在全球普遍遇到了发展的窘境。中国作为其最重要也是最大的海外市场，在2016年好不容易年产销达到百万辆的规模，但进入中国市场几十年的福特似乎昙花一现。在华的业务主体长安福特在2017年销量突然断崖式下降，然后连续四年下跌，截至2019年年底，长安福特跌的只剩下"裤衩"了。

　　好不容易踮起脚尖才够得着的百万辆规模的果实说没有就没有了，为此,中国市场的高管一下子全部换掉，其中包括任职时间不长的长安福特副总经理刘曰海，刘曰海效力美国另外一家企业上海通用多年，是在任上退休后跳槽至长安福特的。与福特中国早期的程美玮、许国祯一样，刘曰海也来自中国台湾地区。福特特别钟情用台湾老乡负责打理大陆市场，不否认程美玮等为福特在大陆的发展做出过不小的贡献。但是，伴随着大陆市场成为年度产销规模2000万辆之巨，我一直觉得他们理解和驾驭不了大陆市场的迅速变化。

　　福特在华的另外一个合资伙伴江铃福特以商用车为主，这两年陆续推出了撼路者等接近乘用车的SUV，毕竟体量不大，其对于提升福特整体销量和市场份额毕竟有限。

　　似乎有些扯远了，穆拉利在2006年接手福特出任总裁，并且经历了金融危机等重要的发展时段，在林肯品牌计划国产前夕，在北京故宫附近的一个四合院里，我曾和穆拉利有过一次深聊。现在看来，当年比尔·福特把穆拉利挖到福特真是慧眼识珠，而在当时包括福特员工在内的不少人都带着怀疑和审慎的目光看待穆拉利。为此，被称为小福特的比尔·福特还专门给员工发过邮件。收到此邮件的福特中国员工向中国媒体证实，福特已经任命此前担任波音副总裁的艾伦·穆拉利为福特汽车集团的新任总裁兼首席执行官，此前集福特汽车集团总裁兼首席执行官及董事长多种职务于一身的比尔·福特，只保留了董事长的头衔。

　　在做出此项福特百年历史上最重大的人事变动后，比尔·福特在发给福特汽车公司员工的电子邮件中写道："公司领导人选是我2006年重点考虑的三大战略问题之一。我知道，我们很幸运地拥有一批出类拔萃的领导者在世界各地推动业务的发展，但我也确信，必须有一位曾经领导大型制造企业应对类似挑战的管理者，以他独特的能力和技巧带领公司重振雄风。"

收到此邮件的福特中国员工称，比尔·福特在邮件中解释任命艾伦·穆拉利的原因时说："艾伦·穆拉利在客户满意度、生产制造、供应商关系和劳工关系等方面拥有丰富的经验，而这些方面对于福特汽车公司面临的挑战都很有实用性。艾伦·穆拉利的人品、性格与团队建设技巧也将有助于领导我们公司沿着正确的方向前进。"比尔·福特认为任命艾伦·穆拉利为福特新总裁的另一个理由是，波音公司近年来面临的挑战和福特现在需要应对的情况有许多相似之处。

艾伦·穆拉利在向媒体解释出任福特总裁职位的原因时称，福特公司面临的问题与他在民用飞机制造业务中遇到的许多挑战具有相似性，以及和比尔·福特、福特汽车公司共事的机会最终使他离开了波音，而接受这份新的工作。艾伦·穆拉利同时认为，从福特汽车学到的经验可以应用于波音，从波音学到的经验同样可以应用于福特汽车，这也是他加盟福特的一个原因。

艾伦·穆拉利加盟福特的事实也使其成为福特历史上首个掌握实权的非福特家族的人物。接棒之前，身为世界汽车巨头的福特汽车当年出现连续巨亏，第一季度亏损达11.9亿美元，第二季度亏损达2.54亿美元。为摆脱困境，福特还计划将旗下阿斯顿·马丁、路虎、捷豹等品牌出售。

为什么说林肯没戏

如果用宏观上的"有戏没戏"来研判林肯在中国的市场空间，我的回答是"没戏"。这样的回答好比一个婴儿刚刚出生，你就说这孩子要夭折，似乎没有人情味儿的背后是中国市场留给林肯的窗口期没有了。

尽管有些戏剧性，可还是晒出来给大家分享一下：当我把"林肯是谁"的问题抛给身边的朋友时，被问到的10个人中有8个人的回答是"总统"，只有两个人知道林肯是车，且回答都颇具北京人的诙谐幽默：一个说是"老在酒店门口趴活儿的礼宾车"，一个说是"用作接新媳妇的大林肯"。

百姓这种微观上的认识缘于福特自身在中国的"断片"，因金融危机福特在陆续卖掉捷豹、路虎、沃尔沃、马自达等品牌之后，旗下的林肯品牌在2008年也退出了中国市场，仅有的林肯印象也就成了"趴活儿"和"婚车"的片段。时隔6年之后，林肯要在中国复出了。在那个故宫附近老房子举行的林肯复出发布会上，时任福特总裁的穆拉利亲自前来督战。很多同行对那个用人力三轮车接送的场景并不陌生。

林肯真的来了。2014年6月起，林肯携MKZ和MKC两款新车先后在西安、成都、广州、上海、青岛、杭州巡展，每到一地就找个地标性的建筑安营扎寨，美其名曰"林肯空间"。两款新车的英文名字实在唬人。所谓的MKZ，其实就是基于蒙迪欧平台的中级车；所谓的MKC，就是基于福特翼虎平台的紧凑SUV，除了挂林肯品牌给人的感觉高档些，也真没有别的了。

林肯在中国的市场空间估计也就像在全国巡展的"林肯空间"盒子那么大了。林肯策略上，复出中国亮相的首款车型是轿车，而不是让人认知深刻的领航员这样的SUV车型。尽管林肯将自己定位为"豪华汽车市场的新生力量"，并喊出了2016年向中国市场投放5款全新车型的目标，但是林肯经销商的招募遭遇困难，尽管所提出的2016年布局60家经销商的计划并不宏大。据说，2014年年底之前，全国只有8家经销商能够开张。

林肯最大的挑战除了自身，更多的是市场。既有来自市场饱和后的竞争惨烈，也有来自品牌的缺失。例如，基于蒙迪欧平台MKZ将竞争对手锁定为宝马3系，宝马届时降价三五万元，林肯根本就玩不起。更何况奥迪、奔驰、沃尔沃、凯迪拉克等的品牌力是要大于林肯的。

阿里巴巴在美国上市当天，微信上奔驰遭调侃的桥段同样适用于林肯：阿里说老员工每人奖励一辆日产天籁，任勇点赞的同时，奔驰回应说为什么不是奔驰。阿里的回答是"天籁是加长的，奔驰太短了"。林肯要想在中国市场立足，就必须搞清楚"你是谁、为什么、凭什么"。

第三章　日系车，这么近那么远

在 2020 年我国发生新冠肺炎疫情后，日本多个社团以医疗物资等形式援助中国抗击疫情，并引发了一场赛诗会。日本民众对中国的支持值得铭记。从汽车工业来说，日系的丰田、本田、马自达、日产、铃木在全球汽车的格局中都占有重要的地位。

丰田：两年时间腾转挪移牵手一汽和广汽

一汽丰田人民大会堂破解四大悬念

项庄舞剑，意在沛公。

2002 年 6 月，中国第一汽车集团（简称一汽集团）竺延风和天津汽车集团（简称天汽集团）张世堂在人民大会堂宣布的联合重组，为两个月后一汽与丰田的合资做了最好的铺垫：2002年8月29日，同样是在人民大会堂，一汽集团总经理竺延风和时任日本丰田汽车公司社长（简称丰田汽车）的张富士夫紧紧握手，正式宣布一汽集团与日本丰田汽车全面合作。

我当时的消息导语是：总喊"狼"来了的中国汽车工业昨天才算真正有"狼"出现。目前国内最大的汽车集团——一汽集团正式宣布与销售收入世界排名第一的日本丰田汽车公司进行全面合作。

一汽集团与丰田合作的主要内容包括：在夏利公司及天津丰田公司NBC平台的基础上进一步延展，除生产夏利2000和T-1（威驰的内部代号）之外，还将生产更多、更新的产品；在已由一汽管理的夏利公司，继续引进丰田所属大发公司的技术，生产SUV、MPV等产品；通过持有四川丰田中方股东四川旅行车制造厂80%的股权，与丰田合作生产丰田越野车的产品；与丰田、天汽合作，在天津生产中高档轿车；在一汽红旗轿车平台上开展技术合作；在轻型车和动力系统方面进行合作。丰田汽车社长张富士夫表示，除了以上合作，还会把丰田在研发、环保、智能交通等方面的技术引入一汽，以进一步扩大合作的领域。根据双方签署的有关协议，一汽和丰田的目标是：在2010年前，形成年产销量30万~40万辆轿车的能力。

一汽集团和丰田汽车的合资合作，也不经意间创造了一项签约纪录：共有500人见证了中国汽车界规模最大的联合签字仪式。在人民大会堂举行的双方签字仪式，主持人宣读与会人员名单就用时15分钟。除一汽集团和丰田汽车的主要人员悉数到场之外，时任国家经贸委副主任欧新黔等相关部门众多官员也到场见证并表示祝贺，足见政府及相关职能部门对一汽和丰田合作的重视程度。

双方的合作喜多忧少。时任天汽集团董事长张世堂乐观透露，一汽和丰田合作后，在生产夏利2000和丰田T-1（威驰）的基础上，还将在天津生产更高档的车型。丰田社长张富士夫称，生产哪款车要看中国消费者的实际需求，丰田在中国市场的车型有花冠、皇冠等，生产基地在天津。

竺延风在接受采访时表示，在吉林和四川生产的车型会是一款从丰田引进的越野车。丰田汽车设在四川的一家生产商用车的企业在此之前已经被一汽集团收购。SUV车型被吉林和四川拿走后，天汽集团成为丰田在中国生产轿车的基地。日本BP社记者谷口彻也报道说，7月31日，丰田宣布正在同中国的著名汽车制造商——一汽进行合作谈判。丰田尚未宣布工厂具体位置，但天津经济技术开发区将成为丰田在中国最大的基地。丰田计划在天津建立年产50万辆规模的生产基地，仅此便很可能实现年产30万辆以上。

报道除了清楚地写明 2003 年内开工、2005 年年初开始投产的时间表，还剧透了花冠、皇冠，甚至佳美的车型信息。

丰田决定自 2002 年 10 月起在丰田与天津市的汽车制造商天津汽车的合资企业——天津丰田汽车生产 T-1（威驰）。T-1 同日本的"Vtiz"和"FunCargo"属于同一类型，是被丰田称为 NewBasiCar（NBC）的战略车型之一。此外，丰田还将在中国生产从皇冠到轻型四轮车的全线车型。

一汽集团在和丰田汽车合作之前就是国内三大汽车集团之一，与丰田的合作无疑增加了东风和上汽的压力。

与广汽合资前夜

从全球汽车制造厂商的角度来看，日本车企多以谨慎行事著称，丰田汽车尤为如此。不过，不说和不做是两回事儿。与一汽合资仅一年后，正在中国寻找第二个合作伙伴的丰田汽车，虽然依然延续了惯有的谨慎，但是这次的胃口并不逊色于 2002 年与一汽集团的全面合作。

与德国大众、美国福特将中国的办事机构设在国贸所不同的是，丰田汽车在中国的传枢中心安在了与国贸隔楼相望的京广中心。而同样在国贸商圈扎堆的还有设在汉威大厦的三菱汽车北京事务所，三家全球顶级汽车商由此形成了一个不大不小的金三角。

因为要在中国寻求第二个合作伙伴的消息已经被披露，京广中心内丰田中国事务所的灯光总是在夜里很晚才会关闭。当时负责媒体传播的杨红坚称："打探消息的记者快把电话打爆了。"尽管丰田对外的答复只有一句话：丰田正在与包括广汽在内的多个伙伴寻求合作。

不过，最近以来一直处于加班状态的丰田中国事务所的工作人员并不感到孤独。因为京广中心只有丰田一家汽车公司的现状已经结束，而且来此驻扎的都是"一家人"。在丰田独自在京广办公之后，日本的大发、日野等都向丰田靠拢。大发和日野虽然都是相对独立的汽车公司，但是丰田拥有控股权，因此都是丰田的子公司。

2003 年和广汽合资之前，丰田与一汽共同注册资金 2.5 亿元的丰越汽车公司在长春成立。这是自 2002 年丰田与一汽签署全面合作之后诞生的第一个实质性企业。双方 40 万辆的合作规划大多停留在纸上谈兵中，而丰田自己盘算是 100 万辆，60 万辆的空缺只能通过另觅伙伴实现。

丰田社长张富士夫接受采访时表示，2008 年北京奥运会的举办和中国经济的持续、快速、健康发展，使得中国有越来越多的消费者购买轿车成为可能。应该说，中国的汽车舞台够大，丰田怎样唱戏是个问题。先行于丰田的大众、通用、本田已经在中国取得了相当不俗的业绩，如果再没有大手笔，丰田将处于落后状态并非戏言。

虽然威驰曾经请到了像张艺谋、吴彦祖这样的大腕儿为其代言，况且在国内轿车市场的一轮又一轮价格大战中，威驰不为所动，但是其从13万～18万元的价格还是自始至终遭到了消费者的非议。更为主要的是，对于急于做大中国市场的丰田来说，只靠威驰闯荡天下可谓势单力薄。大众在中国的车型有几十种，通用的车型也将近10种。从数量上，丰田并不占优势。

如果真像日本媒体所称，将在新的合作伙伴中生产在中国走俏的佳美（凯美瑞），丰田在中国的脉络倒是越发清晰。例如，与一汽集团合作停留在越野车、客车层面，把在中国知名度更高的佳美留给新的合作伙伴也不是没有可能。根据丰田与一汽对外发布的资料，丰田除将4款越野车给了一汽之外，恐怕让一汽满意的只有在天津建立的以生产皇冠系列为主的轿车基地。

丰田中国事务所给出的说法仍然是：丰田正在与包括广州汽车在内的多个伙伴商讨。但是，日本的媒体已经对此做了详细的报道。日本《朝日新闻》称，丰田汽车将投资300亿日元与广州汽车兴建合资工厂，并在2005年开始生产中型佳美。此消息同样很快从广州汽车方面得到证实。

拿捏不准快慢节奏

丰田在中国市场的步子迈开了，是在经过长达29年的酝酿之后，这个世界汽车制造业的巨头终于开始发威。从1964年丰田第一辆皇冠轿车出口到中国，到2003年3月宣布在中国生产5款以上的车型，丰田用了整整29年。而在此之前，中国媒体一直对丰田谨慎的做法持怀疑态度。

丰田是条鲤鱼，中国的汽车制造业老大——一汽集团是龙门。2002年8月，丰田在人民大会堂顺利跳入了"龙门"。日本汽车制造业"老大"与中国一汽集团的强强联合，不仅为丰田全面进军中国市场清除了障碍，这一跳也给在中国市场驰骋数年的德国大众来了一个下马威，虽然丰田暂时不会对德国大众构成威胁，但一个不争的事实是，丰田的出现会影响大众在中国市场的占有率，消费者也希望丰田的出现能将大众较高的汽车价格往下拉一拉。

与一汽集团的合作还在于丰田的角色发生了实质性变化，以前是中国市场的看客，今后则是参与者。丰田汽车社长张富士夫表示,威驰在中国本地化生产,意味着丰田的步子开始真正迈出。让丰田不再谨慎的原因是,中国的经济在未来10年会保持较高的增长,而且中国汽车市场的增长率会相对保持稳定。丰田在中国市场正式投产整车项目之前,中国市场约有45万辆丰田轿车行驶在大街小巷。

从2002年开始,中国轿车的数量在史无前例地增长,据不完全统计,2001年向消费者推出的各种品牌的轿车约20款,2002年会达40多款。在众多的新款车型中,丰田在天津生产的威驰轿车恐怕是被消费者记住的为数不多的车型,尽管人们对威驰的高价格定位有异议。

北京市最大的汽车交易市场——亚运村汽车交易市场时任总经理苏晖表示,目前在中国生产的轿车并没有把自身的特点说出来,商家只向消费者传达了"我是新车"的单向信息,这是远远不够的。例如,千里马给人的感觉除跟赛欧有些像以外,它的特点在哪里,这样的卖点并没有传达给消费者,这对任何一家企业来说都是致命的。当年,赛欧能把整个车市搅乱,因为在汽车行业这样的营销太少了,中国的经济型轿车不计其数,但是只有赛欧卖好了。苏晖称,汽车企业太缺乏对用户心理的分析和研究。

只播放一次的做法也非常高明,播放广告前的半个月,丰田就在各种媒体上发布消息,使人们有了想看的欲望。广告播完的第二天,北京威驰的多家专卖店均出现了索要张艺谋拍摄广告片VCD的人,以至于威驰车的销量在广告播出后也水涨船高,天津丰田不得不把原计划3万辆的排产增至5万辆。

来晚了的丰田显然想夕发朝至。竺延风与张富士夫2003年4月9日在日本签署国产四款轿车的备忘录,则完全确立了丰田在中国的强势地位。一汽丰田早期国产的四款车型是皇冠(CROWN)、花冠(COROLLA)、陆地巡洋舰(LAND CRUISER)和霸道(LAND CRUIRUISERPADO),锐志是后续规划的车型。

为了尽可能完成2012年年初对外公布的年度100万辆的销售目标,向来给人慢半拍的丰田在中国学会小步快跑了。2012年4月7日,一个原本休息的周六。丰田中国进行了两项重大人事调整。2012年4月1日起,佐佐木昭正式出任丰田中国董事长并兼任中国总代表,原丰田中国副董事长和本部长职务由丰田公司专务大西弘致接任,总代表服部悦雄改任顾问。

佐佐木昭出任丰田中国董事长是丰田在华加快调整的一个缩影。自北汽董长征出任丰田中国执行副总经理后,丰田出现了一系列积极变化:从董长征在春节团拜会上一改丰田沉闷的问候,以"亲们"的时尚开场,到事关中国相关业务机构的设置下沉,再到

"云动计划"以及在中国巨资建设研发中心消息的公布,只有不到半年的时间,丰田动作之快把过去几年都没做的事全做了。

丰田要想完成当年100万辆的销售目标,必须快跑。当时,上海通用一家企业一个季度的销量是34.7万辆,而南北丰田和雷克萨斯整个丰田系相加,才不过21万辆。丰田在国际上与美国通用、德国大众齐名,但在中国市场,通用和大众在华的销量都已经跻身200万辆左右的规模,丰田即使完成100万辆的预期目标,与大众、通用依然差距不小。

导致丰田在中国落后有两个主要原因:一是在日趋激烈的竞争中产品力的优势不再明显。不管是一汽丰田还是广汽丰田,其产品与自身相比都还不错,但是一旦放大到整个市场之中,与主要的竞品相比就稍显逊色了。而在过去,丰田的产品之所以热销,很大程度上在于市场竞争不充分。在品牌建设方面,不管是和营销老道的上海通用,还是与善于玩技术的南北大众相比,丰田的品牌建设和营销都还有很大潜力。二是丰田对中国的重视不够,与大众、通用在中国的投资属于前瞻性不同,丰田在中国显然更属于务实性的类型,这也是长期以来丰田慢半拍的诟病所在。丰田在中国市场落后的两个主要原因中,后者更为重要。

丰田应该学会跑到点上。2012年3月初丰田针对中国市场启动了云动计划。计划中,丰田宣布将混合动力技术命名为"油电混合双擎动力",并将围绕环保技术、福祉车、商品、服务、事业、社会贡献活动6个关键词加速在中国的事业步伐。同样是汽车技术,大众的TSI+DSG的好处在于容易让普通消费者感受到技术的进步,而丰田的"油电混合双擎动力"理念,需要以普通公众较强的环保意识为基础支撑。在目前,中国公众的环保意识远没有像美国那样深入人心,混合动力普锐斯和混合动力凯美瑞在美国热销的情况在中国或许没有复制性。

丰田的快显然是为了弥补以前的慢,这种快速反应有绝地反击的味道。

雷克萨斯不国产真相

雷克萨斯不国产的主因是:进口身份赚一元都是丰田自己的,而一旦合资国产后,赚一元得分给中方伙伴5角,这是关键。

雷克萨斯的国产起源来自曾林堂时期,尤其是在奥迪、奔驰、宝马等豪华品牌纷纷国产的情况下,作为在北美媲美ABB的雷克萨斯,在华销量接近5万辆大关时,有同行问雷克萨斯国产的条件，曾林堂及当时的副总经理中岛建仁给出的国产化的参考值是"10万辆规模时考虑国产"，这个参考值是一个模糊的概念，只有量级的国产条件，没有明确的时间表。于是，雷克萨斯中国的中外双方高层换了好几任，雷克萨斯何时国产却被业界和媒体接力棒般地记了下来，从最初的曾林堂、朱江到最新的李晖等，媒体逮到机会就问雷克萨斯的国产时间表。只是，中外高管换了七八任，年销量也突破20万辆大关，雷克萨斯丝毫没有国产的动静。

雷克萨斯不国产或者不愿意国产的表象有很多。例如，是在一汽丰田还是在广汽丰田国产？不管在哪家合资企业国产，对于没被选中的另一家来说都不好，毕竟对于一汽或广汽来说，雷克萨斯这样的豪华品牌一旦在其国生产，简直就是利润奶牛和印钞机。又如，客观事实是，英菲尼迪的国产并没有达到事半功倍的效果，在广汽本田国产的讴歌短期内也看不到上量的可能。凯迪拉克和沃尔沃倒是国产了，但两个品牌国产后10年与不国产的雷克萨斯规模旗鼓相当，甚至不及雷克萨斯，凸显不出国产的任何优势，反倒成全了雷克萨斯是纯正进口车的美名和品牌调性。

背靠丰田这棵大树，靠"凌志"攒下口碑的雷克萨斯以进口车身份进入中国市场15年，在华累计销量突破100万辆。无论是销量还是口碑，都与凯迪拉克、沃尔沃和捷豹路虎等难分伯仲。曾任雷克萨斯中国执行副总经理的江积哲也，先后在一汽丰田和广汽丰田履职超过10年，堪称中国市场的"老炮"。对于市场持续关注的雷克萨斯是否国产，江积哲也表示："雷克萨斯并不想成为另一个宝马或奔驰。如果只是为了降低价格而国产，从而提供给用户一个体验感较差的产品，这并不是我们所希望的。"

江积哲也的回答也是表象，不愿意与中方合资伙伴分红才是雷克萨斯不国产的真正原因。譬如，一辆ES300h的利润是5万元，进口身份就能让雷克萨斯独自享受5万元的红利，一旦国产，就必须分给中方合资伙伴一半儿。也就是说，国产后年度20万辆的销量，未必有现在靠进口的10万辆利润高，分享经济似乎不是雷克萨斯的企业哲学，从单纯的商业角度来说无可厚非。雷克萨斯国产只有一种可能，那就是中外各50%对等合资的产业政策发生剧变。雷克萨斯的不国产与丰田的政治经济学一脉相承，虽然中国市场为全球最大的汽车市场，但是特殊的中日关系让丰田更加谨慎。同时，丰田遵循的"年轮经营"企业理念，追求的是扎实、可持续的发展。

丰田在与通用、大众争夺全球车企头把交椅上互有胜负，但是丰田从来没把是不是第一当回事，多年来始终按照每年1000万辆左右的规模进行规划。伴随着2021年汽车产业股比政策的调整，为在一汽丰田还是广汽丰田国产发愁的雷克萨斯更没有必要国产，即使国产，也不排除独资建厂的可能。

混合动力和 TNGA 引发的技术革命

但愿丰田压箱底儿的混合动力技术在全球优异的表现，也能够尽快传到中国市场并产生"蝴蝶效应"：搭载丰田混合动力技术的车型在全球取得了令人惊叹的 1500 万辆销量。一汽丰田和广汽丰田多款车型的全名"普混"，每年也就是二三十万辆的销量，与丰田在全球超过 1500 万辆混合动力的销量相比，巨大沟壑也正是丰田混合动力在中国市场的潜力所在。

多年以来，丰田和大众在世界汽车"头两把交椅"上轮流"做桩"，有时候丰田汽车第一，有时候大众汽车夺魁。两家世界级企业的技术路径也左右汽车行业的潮流，大众的涡轮增压技术家喻户晓，而丰田的混合动力技术令同行望其项背。在中国，大众的 TSI+DSG 涡轮增压技术，几乎成为汽车技术先进的代名词，丰田的混合动力与大众的涡轮增压相比并不逊色，甚至技高一筹。被称为丰田混合动力之父的丰田会长内山田竹至，是丰田混合动力的创始成员：早在 1993 年就启动的内部代号为 G21 的项目，目的是开发适用于 21 世纪的混合动力车，项目初衷是"将那个时代家用车的燃油经济性能够提升两倍"。无论是奥迪还是大众、通用，都有过开展混合动力的念头，最终均因技术门槛和价格成本"双高"遭遇流产。难度之大，堪称汽车界的"阿波罗"计划。

丰田的工程师，凭着不是做"能做的"，而是挑战"应该做的"哲学理念，在 1997 年量产了世界首款混合动力汽车，并由此拉开了凭借技术一招鲜独步车坛累计销量超过 1500 万辆的纪录。这当然是一个逐渐爬坡的过程，达成第一个 100 万辆，用了 9 年零 9 个月，而后是两年 100 万辆，一年 100 万辆，而从 800 万辆到 900 万辆仅用了 9 个月。从 1997 年到 2020 年，1500 万辆丰田混合动力汽车风靡全球。

丰田混合动力技术的秘籍在于，通过自动启停、纯电动模式智能切入、电机辅助、再生制动等手段，能够让车辆实现 30% 以上的节能效果，而由于车辆始终运转在经济高效的工况下，其污染物减排效果更为出色。以广汽丰田雷凌双擎为例，其百公里油耗仅 4.2L。广汽丰田副总经理黄永强以导入广州、深圳和贵阳三个城市的千辆凯美瑞双擎和雷凌双擎出租车、月租车为例，4 个月内累计节油 10 万升，节省燃油费 50 万元，同时减排 120t 的二氧化碳，相当于为城市增加了一公顷的森林面积。在不改变传统发动机构造的情况下，丰田通过技术植入，做到了低油耗、零排放和超长距离行驶。

为了推进混合动力,丰田破天荒投巨资在常熟建立了丰田首个海外研发中心。搭载国产混合动力技术的凯美瑞、雷凌、卡罗拉等车型,以与传统汽油车零价差的价格销售。其实比价格更大的价值在于,混合动力车型一箱油可行驶1000km的超长距离,可让消费者一年少进三分之一的加油站。

为了提高公众认知,广汽丰田在推广雷凌双擎时,侧重公务员群体、科技行业、环保人士和时尚达人等,并希望借此带动全社会对混合动力认知度的提升,对雷凌双擎实施了圈层营销的尝试。

尽管丰田把混合动力的研发中心搬到了中国,但是在混合动力的普及和认知上,丰田要想获得与大众涡轮增压相匹配的地位和市场份额,必须有像大众一样的投入力度。例如,在普通消费者层面,还有着混合动力要不要充电等看似小儿科的疑惑。在竞争激烈的"酒香也怕巷子深"的市场,丰田千万别让国家给不给补贴、混合动力算不算新能源车等问题捆住手脚,甩开"膀子"从普及认知开始最重要。

总给人感觉与时代潮流格格不入的丰田汽车,在汽车进入互联网、智能化时代的2017年,却抛出了TNGA的概念,并用"丰巢概念"的中国式表达。TNGA就是有思想的汽车,这个想就是"改变",就是"又好又便宜"。2017年11月,在广汽丰田导入的第八代全新凯美瑞是丰田TNAG架构下的第一款新车。丰田中国执行副总经理董长征说,第八代全新凯美瑞是丰田导入中国市场的TNGA首款车型,紧随其后的是紧凑型SUV H-RV,在2020年之前丰田将在华实现70%车型TNGA化。

不同于大众汽车的TSI+DSG是一个黄金动力的组合,TNGA是一个包括动力在内的全面推倒重来的概念,TNGA(Toyota New Global Archiecture)被译为"丰田新的全球架构",目的是制造更好的汽车,丰田社长丰田章男将此描述为制造让顾客说"WOW"的汽车。按照加盟丰田6年的董长征的理解,外界看到的是丰田的缓慢和保守,一旦"变"的时代来临,丰田一定会抓住潮流。丰巢概念TNGA推出的起因就是传统汽车遇到挑战面向未来的对策,并为此准备了5年之久。TNGA不是简单的平台概念,而是生产、研发等全产业链的重构。例如,零部件的通用性和个性化的兼顾,从上万个零部件中挑选出既能规模化通用又能满足当今需求的个性化。与大众汽车的MQB平台"B"是积木的意思不同,丰田TNGA的"A"源于日语中"思想"的意思。简而言之,TNGA概念下的丰田产品不会诞生类似于大众汽车"套娃"的现象。

TNGA代表了汽车工业的未来趋势,有丰田汽车精益生产方式升级版的意思。当然,我还将其理解成是当今汽车工业普遍思辨情况下给出的丰田式答案,这就是对丰田全球

汽车运势：这个市场谁不动心

100款车型，800款发动机的瘦身、减负、优化和重构四部曲，寻找市场的最大公约数。如此众多的车型和惊人的发动机数量并不都是畅销车型的主流，去其糟粕取其精华，在有用的、大批量保留的基础上进行推倒重来，进行重构。打个形象的比喻，犹如足球世界杯，进入决赛的都是种子队。看似丰田倔强的背后，是曾经押宝成功的案例，在2007年丰田以普锐斯染指混合动力的时候，汽车行业包括竞争对手也曾表示过惊讶甚至不解，但是在2007—2017年，已经有1000万辆混合动力丰田汽车行驶在全球各地。

以在广汽丰田国产的第八代凯美瑞为例，除了还叫凯美瑞，真车却"很不凯美瑞"。言外之意，这完全是一款和过往人们固有印象凯美瑞完全不同的车。"凯八"的不同在于，作为首款完全基于TNGA架构开发的车型，几乎所有零部件都从零重新开发、核心部件全部采用最新技术，包括全新2.5L Dynamic Force Engine发动机、全新Direct Shift-8AT变速箱、全新底盘及悬挂，同时在造型设计、驾驶乐趣和安全性能方面均实现前所未有的变革。"凯八"拥有同级车型中真正的双造型设计，无论是豪华版还是运动版，都拥有动人心魄的高颜值。豪华版车型采用巨幅的梯形横条格栅，营造宽厚且低稳的蹲姿，犹如橄榄球手蓄势待发，流线型车身不仅动感十足且增强了驾驶稳定感，延长的车顶后部增加了后排头部空间。运动版车型采用少见的三层格栅前脸，更强劲的驾驶动感和低重心外形展现运动气息，犹如蝶泳运动员乘风破浪的身姿，双色车身、"纯黑"车厢设计，尾部采用双侧四排气管造型，大胆塑造高端运动型轿车形象。此外，混合动力版车型以豪华版为基础，通过浅蓝色的前、后灯凸显先进科技感。丰田首次搭载的三屏互联，同样在第八代凯美瑞上体现。10英寸彩色抬头显示屏（HUD）、8英寸中控触屏、7英寸仪表盘液晶屏，三块屏幕可以实现信息联动，提供丰富全面的高清资讯，HUD可在挡风玻璃前直接显示路况信息，驾驶者无须低头即可以获取信息。在消费者关心的车身尺寸上，车长增加35mm、宽度增加15mm、轴距增加50mm，内部空间更为宽裕舒适。一句话，第八代凯美瑞"很国际，很不丰田"。

第八代凯美瑞只是丰田TNGA架构下的"药引子"，广汽丰田和一汽丰田今后起国产的车型均为TNGA架构，据说一汽丰田还有望成为丰田首个TNGA工厂。其实，对消费者而言，TNGA就是"又好又便宜新车"的代名词。丰田表示，除了动力、行驶、操控等汽车基本性能的提升，TNGA架构还有一大优势是节约成本，把节约出来的钱回馈到产品性能及配置上，形成"制造更好的汽车"的递进式循环，而操心这些事儿的是丰田的思想者。

日产 85 亿元打造"新东风"

丰田社长张富士夫前脚刚走，日产总裁卡洛斯·戈恩就来了。与张富士夫和竺延风握手合作所不同的是，卡洛斯·戈恩的握手对象是苗圩。

2002年9月23日，事关中国汽车工业能否做强、做大的又一艘航空母舰尘埃落定，与一汽和丰田的合资在人民大会堂不同，这一次东风和日产的签约仪式选在了钓鱼台国宾馆。

双方新组建了后来被业界广为人知的中外合资汽车公司——东风汽车有限公司（Dongfeng Motor Co.Ltd），简称"东风汽车"。双方在新公司中各持50%的股份。新公司生产包括日产全系列乘用车与东风的重、中、轻型卡车和客车。

新"东风汽车"第一个阶段2006年的年销售目标为55万辆，其中的33万辆为商用车，客车和卡车在东风现有的十堰和襄樊工厂生产，使用东风品牌；其他的22万辆为乘用车，包括小型和中型的经济型、家用型和豪华型轿车，以及多用途车MPV。

所有新公司生产的乘用车使用日产品牌，并在东风襄樊工厂和广州花都工厂生产。根据当时的计划，除了当时畅销的蓝鸟，至2006年，新"东风汽车"还在当地生产6种从日产引进的乘用车。新"东风汽车"首车始于2003年开始生产的"阳光"（Sunny）。

为了支持新公司的营利性发展，协议要求日产在诸多方面向新公司提供管理经验，包括产品规划、采购、物流、质量控制、品牌管理、市场开拓、销售网络及金融服务。另外，新公司除了加强东风现有商用车的研发中心，还将成立一个新的乘用车研发中心。

作为合作伙伴，日产给新公司带来其全球范围内的品牌优势、技术实力、更丰富的产品，以及在复兴过程中积累的独特的多功能管理经验；日产在新"东风汽车"中直接投资85.5亿元（10.3亿美元、1204亿日元，当时的汇率），以获得50%的股份。另外，日产还在2006年以前，在中国产品开发上进行53.3亿元的资本支出。东风带给新东风汽车有限公司的是其国内知名品牌、商用车良好的销售业绩、现有的强大生产设施、优秀的人力资源，以及在中国不断增长的汽车市场中覆盖面广的经销网络。

东风和日产的合作从规模和深度上来说都是史无前例的。双方表示，要使"东风汽车"10年内产能达到90万辆，成为一家具有全球竞争力的汽车制造商，在中国汽车工业全球化和市场发展的过程中扮演重要角色。

日本第二大汽车制造商（日产汽车公司）与中国三大汽车集团之一的东风集团的全

面合作，标志着日本汽车开始在中国市场全面发威。

　　这是继 2002 年丰田与一汽集团进行全面合作之后，在不到一个月的时间内，第二家日本汽车企业与国内企业采用中外合作的形式进行强强联合。加上在此之前北京吉普已经确定的要生产三菱帕杰罗项目的实施。丰田、三菱、日产纷纷在中国市场的圈地行动，使得日本的主要汽车工业在中国市场都拥有了海外工厂。

　　日本汽车企业在中国市场发威有两个主要原因：一是中国加入世界贸易组织后市场会更加开放；二是在北京举行的 2008 年奥运会将会保证中国的经济持续、快速发展。两个原因促成的结果是，百姓口袋里的钱越来越多，使得更多的中国人购买汽车成为可能。日产与东风合作也正是看中的这一点。

　　丰田和日产两大汽车公司短时间内与中国一汽和东风汽车的合资，至少对德国大众来说，意味着危机真的来临了。

新天籁能火吗

　　"源于佳美　高于佳美"和"车到山前必有路，有路必有丰田车"被中国民众并列称为两句最经典的汽车口号，其根深蒂固的程度几乎家喻户晓。当更名为凯美瑞的佳美在中国市场完成华丽转身时，同样改名为天籁的风度，其销量却与凯美瑞渐行渐远，"源于佳美，高于佳美"的口号也仅仅成为谈资。

　　新天籁能火吗？

　　新天籁 2008 年 6 月 16 日上市之前，时任东风日产副总经理的任勇放言，从新一代天籁投放市场开始，天籁品牌将回归至中高级车前三强品牌。任勇还把其称为应有的市场地位。言外之意透露出两层意思：一是过去就应该卖好，可惜没卖好；二是发起卖好的二次攻击。可见，新天籁对任勇及东风日产来说简直就是"救命稻草"，或者说是一种无奈的押宝。

　　的确，在日本甚至国际市场上，天籁、凯美瑞和雅阁并称为中高档市场的"三驾马车"，但是在国内市场，人们更容易把凯美瑞和雅阁放在一起谈论，原本属于"三驾马车"的天籁并不在公众的视线之内。当凯美瑞和雅阁在中国车市每月以万辆左右的销量所向披靡的时候，天籁却原地踏步甚至后退，东风日产可以不服，但是在数据面前不服不行。

　　无论是技术还是造型，天籁都是款不错的车型，老天籁的 2.3L 和 3.5L 两个排量的车型，外观符合中国人的审美，操控也比较规矩。只是东风日产没有卖好，在"酒香都怕巷子深"的中国市场,天籁没有吆喝好,不能不说是种遗憾。成立5年的东风日产车子造了不少,却没有一款能够冲击销量的车型。骐达看上去销量似乎不错,但是这种车型很难为企业带来丰厚利润,更何况与同档次的飞度相比,在销量上相去甚远呢?经常降价倒是事实,几年下来,骐达的价格从10多万元降到了8多万元,如果评选降价前三名,恐怕骐达就有一席之地。骊威也是,卖不动就降价,东风日产的车型在价格上应该是合资企业中最便宜的,却又是卖得最不好的。

总体感觉,东风日产还是一个没有诚信的企业,有两个例子为证。第一个是逍客。效仿其他车企的东风日产在逍客上市前也玩了一把预售并收获了不错的订单,真正公布价格的时候,真实的车价却高出了人们的预期,顷刻间逍客退车热也成了车市的奇怪风景。或许在销量上,东风日产会自我感觉良好,但经销商眼看着消费者退车的场面也只能无可奈何。如果看到车价上的起伏就说东风日产不诚信有些牵强,那么东风日产面向全国招募市场总监则是典型的缺乏诚信了。第二个是招聘市场总监。多年前,东风日产在广州车展前后,花费巨资在央视招募高级人才,亲自当考官的任勇当时许诺被录用者将享受百万年薪和市场总监的职位。此刻看来,有多少人报名已不重要了,通过层层筛选的胜出者包旭东,最终的确被东风日产录用了,可职位压根儿就不是任勇面对电视观众所说的市场总监,年薪自然也就不是百万元了。

任勇坦承,天籁自2004年进入中国市场以来,品牌价值还是被低估了。如果说天籁品牌价值真的被低估了,那么是被谁低估了呢?又是谁造成的低估呢?天籁、颐达、骐达、骊威、逍客都是不错的车型,只是东风日产没有做好市场营销。

三菱在华跟跟跄跄

毗邻朝阳使馆区的汉威大厦内,一间看上去并不起眼的办公室里正在酝酿着一场汽车风暴。在丰田、本田、日产等同行纷纷立足中国市场之后,三菱汽车再也坐不住了。在中国工作了10年的远藤裕己,是三菱北京事务所众多所长中任职时间最长的一个,早稻田大学毕业的远藤裕己用流利的汉语表达着三菱汽车对中国市场的认识。"三菱也想染指中国轿车市场。"远藤裕己如是说。远藤当时的搭档是后来成为广汽三菱日方最高代表的葛城慎辅,一度和后来调至广汽传祺的张跃赛搭档。2017年起,广汽三菱年销量连续超过10万辆,来之不易的成绩对三菱来说如同做梦一般。

三菱在华累计实现30万辆的销量,从1980年到2003年,历时23年,而其中的

汽车运势：这个市场谁不动心

近一半销量是在 1993 年到 2003 年取得的。中国汽车市场的快速增长受到全世界汽车巨头的青睐，而三菱想在中国扎根的想法就不难理解了。

三菱在中国布局颇像丰田，即先从外围入手，设立零部件企业、实施技术转让等手段，让三菱品牌深入人心。例如，中华轿车、哈飞赛马、菱帅等或国产或合资企业生产的轿车装备用的都是三菱的发动机，三菱在中国没有直接投资建厂的前提下，却实现了三菱汽车满街跑的战略，这种招数可谓聪明。又如，三菱通过技术转让的形式先后与湖南的长丰猎豹、北京吉普、东南汽车、哈飞汽车等企业实现了合作，而这并不包括设在沈阳的航天三菱发动机和哈尔滨东安汽车发动机制造有限公司两家企业。从与合作伙伴的地域上分析，三菱在中国的布局显然是经过一番深思熟虑的，四家合作企业遍布东南西北，两家发动机企业集中在中国企业制造业龙头老大一汽集团的"心脏"周围。

如果把三菱在中国的每家企业分开来看，或许实力并不强劲，当把四家合作企业和两家发动机的力量集中在一起时，三菱在中国的实力自然不容忽视。

四家合作企业和两家发动机制造厂再加上进口车的销售渠道，意味着三菱汽车品牌在中国已经家喻户晓。除此之外，在中国开设的办事机构[三菱汽车北京事务所、三菱汽车北京事务所沈阳驻在员事务所、三菱汽车北京事务所永州驻在员事务所、三菱汽车（上海）有限公司、三菱汽车（广州）有限公司、三菱汽车（大连）有限公司、三菱汽车（天津）有限公司]的存在则意味着三菱汽车在中国随时可以发威，这 7 家常设机构除了推广三菱品牌和卖车，最核心的任务之一就是对中国的汽车市场进行调研、收集信息，随时供日本总部方面决策。

提起三菱，人们首先想到的是行驶在崎岖山路的越野车，其实三菱公司造轿车也是行家。从三菱汽车 1917 年成立至今已有 100 多年，从最初的 COLTGALANTAIIGS、MINICA70GSS、LANCERSTATIONWAGON 到中期的 COLT、FTO，再到今天的 SPACEWAGON、3000GT 和戈蓝、蓝瑟，先后生产过 60 多款轿车。其中，三菱通过

第一部分　车企运势

技术转让的形式在我国台湾裕隆生产的蓝瑟，一度占据我国台湾地区轿车 25% 的市场份额。此外，三菱轿车在欧洲表现不俗的还有 300GT 等车型。

时任三菱北京事务所所长的远藤裕己早已中国化，是典型的中国通。时间长了，在中国也留起了修饰精致的八字胡须。有一次，远藤裕己说：三菱在中国生产轿车已经被提到了议事日程。三菱是一家非常注重品牌的企业，尽管湖南长丰猎豹的迅猛发展是日本三菱方面最愿意追加投资的理由，并几次邀请长丰猎豹的当家人李建新前往日本三菱总部，商讨三菱增资的种种可能，但是在注重品牌方面，三菱更倾向于北京吉普。因为当年投放市场的三菱帕杰罗•速跑在中国市场首次启用了三菱的标识，三菱公司对北京吉普曾经多次大加赞赏，而长丰猎豹采用三菱技术在商标上另立门户的做法令三菱一直耿耿于怀。

为了争取三菱轿车落户国内，国内车企还进行过激烈的争论。长丰猎豹、北京吉普、哈飞汽车都存在可能，反倒是东南汽车因为和三菱汽车没有直接的合资关系，在三菱轿车投资的项目上概率会小于上述三家企业。当时的湖南长丰汽车制造股份有限公司（CFA）是由日本三菱汽车公司与长丰（集团）有限责任公司等 9 家企业法人在 1996 年 10 月共同发起设立的股份有限公司，总资本金为 2.22 亿元。为了满足不断扩大的生产规模对资金的需求，在 2000 年 9 月进行了增资扩股，又吸收日商岩井（株）等 3 家企业法人参股，总资本金增加到 4.01 亿元，三菱汽车公司拥有该合资公司约 20% 的股份。长丰猎豹汽车当时的总销量在 35 万辆左右。

北京吉普汽车有限公司（BJC）2002 年 6 月 4 日与三菱汽车签署了协议。根据协议，北京吉普获准生产三菱帕杰罗运动版 Pajero Sport，协议包括该型产品生产的全套技术文件及 27 项技术专利的使用权。北京吉普公司从 2003 年第一季度开始生产帕杰罗，帕杰罗的本地化生产标志着一个新潮流的开始，即联合伙伴及其产品之间的协同与合作在不断增强。2002 年 11 月 5 日，三菱汽车与北京吉普签署第二份技术许可协议，内容涉及生产三菱汽车公司的欧蓝德（Outlander），包括了全套的技术及专利。

哈尔滨哈飞汽车制造有限公司（HHMC）从日本三菱自动车工业株式会社引进"Dingo"的技术资料，在三菱的技术支持下，成功地开发出中国版"赛马"轿车，并在 2002 年 5 月 28 日下线。赛马搭载三菱在华合资企业哈尔滨东安汽车发动机制造有限公司生产的 4G1 系列 1.3L 和 1.6L 发动机，该车配备 ABS 和双侧安全气囊。

明显缺乏三菱总部和三菱中国强力支援的东南汽车并不想坐以待毙，时任东南汽车总经理的左自生和主管三菱销售的副总经理白石一夫都不想错过市场还在增长的"班车"。

人们突然间关注东南三菱，在于一则有争议的广告。2013年8月末成都车展上投放市场的风迪思新车打出的广告语是："有孩子，有风迪思。"争议有两点，其一，没孩子就不能买风迪思？其二，也是争议最大的，风迪思是谁？有的人甚至都不知道它是车，就更别说是东南汽车的三菱品牌了。

其实，风迪思是一款造型稳重、内饰温馨的家庭用车，与在日本有"神车"之称的翼神出自同一平台，只不过一个运动一个稳重而已。东南的本意是：尽管外观稳重，但是风迪思是一款传承了三菱运动基因的性能好车。负责品牌规划的曹永磊举例说，风迪思定位的目标是"80后"新家庭，这一代人拥有结婚后不失去自己，反而和家人分享的消费观念。这也是"有孩子，有风迪思"的初衷。

三菱是东南汽车双品牌战略的其中一个品牌。不过，与东南品牌年销售18万辆的数字相比，三菱品牌年销量2万辆左右的数字实在不足挂齿，甚至让人感觉不到这个品牌的存在。

转来转去，三菱最终和广汽成立了广汽三菱合资公司，生产基地在长沙。曾任三菱事务所所长的葛城慎辅被派驻到广汽三菱。不过，三菱最终没能借助中国市场把自己做大，而是越来越小。

三菱是一个有故事甚至传奇的品牌，常年征战WRC拉力赛深入人心，成龙是三菱汽车的"铁粉儿"，不仅在各种电影中御用三菱汽车，据说还收藏了三菱各款车型。

本田在华应该"二合一"

别看广汽本田和东风本田在2020年双双以80万辆的规模跑赢"大盘"，但是对于两者而言，始终没有突破100万辆的规模。按照广汽本田的规划，2020年就应该达到100万辆规模的。相对于这几年的好日子，南北本田都遇到过坎儿，这种时好时坏的情况今后还会出现。从总体上看，南北本田"二合一"才是未来的出路。

广汽本田雅阁和东风本田CR-V作为B级车和SUV两大市场的代表车型，曾经不可一世，但是在2014年前后有过一段窘日子。当时，本田在华的两个事业主体广汽本田和东风本田集体遭遇大幅度下滑：雅阁7月4972辆的销量再度延续颓势，当年前7个月，雅阁月均销量6600辆，销量最好的7月也不过7900辆，而与雅阁在B级车市场三足鼎立的凯美瑞和帕萨特，月均销量始终在万辆左右，甚至更多，几乎是雅阁的一倍。

汽车运势：这个市场谁不动心

同病相怜的还有东风本田的CR-V，作为城市SUV鼻祖的CR-V一度长期排名SUV细分市场的前三名，乃至冠军宝座，但是其销量也由2014年6月的1.6万辆急剧衰落至不足6000辆，量级沦落到与自主SUV瑞虎旗鼓相当，而主要的对手上海大众途观月销1.91万辆，东风日产奇骏月销1.23万辆，与其主要对手的距离不是接近了，而是更远了。

当时，仅广汽本田的库存就高达17万辆，除了向经销商压库7万辆左右，广汽本田把增城工厂附近能租的空地全部租下来用于摆放库存。7～8月正是广东野草长势最旺的时候，野草长势比车还高，有些车的电线都被老鼠咬坏了，尤其是经过一个雨季的洗礼，不少新车被风蚀成了"花车"，库存景象如同汽车墓地一般。当年，即使广汽本田停产，库存的车都够卖到年底了。在奥德赛上市时的最近一次专访中，广汽本田执行副总经理郁俊坦言，2014年1～6月18万辆左右的销量，同比2.4%的增长，确实比市场增速要缓一些；全新雅阁的销量与以往的辉煌相比确实有很大的差距，广汽本田要付出更大的努力提升销量，重塑雅阁品牌。

销量与主要对手差距渐大的背后，是本田要量的宿命。本田原本以技术立命，记得早年间专访本田前任社长福井威夫时，他以"本田飞机"举例说明本田在汽车领域的优势："本田飞机最明显的一个特点就是比竞争对手节油30%。"那个讲究技术的本田才是真正的本田。

本田应该反思在华战略，尽管国家有"一家外资公司可以拥有两个中方伙伴"的政策，但是这种政策并不适合本田。少得可怜的车型和品牌力，根本没有可能同时支撑两个企业。例如，本田不应该把讴歌（Acura）作为一个品牌来国产，而是应该作为本田旗下的高端车型，因为市场已经没有机会了。比本田强大得多的日产、通用，在华也只有一个合资伙伴，尽管后来通用和一汽建立了商用车的合资关系，但是主要的乘用车伙伴还是依靠上汽。大众汽车越做越强，很大程度胜在了规模大成本低上。

本田在中国的未来并不在于发布多少款新车，比这个更重要的是本田如何再贴上"技术本田"的标签。而对于本田中国来说，CR-V的产品品牌大于东风本田品牌，雅阁的产品品牌大于广汽本田，都是仓石诚司最大的挑战。2012年4月10日，本田中国发布了"亡羊补牢"的中期战略。

在从东风本田总经理任上一度升任本田中国本部长两年后，仓石诚司才拿出了本田未来3年在中国的规划，这本身就是一个迟到的战略：2013—2015年，本田将连续投放10款以上的新车型和全新改款车型。到2015年，本田品牌车型的销量将比2011年翻一番。同时，本田将改变产品研发思路，增加投放专门针对中国市场研发的新产品。

仓石诚司显然是想通过全方位的改善来遏制本田在华不断下滑的市场地位。中期战略的核心主要集中在增加新产品投放和本土化研发上，而本田在中国面临的问题似乎不在这两点上：就产品而言，两个本田的产品数量并不少，广汽本田拥有雅阁、歌诗图、飞度、思迪、奥德赛等车型多达20款，但是能够在市场上卖得好的车型只有雅阁；而东风本田，拥有CR-V、思铂睿、思域等车型，能够在市场上畅销的车型也只有CR-V。

两个本田对于本田中国的仓石最大的挑战在于，雅阁和CR-V的名声都大于制造产品的母公司。而本田中国自身的所谓豪华车品牌阿库拉，进入中国市场时机不晚，却在销量上与日产的英菲尼迪、丰田的雷克萨斯相去甚远，已经被完全边缘化了。

探讨本田在中国地位下滑的原因比本田能否实现中期战略更有意义。雅阁和C-RV都是本田当年针对北美市场开发的车型，两款车型在中国的成功只能说明中国人的嗜好与北美市场比较接近，而那时中国市场的竞争远不及今天充分。应该说，本田用最小的投入换取了在中国最大的市场。伴随着竞争对手的不断本土化，甚至专门为中国市场量身定制车型，本田中国不落后才怪。思铂睿和阿库拉的滞销就是"活生生"的例子，简单的拿来主义已经不适应中国市场的竞争。

仓石诚司解释说，为提高成本竞争力，未来本田还将进一步强化零部件的本地化采购，积极扩大与中国本土零部件供应商的合作范围。此举可解读为，此前一直被日本资方主要掌控的零部件企业，将让利给中国企业进行国产，以通过成本的降低带动车价更有性价比。

本田历来是一家以技术著称的公司。大众的TSI+DSG、福特的co Boost、马自达的创驰蓝天等新技术应运而生，本田汽车似乎已经丢掉了技术本田的标签。本田在新能源车技术上倒是技高一筹，但是受高昂价格的制约，要想在中国上量尚需时日。

强而不大的长安马自达

在时任长安马自达执行副总裁周波的日志本上详细记载着每达成一个10万辆销量的时间表：2014年达成10万辆用时12个月，2015年达成10万辆用时9个月，2016年达成10万辆仅用了7个月。周波如数家珍般地说，3年时间实现"10万辆阶梯"的三连跳，每提前一个月就意味着每年会收获更多。

难怪总裁田中英明有点隔空喊话一汽马自达的意思，他略带调侃地表示，长安马自达才是马自达在中国市场的代言人。他眼里的不懈确有道理，这两年"长马"风头显然盖过了"一马"，我把其称为"南京压倒长春"。

长安马自达年产销 10 余万辆的级别，论规模并非出类拔萃，但在管理和产品特点上有行业教科书般的意义，甚至值得有些同行大厂学习。例如，长安马自达仅有 Mazda CX-5 和 Mazda3 Axela 两款主力车型，年销 10 余万辆的规模，均摊到单一车型上，量都不小。马自达独有的转子发动机、创驰蓝天技术及魂动设计理念，被长安马自达解读的"炉火纯青"。尤其是从长安福特体系中剥离出来后，长安马自达强而不大的烙印愈加明显。我理解，这种强而不大，不求规模有多大，却比规模大的同行日子好过，属于"闷头低调赚钱"的；不求整体规模大，而在局部车型上有特色，车型单拎出来都有竞争力，如 CX-5 和昂克塞拉在各自细分市场上都属于有竞争力的热销车型，长安马自达把这种现象称为"特色精品战略"，这与马自达在全球"规模虽小，有自豪感可持续存在"的品牌价值非常"搭"。

田中英明在解密销量时称，他们不刻意追求量，而是把量看作"因"和"果"的关系。"因"是质量和制造体系，拥有好的质量和产品，销量的"果"自然会来。例如，在长安马自达南京工厂，仅针对整车质量检查的项目就有 600 个，包括刻印、填充、泄漏、异响、紧固等，质量部会从用户的角度出发，遵从静态与动态双重评审体系，以产品质量缺陷和质量等级分值等标准来评价产品质量的状态。也就是说，在车辆出厂之前，质保部拥有绝对的一言九鼎的话语权，以确保每辆车都能经受住激烈驾驶的考验。类似于质保部这样的话语权，贯穿在企业、品牌、研发、制造和营销的全产业链环节。也正是这种"拳打脚踢"，使得长安马自达的库存几乎为零，更有 80% 的经销商处在盈利状态，在这两项衡量企业是否健康的标准上，长安马自达等同于满分。

长安马自达这几年的跨越式发展还得益于以消费者为主导的"用户+"的思维：就是从产品、服务、营销 3 个层面出发，借助大数据工具，为用户提供其喜闻乐见的内容与人车生活方式。例如，长安马自达开创了业界首个新车发布时让用户登台，企业高层坐台下当观众的先河。在别的同行还在为以什么形式接地气绞尽脑汁的时候，长安马自达早就把这层"窗户纸给捅破"了。为此，3 年来长安马自达先后举办了"LIVE IT 不辜负粉丝盛典"与"粉丝沙龙"，在全国范围内持续开展大型主题自驾活动"驭马自由行"与道路体验试驾，将用户代表不定期地聚集在一起，面对面沟通，持续倾听来自各层次用户群体的声音，不断优化自身产品价值、营销方式、品牌形象。

长安马自达还拥有马自达公司在海外唯一的研发中心。总裁田中英明披露说，长安马自达正在计划开发一款针对中国市场的专属车型。拥有"特色精品"的企业战略和以消费者为原点的"用户+"思维,有理由期待长安马自达更多一些。

召回才让人想起新奥拓

如果不是看到了召回的消息,我还真想不起新奥拓这款小车了。确切地说,正是在2010年的召回,才让我想起市场上还有这么一款车的存在。

此次召回的新奥拓涉及的数量为10326辆,生产时间段为2009年7月6日至2010年1月17日。召回范围内的车辆,由于汽油滤清器支架存在脱焊的隐患,在极端情况下,固定支架脱焊后导致汽油滤清器悬空,经过长时间使用,连接汽油滤清器的燃油软管可能产生疲劳裂纹,发生漏油,影响行车安全。由于新奥拓推出时间并不算长,目前并没有车主因此事故导致产生安全问题,也没有相关的事故报告。

从新奥拓的召回至少可以看出新奥拓销量太差的端倪。从2009年7月6日到2010年1月17日,新奥拓的产量才10326辆。当然,站在消费者的角度来说,这个量越小越好,销量越小面对召回时消费者的抱怨和损失就越小,但是如果放在整个车市的容量来看,新奥拓的产销量就微不足道了,月均2000辆的销量在当前火爆的市场中,新奥拓的销量显然落伍了,尤其是与其他竞品动辄就月销四五千辆的数据相比,新奥拓显然动静太小了。

新奥拓的召回之所以格外令人关注,恐怕还在于人们对老奥拓的怀念。那个方头方脑的上一代奥拓在北京可谓家喻户晓,老奥拓的燃油经济性、停车的便利性,无不令人称道。也正是这样的特点,才让普通公众对新奥拓格外充满亲切感。我注意到这样一组数字,作为微轿的代表,老奥拓10年时间在中国市场的保有量超过50万辆,并且积攒了比较好的口碑,我的同事至今还开着一辆老奥拓上下班。

尽管新奥拓的外观时尚了,尺寸也大了,但是新奥拓已经没有与众不同的特点了。如果说方头方脑是老奥拓的标志,新奥拓则变得太中庸了,无论是与丰田的雅力士,还是与奇瑞的QQ、吉利的熊猫相比,长相太大众化的新奥拓能让人记住就不容易了,更不用说购买了。我以为,致使新奥拓销量差强人意的地方还在于,新老奥拓的差别太大了,新奥拓换上四个圈说是奥迪或许人们能接受,但是一个长相和新奥拓看上去没有任何瓜葛的车,还叫新奥拓,人们接受起来需要时间,只是奥拓的品牌号召力还不及奥迪。

这里面恐怕是长安铃木对市场的判断出现了偏颇。目前中国市场上投放的新奥拓

第一部分 车企运势

061

与老奥拓相比，中间隔了十多年，车型上隔了5代。新老奥拓的天壤之别，对于长安铃木来说，如果不叫新奥拓，新奥拓的销量或许是另外一个局面。如果当年长安铃木在奥拓之后及时把SUV小车吉姆尼引进国内，长安铃木或许还不用这么早就退出中国市场。

日本车的召回年

说2007年是日本车在中国的召回年，日本厂商肯定不高兴。不过，这一年日本车出的事儿不得不让人这么认为，也不得不让拥有日本车的中国车主这么想。

2007年3月起，广州本田面向全国召回近50万辆轿车，召回车型的范围涵盖了广州本田在中国生产的全线车型，雅阁、飞度、奥德赛这些在中国市场炙手可热的车型均在召回范围内。广州本田自称，召回范围内车辆在长期使用过程中，助力转向油管在炎热气候的条件下受发动机舱温度和管内油温的共同影响，油管材料物理性能下降，可能会加速助力转向油管老化，导致助力转向油管出现渗漏。尽管在正式实施召回前没有发生一起事故，但是近50万辆车都出现问题的背后并非如此简单。例如，召回的时间从2003年1月到2006年12月，如此长的时间内难道就没有人发现问题吗？据说，广州本田此次召回的时间需要一年左右。有媒体评论说，仅这次召回广州本田就需要3亿元。要知道，3亿元对于广州本田来说仅仅是九牛一毛，广州本田一年销售收入200多亿元。不过，其对消费者负责的态度倒是可以褒奖。

如果说把2007年是日本车召回年的板子都打在广州本田身上也有失公允，日本车在中国市场自2007年以来频频陷入召回门中的例子比比皆是。在广州本田之前，同为本田在中国合资企业的东风本田也在2006年年底被迫召回了近5万辆"塌屁股"的东风本田CR-V。无独有偶，已经几乎坐上全球汽车行业老大位置的丰田也因为"漏油事件"被迫召回了锐志。

如此多的日本车频繁召回绝非偶然。日本车从德国大众和美国通用的虎口中夺得了不少市场，恐怕是凭借着经济省油和讨中国人喜欢的外观两个主因。其实不然，我承认日本车省油，却不认为日本车经济。例如，日本车的免费保养里程是两年或60000km，在这个时间段内和里程内日本车是不大可能出现瑕疵的，但是过了两年或60000km，日本车肯定要出毛病。而当你把病态的汽车开到店里维修保养时，其价格并不比德国车或美国车有任何优势。

此次广州本田召回，只是2007年日本车召回的缩影。不仅仅是日本车在中国市场召回的结束，更大的可能是召回的开始。

同样召回的还有丰田。镜头切回到2010年年初：股价下跌22%，数量超过910万辆，损失20亿美元……导致这一连串数字发生的是丰田全球范围的召回。从中国的一汽丰田到美国丰田，再到日本丰田的总部，道歉成为丰田人最近的口头禅。

丰田的召回危机至少应该给人们带来以下几点启示。

一是企业不是越大越好。丰田的此次召回从北美开始，波及全球，召回的数量甚至超过了丰田一年的销量。丰田在全球多个国家和地区均有工厂，在看到丰田大规模的同时，也应该意识到规模有多大，风险就有多大。

二是模块化不一定行得通。丰田和大众是全球重点提倡模块化的跨国汽车企业，模块化是指零部件的统一化。也就是说，在不同的品牌、不同的车型上面，使用相同的零部件，这样做的好处在于能够最大限度地降低零部件的成本。但问题是，一旦一个车的零部件有问题，可能会波及其他品牌的不同车型，这对于企业来说是巨大的打击。

三是对国内企业的警示。在中国汽车销量成为世界第一之后，不少企业瞄准了进军国外市场的机会，国外的市场可能够大，但是不要忽视市场之外的因素，如对国外市场的法律法规的研究，丰田此次召回之所以始于北美，正是由于美国市场有着严格的汽车安全标准，中国国产RAV4的召回很大程度上是沾了美国的光，如果这事率先发生在中国市场，丰田的召回速度肯定不会如此迅速。

四是召回的复杂背景。丰田大规模的召回是在美国通用、福特、克莱斯勒三大汽车公司日渐衰落的背景下进行的，其在美国的召回甚至引起了美国国会议员的高度重视。美国的做法是在向外界释放挟持美国"三大"汽车公司的信号，难怪《经济观察报》把其称为"丰田召回背后的政治经济学"。

东风日产后千万辆时代的谋篇布局

无论从哪个维度来看，一个企业达到1000万整车产量都是件值得祝贺的大事儿。继南北大众、上汽通用之后，东风日产在2018年9月成为中国第四家"冲线"达成1000万整车产量的单一车企，这也是日系品牌在中国市场的"头一份"。东风日产为此举办了一个简约而不失隆重的达成仪式。当天，一辆白色的轩逸·纯电在众人瞩目中缓缓驶下生产线。

一个弥足珍贵的数据是,东风日产15年时间所实现的0~1000万辆的突破,在所有达成千万辆的车企中,用时最短。当天举行的1000万辆达成仪式,东风汽车集团董事长竺延风,日产汽车公司总裁兼首席执行官西川广人等中外母公司的高管集体出席,这恐怕也是对东风日产最大的肯定。

难怪竺延风称,东风日产是东风公司发展最快、成长性最好的业务单元,在市场和客户需求把握、营销创新、产品质量、制造水平、企业文化及员工人才队伍建设等方面都成为业内翘楚,成为集团内的标杆企业和最主要的业务单元,为东风公司健康快速发展提供了强有力支撑、做出了突出的贡献。尤其是对市场短期内出现波动的东风标致、东风雪铁龙和东风本田而言,东风日产1000万辆的达成,绝对是东风汽车兄弟企业的"金字招牌"。

当天驶下生产线的轩逸•纯电,既是东风日产1000万产量里程碑的标志,也是东风日产开启第二个1000万产量的敲门砖。东风日产乘用车公司副总经理陈昊说,东风日产思考最多的还是后千万辆时代怎么办?

根据中期事业计划,东风日产制定了到2022年挑战合资品牌TOP3的目标。其中的"干货"包括,在所有合资企业中按照品牌进行划分,从销量、市占率、品牌好感度、客户满意度、企业经营质量、产品质量等维度衡量,挑战合资品牌TOP3。在销量上,到2022年,年度销量达到160万辆,在合资非豪华阵营中市场占有率超12%。

正如陈昊接受媒体采访时所言,实现这样的目标,要从三个方面着手。第一个方面是更多新产品的导入,特别是一些电驱动的车,在提升销量的同时,更提升质量。第二个方面是来自渠道力的提升,主要是单店的销售效率提升,目前东风日产单店销售效率每年1460辆,平均一个4S店,行业标杆已经做到1600辆,每个点还有100辆以上的提升空间。第三个增量来自网络渠道,向四五线城市的推进。这三个方面都能带来一定的增量,东风日产在转型过程中,智能、网联、电动、共享能够跟上时代的步伐。

陈昊说,后千万辆时代的东风日产,简单来说就是做一件事——日产智行科技"NISSAN INTELLIGENT MOBILITY",从品牌及产品导入方面,未来5年以"日产智行科技"作为核心,打造品牌影响力。

第四章　韩流

钓鱼台芳菲苑庆生 10 年，北京现代 1000 万辆不是梦

从 500 把镰刀铲除杂草丛生的荒地到实现 400 万辆汽车的跨越——成立 10 年的北京现代是一面镜子。2012 年 10 月 18 日，因举行"六方会谈"著称的钓鱼台芳菲苑，欢声笑语。与在钓鱼台庆贺相匹配的是北京现代成立 10 年收获了 400 万辆汽车，一个可以骄傲的奇迹。"新力量 新主流"也成为北京现代值得佩戴的企业标签。

10 年不过是历史长河中的短暂一刻，但对北京现代的发展来说具有十分重要的意义。作为中国加入 WTO 后批准的首个汽车合资企业，2002 年北京现代仅经过 4 个月就完成

了厂房重整和设备改造，由此开启了北京现代人振兴北京汽车制造业、发展首都经济的使命之旅。当第一辆索纳塔轿车下线之时，北京现代人用"使命必达"的责任与信念实现了北京汽车人制造轿车的梦想。2008年，北京现代又一款战略车型"悦动"上市，其在"家轿之王"伊兰特的基础上融入了时尚、动感、流畅的外观，迎合了中国消费者的喜好，首月销量便突破万辆大关，成为当时北京现代旗下车型的"黄金组合"。

北京现代以"现代速度"一路疾驰，不仅创造了一个又一个产销纪录，也将一个个梦想化为现实。10年间，拥有百万产能的北京现代先后投放了12款畅销车型，累计销售突破400万辆。10年间，北京现代建设了三座世界级样板工厂、三座发动机工厂和一座承担自主研发任务的技术中心，并构建了完善的零部件供应体系和售后服务体系。2012年年底，北京现代累计实现销售收入3930亿元，累计纳税487亿元，直接带动就业15万人，推动北京乃至全国汽车产业的高速增长。

能够实现400万辆的销量，除了得益于中国市场的刚性需求，更在于北京现代的独特企业文化。10年庆典上，曾经在北京现代工作过的中韩员工全部被请到了现场，充满人情味。曾担任过北汽总经理的中国汽车工业协会常务副会长董扬披露说，当时在首钢面临搬迁的情况下，北京能否打造一个具有相当产业规模企业的重任就落在了北京现代身上，10年来北京现代可谓不负众望，成为北京制造业的名片。

北汽集团董事长徐和谊在描绘北京现代"十二五"战略目标蓝图时称，北京现代将完成从速度向品质、品牌转变，围绕两个"倍增计划"全面开展工作。两个"倍增计划"是指在"十二五"期间，将在产销能力和中高级产品结构上较之"十一五"末期实现全面倍增，产销能力在2015年倍增至140万辆，中高级产品比例倍增至50%以上，到2017年，北京现代成立15周年之际，将实现第1000万辆下线，全面推进品牌的"第二次飞跃"。

北京现代的蓝图描绘得越美好，就越为我们的自主品牌担心。要知道，韩国现代汽车始于1967年，比中国的汽车工业晚了十几年。正如中国汽车的老前辈陈光祖所言，韩国现代发挥了后发优势，已经位居世界第五大汽车集团，年产汽车500万辆，其中出口占一半。这也是北京现代之所以是自主品牌的一面镜子的所在，而我们的自主品牌还是"扶不起的阿斗"。

北京现代让人记忆深刻的不应该仅仅是北京现代发展的速度，应该是中国加入WTO后获批的第一个合资汽车企业。10年之后，这个结束了北京没有轿车历史的企业，在整个中国汽车产业的地位越发不可忽视，"新势力 新主流"正在成为这个企业的新标签。

汽车运势：这个市场谁不动心

速度似乎一直是北京现代10年发展的标签。从北京现代当年获批即当年投产；从最初的只有索八一款车型到一年一款车型，形成了索八、iX35、伊兰特等类别的车型集群；从单一的一个工厂到三厂鼎立；从年销售不足10万辆到年销售超过70万辆；从仅仅是北京的一个合资汽车企业到整个北京制造业的一面镜子；从仅仅是北京的一个企业到成为整个中国汽车产业中不可忽视的力量。

这种速度在10年门槛上依然没有停下来的迹象。为了突破产能瓶颈，大幅提高年产能力，北京现代总投资规模达65亿元的第三工厂投产竣工，全新三厂拥有40万辆乘用车及40万台发动机的产能，比肩北美IQS的最高品质指标，全球领先的柔性生产体系，全新工厂不仅将实现规模的扩张，更能带来产品品质的提升，使北京现代的总产能升至百万辆级别，使其跻身年产销百万辆俱乐部，与上海通用、上海大众和一汽-大众分庭抗礼，在行业中拥有更多话语权。

李峰和刘智丰被称为北京现代的两个"疯子"。李峰为北京现代常务副总经理，福田和奇瑞的履历让其把北京现代的体系能力建设得井井有条；刘智丰为北京现代主管销售的副总经理，先后在北汽的吉普、三菱、克莱斯勒主抓过营销。这两个"疯子"老总配合得相得益彰。

10年弹指一挥间，绝非是时任北京现代董事长的徐和谊升任北汽集团董事长那么简单，也绝非是北京现代结束了北京没有轿车的历史那么简单，更不是北京现代累计销售了多少万辆车那么简单。10年，北京现代完成了从"北京现代速度"到"车坛新主流"的完美转身，更为主要的是北京现代通过10年时间形成了北京汽车制造业独特体系，它把所在地顺义仅仅是一个汽车厂变成了一个汽车城市。

在2014年实现年度112万辆的完美收官之后，只有12年历史的北京现代依然延续着创立之初的"现代速度"，以累计产销突破600万辆的保有量位列中国汽车行业第四位。2015年更是制定了年度116万辆的目标新高。不断刷新纪录的背后是"用品质驱动品牌，用品牌赢得市场"的经营理念。在第三方权威机构J.D.Power的调研中，北京现代多款产品品质，在三个细分市场斩获第一名。

凭借着"炮制虽繁必不敢省人工，品味虽贵必不敢减物力"的经营理念，同仁堂300多年来闻名世界。同为北京企业的北京现代"近水楼台先得月"，把这一理念融入造车的生产和销售体系中。拥有216年历史的同仁堂"安宫牛黄丸"近日获批成为国家非物质文化遗产，"安宫牛黄丸"是清代名医吴鞠通根据古方"牛黄清心丸"多次调整制成的，后来同仁堂第二代传人乐凤鸣收集当时众多的古方名方，配制了许多药剂，并撰写了《乐

第一部分 车企运势

氏世代祖传丸散膏丹下料配方》一书，安宫牛黄丸从此成为同仁堂的"镇店名药"。安宫牛黄丸传统制作技艺是同仁堂制药历史的见证，诠释了"炮制虽繁必不敢省人工，品味虽贵必不敢减物力"的古训，具有独特的文化、医学、工艺、社会及经济价值。

高速度的背后是一支优秀的团队。常务副总经理刘智丰是北汽系统的"老人儿"，早在1993年就加盟北汽，先后出任过北京奔驰的前身北京吉普销售市场副总经理，北京奔驰-戴·克/三菱销售市场部副总经理、总经理等职位，经历过多个岗位的历练。出任常务副总经理前，还有过任北京现代销售本部副部长5年的销售经历，这段经历极大地提升了北京现代的销量。

2014年，恰逢"一轮"的北京现代在成立12年时达成600万辆。在12年中，北京现代发展速度一直比较稳健，也没有什么大起大落。2014年完成了112万辆的产量，不仅销量好，销售排名连续三年进入前三。受产能困扰的北京现代，在3个工厂105万辆产能的情况下，满负荷运转销售了112万辆新车。2015年，北京现代第四、第五工厂同时开工。与此同时，北京现代的产品外观越来越时尚，越来越养眼，内在品质越来越稳健、扎实。

伴随着北京现代年产 30 万辆产能工厂在沧州的竣工投产,"武术之乡"和"狮城"沧州也贴上"汽车之城"的标签。极大地缓解北京现代的产能不足只是沧州工厂的功能之一,作为"京津冀协同发展"体量最大的"招牌"项目,北京现代沧州工厂成为深化京冀合作的排头兵。时任北京现代常务副总经理刘智丰把 10 月 18 日投产的沧州工厂称为北京现代成立 14 年来最具有里程碑意义的时刻,一口气做了三件大事:工厂竣工投产、累计第 800 万辆下线、悦纳上市。尤其是时任河北省委书记的赵克志,时任北京市副市长隋振江等高层的出席,足见京冀两地政府对于经济一体化,对于北京现代的重视。除了京冀两地政府高层,78 岁的韩国现代会长郑梦九,也在时隔三年之后再访中国,并登台致辞祝贺北京现代沧州工厂竣工投产。

沧州工厂是北京现代的第四个工厂,也是北京现代在北京以外的第一个工厂,与重庆工厂构筑北京现代京、冀、渝三地五厂 165 万辆产能格局。北京现代沧州工厂和毗邻的北汽自主黄骅 50 万辆基地形成北汽集团总计 80 万辆的汽车产业集群,可带动河北省形成近千亿元的汽车产业链。

2018 年,北京现代达成首个标志性意义的第 1000 万辆。

东风悦达起亚的"虎鼻子"

彼得·希瑞尔(Peter Schreyer)升为起亚总裁成为近期汽车业界标志性的事件,以致不少人在微博上褒奖道:"希瑞尔开创了从设计师到总裁的先河。"希瑞尔的升官,让人对身为起亚全球重要棋子的东风悦达起亚在 2013 年的表现更加期待。

东风悦达起亚在 2012 年突破性地实现的 48 万辆销量中,有不少希瑞尔的"魔力"。这个由东风、悦达和起亚三方组成的汽车公司,在其 10 年的历程中可分为泾渭分明的两个阶段,以千里马、赛拉图、远舰为第一个阶段;以 K2、K3 和 K5 为代表的车型是第二个阶段。东风悦达起亚的发力显然在第二个阶段,以 2011 年 10 月上市的 K3 为例,上市仅两个月,月均销量就突破 1 万辆,成为中级车的明星车型。一种说法是,K3 的热销与新科乒乓奥运冠军张继科的代言有关,但懂门道的人士评论说,K3 的热销应该有一半功劳记在希瑞尔头上。

东风悦达起亚销量的逐年上升与希瑞尔在起亚的日渐炉火纯青密不可分。现在对比看来,除千里马因当年缺乏充分的市场竞争销量尚可之外,赛拉图、远舰的销量与近两年推出的秀尔、K3、K5 的销量不可同日而语,而 K3 和 K5 的热销是在市场竞争充分的情况下取得的。

"起亚总裁"是希瑞尔现在的新头衔。在此之前，尽管希瑞尔已是执行副总裁，但是在执行副总裁的头衔前面，还写有"首席设计官"。希瑞尔是在2006年从德国大众汽车加盟韩国起亚的。加盟前，希瑞尔以设计了奥迪TT被业界称为欧洲最棒的汽车设计师之一。希瑞尔之所以能够成为起亚的总裁，恐怕在于他为起亚带来了革命性的变化。从秀尔到K3、K5、K9，起亚的每辆新车都有一个"虎鼻子"格栅，如同宝马的"双肾"、奥迪的大嘴格栅一样。希瑞尔早些时候接受采访时表示，你看到一辆起亚汽车，就应该马上认出它，就像能认出宝马或奔驰汽车一样。希瑞尔在起亚的"风生水起"，以致大众汽车监事会主席皮耶希后悔般表示："当初不应该让希瑞尔离开我们。"

东风悦达起亚自2013年起推出的多款新车，都让中国市场感受到"设计驱动品牌"的力量，并让东风悦达起亚向主流迈进。在销量之外，至少在设计上起亚令人耳目一新。

锦湖轮胎不言败

2011年5月15日一个普通的周末，对于锦湖轮胎来说是个不平凡的日子。锦湖轮胎"3·15"被央视曝光过去整整两个月时间，锦湖轮胎中国董事长李汉燮专程从上海来到北京，谈论锦湖轮胎两个月来的得失。李汉燮甚至自嘲说，虽然是初次见面，但是相信对他不会感到陌生。

发生在2011年锦湖轮胎召回事件其实和李汉燮没有多大关系，李汉燮出任锦湖中国董事长职务不足4个月。但是李汉燮并不推卸责任，毕竟这是他就任之后发生的危机。消费者认为是锦湖轮胎的问题，而不会关心董事长的任职长短。5月15日的见面会上，锦湖轮胎中国的高层倾巢而出，除了李汉燮，他还带来了包括总经理在内的所有高管。李汉燮说，遭央视曝光的企业，一般都会在两个月内破产，锦湖轮胎想"起死回生"。

召回事件过去两个月，事件对企业的损失相当惨重，停产整顿期间，天津工厂2000名员工已经长达40天无工可做，由于停产整顿的时间规定为3个月不许开工，这种状况要到6月中下旬才能改善。在此时间内，自"3·15"被曝光后，锦湖轮胎全国的经销商零售渠道几乎没有卖出过一条轮胎。

李汉燮说，锦湖轮胎从召回事件中有不少经验可以吸取。例如，被央视曝光后锦湖轮胎仅仅发表声明的做法现在看来并不成熟，甚至是错误的，锦湖轮胎当时还对事件的本质了解不够深刻。不过，2011年3月22日李汉燮亲自在央视的出镜致歉应该被看作扭转局面的标志，他认为那是对中国市场和消费者足够尊重的表现。

通过2011年3月22日的央视出境致歉后，锦湖轮胎一直从两个方面进行努力改善：立即展开全面自查和产品检验工作，对企业进行内部整顿和改善；立刻对消费者和市场实施了召回。对于召回的数量为何仅仅是7个批次30万辆的规模，锦湖轮胎中国总经理金炯佑解释说，经过国家相关部门的认定和企业自查，返炼胶存在问题的轮胎数量就这么多。对于不在召回范围的消费者的顾虑，锦湖把免费检测轮胎的范围扩大至3年前。也就是说，3年内的锦湖轮胎，经过检测确实存在问题的，锦湖轮胎将给予免费更换。按照国际惯例，召回的时间段一般为3个月，召回期间完成召回数量的50%就算不错。目前锦湖轮胎已经完成了3万名车主的召回，占召回总量（30万辆）的11%。

国际上没有关于返炼胶的使用行业标准，使用比例各个企业自己制定，如同日本料理，食材都是一样的，佐料多少根据自己的口味。另外，返炼胶的使用也是各个轮胎企业的秘密配方。李汉燮说，锦湖轮胎在中国被召回，也使得锦湖轮胎在全球的8家工厂关于返炼胶进行改善，甚至其他同行也从中得到了教训。由于天津工厂60%产能用于出口，目前出口业务已经复产。李汉燮透露，遭央视曝光后，锦湖轮胎在中国的长春、南京工厂也受到中国质检部门的抽查，没有发现质量问题。

对于早在2008年锦湖轮胎就出现鼓包的现象，李汉燮表示知情。他坦承中国的6000名员工，首要解决的就是沟通问题。据说，此事此前有员工反映过产品的质量问题，但在当时并未引起足够重视。李汉燮说，有员工提过类似的建议，经营层并没有听进去。

李汉燮说，他于2011年3月22日在央视上的出镜道歉，锦湖轮胎全球董事长也在看，并要求锦湖轮胎中国一定要把承诺落实到位，锦湖轮胎的韩亚总裁也对其提出了类似要求。

第二部分
大国汽车

与庞大的汽车市场相比，中国汽车还远没有由大到强，面对这个谁都动心的市场，合资品牌、本土品牌以及新能源、新四化，虽令人眼花缭乱，但也精彩纷呈。

第五章　本土主场

告诉你一个真实的汉腾

"没有不好的行业，只有不好的企业"是汉腾进入汽车行业诸多桥段中的其中一个。话语虽不及当年李书福"请给我一次失败的机会"悲壮，也足见汉腾进入汽车圈前"临门一脚"之艰难。好在，在红海一片的激烈市场竞争中，汉腾X7连续数月销量超过5000辆，如三月江南油菜花般遍地成长。

汉腾汽车既一穷二白，又根红苗正。"穷"是指进入汽车行业时间短，从公司成立到推出新车才4个年头，尽管投资总额预计有90多亿元，但与要么财大气粗的寡头，要么其他同行的国企背景相比，底子薄的汉腾相形见绌，以至于有人质疑它进入汽车行业的初衷。"根红苗正"则体现在所在地江西上饶是革命老区，从地理版图上，汉腾是革命老区唯一一家民营车企，往"高大上"了说，老区人民希望用独特的红色诠释国家倡导的工匠精神，一如汉腾汽车"大汉腾飞"的寓意。当然，汉腾等于在汽车工业基础薄弱的上饶造一座汽车城，与上饶客车形成客车、乘用车比翼的工业新格局。汉腾落户上饶除了还不错的商业环境，更看好上饶东联浙江、南挺福建、北接安徽"八方通衢"的区位优势，以及处于长三角经济区、海西经济区、鄱阳湖生态经济区"三区交汇"的辐射能力。

我也是抱着试试看的心态看汉腾的，甚至充满怀疑。毕竟，用"资本手段毁坏实业"的现象在汽车行业时有发生。但参观之后这些疑虑烟消云散，焊装、涂装、总装等四大工艺有板有眼，与德国马勒合资的发动机工厂等配套项目一应俱全。看一个企业是不是真干，实验室是一个很好的佐证。在汉腾，排放、传动、混动、发动机、电机、电池、安全等实验室门类齐全，每个实验室的投资少则千万元多则上亿元，玩票心态是不会如此真金白银投入的。在汉腾工厂，诸如英国里卡多、法国赛科、德国大陆等汽车行业巨匠随处可见。

在汉腾为什么进入汽车行业、进入什么样的汽车和怎样做汽车的核心问题上，扮演汉腾决策者的顾汤华倒是斩钉截铁，汉腾秉承"高起点入门，协同化创新，全球化整合，互动式发展"的企业战略，坚持以欧洲品质标准，造国人喜爱的好车。同时，汉腾着眼于产品、研发、供应链、市场、人才等多方力量，突出后发优势，将前瞻性的智能互联技术、国际领先的电池管理技术、世界级的高效环保发动机技术等优势融合，全心全意为消费者制造高品质的好车，打造具备世界水准的中国汽车品牌。"普通人买了有面子，公务员买了不丢人"是汉腾"造国人喜爱的好车"的标准之一。

在"做什么样汽车上"，定位明确的汉腾心无旁骛：聚焦 SUV、MPV 和新能源。上市一年销量稳步提升的汉腾 X7 将在年内迎来"大嘴版"改款车型车。定位于城市 SUV 的汉腾 X5 在那年上海车展亮相并上市。根据规划，未来投放的 9 款全新车型中，有 7 款 SUV 和 2 款 MPV，且两个门类的车型均可提供传统动能、插电式及纯电动等动力源。

汉腾身在上饶却跳出上饶看自己，也跳出汉腾看自己，譬如在品牌塑造方面，通过赞助 G20 峰会和斯诺克世界公开赛广为人知。李学明、廖雄辉、于晓东先后做过汉腾汽车销售总经理，都在任上把"保八争十"当作自己的年度销售目标。在经销商渠道上，在实现全国省会城市及重点城市全覆盖的基础上，以地级市标准店为核心，开拓下辖市县业务店，力争实现 300 个地级市的覆盖。

汉腾进入汽车，不是给谁争，专注做自己的勇气可嘉。可惜的是，多任销售总经理都没能完成任上的夙愿，反倒是成立之初的前几年销量最好，后续因为缺乏好的产品及不注重品牌，逐渐被人们淡忘。

被鹰标毁过的一汽自主品牌

我身边不乏自主汽车品牌的铁粉。一位好不容易摇到号的老友想买辆奔腾 B70，最终买回来的却是辆奇瑞 E5。问及没买奔腾的理由，他说奔腾 B70 的车标和解放大卡车一模一样。而在这位朋友眼中，他分明记得奔腾的车标是个"1"字形。

老友说得没错，过去的奔腾的确是"1"字标，而他所说的奔腾 B70 和解放大卡车的车标一模一样也没错。2011 年 5 月，伴随着一汽奔腾 B70 弃用"1"字标改用"鹰标"，一汽旗下的商用车解放，乘用车威志、森雅、夏利等车型相继完成了"鹰标"的切换。

汽车运势：这个市场谁不动心

按照一汽集团的说法，除红旗轿车保留原来的车标以外，其他的自主品牌全部统一为"鹰标"。一汽方面称，统一的品牌标识更有利于集团整体品牌资产的积累和品牌价值的传播。

事实上，在市场上，一汽一统"鹰标"的做法不仅不能起到提升品牌溢价的初衷，甚至效果适得其反。一汽一统"鹰标"有两个方面值得商榷。

一是商用车和乘用车不该同用一个车标。即使放眼全球汽车工业，也很少有一个企业的商用车和乘用车采用一个LOGO。一直以来，人们看到"鹰标"，就会很自然地联想到一汽的大卡车和大客车，"鹰标"的商用车观念已经根深蒂固。汽车在中国还是一个面子工程，开奔腾轿车的显然不愿意和开解放卡车的相提并论。对一汽而言，把奔腾和夏利、森雅一统到"鹰标"下面就已经很牵强了，奔腾系列来自马自达，夏利来自丰田，森雅来自丰田的大发，三者之间原本就没有任何关系，硬是被生拉硬拽到"鹰标"的门下。

二是一汽"鹰标"不该如此难看。用一汽的话来说，"鹰标"以"1"字为视觉中心，由"汽"字构成展翅的鹰形，构成雄鹰翱翔在蔚蓝天空的视觉景象。为"鹰标"搭配的"翼状"前格栅，则营造出一种鹰击长空、呼之欲出的磅礴气势。本意是凸显轿车产品的尊贵感，但是消费者似乎并不买账。不好看、瞎折腾、像低端车等评价充斥在各种汽车论坛里。一位网友评价道，单看"鹰标"，陈旧的设计创意如今显得老土，B50和B70的进气格栅本来就有很多横向线条，再用横向线条更多的"鹰标"，前脸显得更加凌乱和累赘。甚至有网友用"三1三"调侃"鹰标"更像"蝴蝶标"，也有的说像"苍蝇标"。

一汽把新标识说成"鹰标"本身就很哗众取宠，中间的"1"字加上两边三道杠，怎么看也不像鹰标。不应该因为名叫一汽就在"1"字上做文章，无论是销量还是产值，一汽这个名称上的老大哥都不及东风、上汽。

与换标相比，一汽在发展自主品牌上也是让人看不透。与国内其他大型汽车集团相比，这些年来，一汽给人的感觉在自主品牌上并不作为。上汽的荣威和MG双自主品牌风生水起，东风的风神模式和台湾裕隆模式也使得东风的自主成为体系。一汽的自主品牌却无动于衷，一度令国人感到骄傲的红旗像温吞水——活不好，死不了。据说一汽内部还在为红旗是走上"神坛"还是走下"神坛"充满争议。推出5年的奔腾品牌，正在经历向上的瓶颈期，除刚刚推出时有些动静之外，再无作为。2011年以来，奔腾B70的销量一路下滑，前5个月的累计销量仅为15000辆，市场份额明显减少。而在B50和B70之后，原计划的B90一推再推，面临着后继无车的尴尬。

时任一汽董事长的徐建一在落马前曾经豪言，自主将成为一汽的核心，拟在2015年实现集团总销量突破500万辆，其中自主品牌的销量超过半数，达到256万辆。这256万辆自主品牌，绝不应该是把丰田不要的夏利、原本是货车的森雅生拉硬拽到一起。

奇瑞QQ与通用SPARK之争

"一女两嫁"的俗话，套用在汽车行业是一件非常有意思的现象。中国汽车工业遇到过不少这样的事情。韩国大宇的马蒂斯就将自己分别许配给了奇瑞汽车和通用汽车两家企业。由此衍生出来的两款车型——奇瑞QQ和通用SPARK，2003年都先后在中国市场销售。为了争夺市场份额，在新车正式上市之前，奇瑞汽车和通用汽车两家企业围绕着谁是"正根儿"展开过激烈交锋。

奇瑞生产QQ的消息由来已久，但是在业界形成轰动是在当年4月举行的上海国际车展期间。由于奇瑞公司在车展开幕前向外界公布了QQ车型的照片和部分技术参数，使得采访车展的数百名记者认为QQ会亮相展台，但是事与愿违。记者对QQ的认识还只是停留在照片的感觉上，时任奇瑞销售总经理孙勇的说法是："QQ还在进行最后的准备，虽然没亮相，但是不会影响五六月份的上市。"

出乎意料的是，同样在上海国际车展上，通用中国宣布了将在通用五菱生产SPARK的消息，并给其起了一个还算响亮的中文名字"乐驰"。这款车的造型和技术参数与奇瑞QQ极其相似。以至于不少记者向通用中国总裁墨斐发难：SPARK（乐驰）和QQ谁是正宗？

墨斐的回答是：他们也听说了此事，但是在没有见到QQ的真车之前，不便进行更多的评论。如果QQ和乐驰非常像，将考虑奇瑞公司的行为是否属于侵权。让通用中国对奇瑞QQ提出质疑的主要原因是，现在的韩国大宇已经被通用汽车收购，包括马蒂斯在内的产权自然应该划入自己旗下。没想到的是，当他们准备把这款车拿到中国来生产的时候，同样是马蒂斯造型的QQ却已经横空出世。QQ的出现对于乐驰来讲无疑是当头一棒。

奇瑞汽车公司的孙勇接受记者采访时称：奇瑞与马蒂斯的合作是在通用介入韩国大宇之前就敲定好的。QQ车型已经取得了国家专利局的25项专利技术，内容涉及外观、内饰及车的主要结构等，侵权一说根本不存在。国家专利局有关人士也表示，已经申请并获得通过的专利并不存在侵权的可能，而且一旦获得专利技术还是要受到保护的。

QQ和SPARK的原型车来自韩国大宇的马蒂斯车型，是一款外观漂亮的小型车。马蒂斯原车型在韩国的售价在5000美元左右。从尺寸上来讲，无论车型的长、宽、高，奇瑞QQ要比SPARK稍大一些。QQ是3550mm×1508mm×1491mm，SPARK是3495mm×1495mm×1485mm。不过长55mm的尺寸对于车来讲，看上去很难辨别。在油耗上则是各具特色：以每小时等速60km计算，QQ百公里的油耗为4.2L，而SPARK时速90km等速行驶的百公里油耗是4L。排量上，两车都不到1L，QQ的具体排量是0.812L，SPARK的具体排量是0.796L。不过在轮胎上，QQ采用的是175mm宽胎，而SPARK采用的是155mm轮胎。

提出这样的问题是缘于种种担心。

在时间上，SPARK能否追上QQ。QQ要生产的消息已经有两年多了，而SPARK是在上海车展上才刚刚亮相。从上市情况看，QQ就要销售了，SPARK则步了后尘。在尺寸上，QQ要大一号，这迎合了中国消费者喜欢大车的嗜好。在价格上，QQ优势明显。奇瑞QQ五六万元的价格恐怕会成为占领市场的最大优势，SPARK能否做到还是个未知数。

还有一点需要说明，SPARK被嫁接到了雪佛兰品牌上。而在中国消费者心中，雪佛兰是SUV的代名词。SPARK嫁接到雪佛兰品牌上是通用在中国的一种尝试，对消费者来讲，能否接受只能看市场反应。QQ和SPARK（乐驰）之争没有赢家，极有可能以不了了之收场。这不过是同一问题的第二个例子而已。

事情到这个地步，车子本身叫什么名字已经不重要了。对消费者来说，将来决定买谁的根本或许只剩下价格了。因为这两款车的设计师是同一个人，技术、主要结构同样来自同一个车型——马蒂斯，不像吉利模仿夏利，自然也不存在谁模仿谁的问题。

奇瑞在坚持自主开发的同时，也打了一个冒险的擦边球，即制造了一款有自主开发成分又有外国车型特点的新车。向别人取经，也是中国汽车工业绕不开的话题，因为研发是中国汽车行业最薄弱的环节，至少我们还没有经验单独设计一款拿得出手的车型。奇瑞的擦边球还在于，与韩国大宇达成协议是在通用收购韩国大宇之前。再说，汽车造型在世界汽车行业也是一个说不清的话题，丰田和本田都曾经互相模仿过，有车标为证，如本田的"H"与韩国现代倾斜的"H"。

之所以说是同一问题的第二个例子，是因为之前奔驰曾经对吉利的格栅栅提出过质疑，甚至起诉。最后，不了了之的重要原因是吉利拥有国家承认的专利。

吉利：从过招丰田到独步天下

向来以低价格姿态在市场上扬名的吉利一度陷入过一桩与丰田汽车的官司，被日本丰田以"吉利旗下的美日轿车商标与丰田商标近似"而告上了法庭。北京市"二中院"在2003年开庭审理过中国加入世贸组织后"中国第一起跨国汽车案件"。

丰田汽车诉讼吉利有备而来。外电率先披露此消息，然后在丰田中国事务所举行的元宵节上向丰田中国事务所总代表服部悦雄求证，服部悦雄当时表示并不知情，随后以完全个人的观点猜测说，是不是发动机的问题。

显然，丰田汽车诉讼吉利并没有通过其长期设在中国的事务所，丰田的起诉书也没有送至吉利所在地浙江省的有关法院，起诉地点选择了北京。丰田这样做是为了在第三方审理案件求得一个让丰田和吉利都可以接受的折中方案。

汽车运势：这个市场谁不动心

丰田汽车称吉利旗下美日汽车上使用的 8A 发动机不是丰田汽车所生产的发动机，并且对吉利在宣传单上提出的美日汽车使用丰田汽车生产的发动机一事提出抗议。被丰田一同告上法庭的还有吉利集团北京的经销商亚辰伟业。为此，丰田汽车向吉利索赔 1400 万元，其索赔依据是吉利集团近几年来的销售数量，以及每辆车 1% 的利润推算。

"1400 万元对吉利来讲并不多，但是吉利要为中国汽车业争口气。"在吉利集团举办的名为"保护民族知识产权座谈会"上，吉利高层直言不讳。吉利面对丰田公司的起诉会积极、理性应诉。李书福听到此事，首先是惊讶，然后感到莫名其妙。"美日汽车自生产以来一直使用的是天津丰田汽车发动机公司生产的 8A 发动机，吉利已经采购了丰田汽车生产的发动机累计达 4 亿元。"吉利方面认为，丰田状告吉利的因素可能还在于吉利轿车对丰田的威驰构成了威胁。

以商标侵权的理由诉讼，是丰田的真实目的吗？从丰田中国事务所总代表服部悦雄个人的一句"可能是发动机"到吉利已经用了近 4 亿元购买丰田的 8A 发动机，再到吉利建立了自己的发动机厂。从中不难看出，丰田状告吉利的目的真是发动机出了问题。

在吉利宁波工厂记者见过吉利自行生产的发动机厂。当时接待记者的吉利集团 CEO 徐刚表示，随着吉利的不断壮大，需要建立自己的发动机厂，这样不仅可以保证质量，更重要的是可以降低采购成本。

开庭后，丰田方面提出的和解反倒遭到了吉利的反对。丰田表示，如果吉利同意，丰田愿意和解，而吉利宁愿等待法院的最终判决。"丰田一直希望以缓和的方式来解决这个问题，以前也试图以非法律手段来解决问题，但一直没有得到对方一个可以解决的姿态，因此才上法庭。"丰田中国事务所杉之原接受媒体采访时表示，丰田诉讼是为了保护商标权，没有市场原因。丰田发现吉利使用类似标识后，于 2000 年 12 月就向对方提出停止使用的要求，之后在一年之中再三照会，始终未看到对方应对姿态，出于无奈，丰田于 2002 年正式提起诉讼。杉之原还称：诉诸法律是迫不得已，诉讼内容及目的是保护商标权，并非其他，因此对方如停止使用与丰田类似商标，并停止在广告宣传中非法使用丰田注册商标，丰田可以进行和解。

在 2003 年 8 月 17 日结束的全国汽车拉力锦标赛北京站的比赛中，浙江纵横吉利车队勇夺 S2 组冠军，吉利美日赛车在当年的分站赛中创造了两连冠。更为重要的是，吉利美日赛车全部搭载吉利自主研发的 MR 479 发动机。在吉利遭受日本丰田侵权诉讼、逐步放弃使用丰田 8A 发动机的情况下，完全由吉利研发制造的 MR 479 发动机以在拉力赛上连续夺冠的成绩，显示出吉利走中国民族汽车工业之路的决心和信心。

吉利博瑞沃尔沃灵魂附体

吉利并购沃尔沃一度被形容为是东方穷小伙娶了西方公主。2014年12月15日，吉利沃尔沃在水立方诞生了结婚三年后的"头胎"，并取名"博瑞"，并将由此拉开吉利"造每个人的精品车"的新时代。

后APEC时代的水立方，依然保留了APEC国宴时的场景布置，这也是APEC后在水立方举行的首个大型商业活动。尽管出席"博瑞"诞生的嘉宾云集，但是沃尔沃总裁兼CEO汉肯·萨缪尔森的出席，标志着吉利沃尔沃的关系相当融洽，虽然主持人介绍到每位嘉宾时都获得了响亮的掌声，但在介绍李书福时，掌声的分贝明显要高得多，他似乎应该享受这一礼遇。对于汽车人，他可能是吉利的，甚至是民营的；而对于外国人，李书福就是中国的。

此前内部代号为GC9的博瑞是吉利乃至中国本土品牌汽车划时代意义的战略车型。吉利控股集团总裁安聪慧在"吉利品牌之夜"上表示："中国汽车市场进入了一个全新的发展阶段，'80后'成为市场的主力军，消费者主动拥抱国际和专业视野，用户需求和消费形态全面升级，他们比以往更加追求科技、品质和自我表达。针对这种市场环境和消费者需求的变化，吉利汽车将新时期的品牌使命定格为'造每个人的精品车'，并在这一品牌使命下淬炼出了全新一代吉利汽车的品牌精神：动感精致、自信激扬。"

安聪慧说，在和沃尔沃融合二年之后，面向未来，吉利汽车已经清晰规划出以KC、FE两个平台、一个CMA中级车架构为支柱的平台化和通用化研发战略，针对目标细分市场，提供设计自信动感、驾乘富有乐趣、科技可靠贴心的产品组合。吉利还将持续深化与沃尔沃之间在安全、车内空气质量、先进动力总成和小型高效发动机领域的技术合作，推动吉利汽车驶上快速、可持续发展的道路，使吉利的产品品质和品牌形象实现跨越式发展。

沃尔沃汽车集团总裁兼CEO汉肯·萨缪尔森表示："同吉利一样，沃尔沃正在进行产品的转型升级，同时推出全新的设计语言及世界领先的动力总成系统，以实现中期年销量80万辆的目标。沃尔沃与吉利汽车精诚合作，不断强化双方技术合作、联合研发和联合采购，以实现兄弟公司之间的协同效应和效益最大化。目前双方共同开发的中级车模块架构CMA就是这种合作关系的最佳例证。"

作为吉利全新品牌战略下的首款旗舰车型，吉利博瑞首发亮相无疑是品牌之夜的主角。博瑞是吉利汽车基于KC平台打造的中高级轿车。整车尺寸

4956mm×1860mm×1516mm，轴距2850mm，独特的快背式（Fastback）轮廓，赋予整车一种优雅且稳健的姿态，让整车设计风格接近轿跑的感觉，运动感十足；水波涟漪、中式拱桥、华夏回纹等中式元素的运用创造出了独特的东方美学，使吉利XX成为一款兼顾国际设计潮流和中国古典审美的"大美之作"，吉利产品未来全新的造型设计语言和趋势也由此体现。

吉利汽车设计高级副总裁彼得霍·布里表示："我们过去两年不断加大对造型设计的投资，在上海、哥德堡、巴塞罗那和加利福尼亚建立了4个造型中心，在全球范围内聘请了200多名顶级设计师团队。这些投入已经开始驱动吉利的设计发生革命性变革，而吉利博瑞正是这场变革的开山之作。未来吉利将融合国际设计潮流和中国审美元素，打造一系列动感精致的产品来满足中国消费者日益提升的需求。吉利XX将奠定全新吉利品牌形象的基石，并为将来一系列全新车型的推出铺平道路。"

定位为"新生代高级动感座驾"的吉利博瑞，凭借荟萃一身的豪华配置为消费者呈上一场集全球研发精粹的饕餮盛宴。全车越级的科技配置、主动安全配备、先进的车内影音娱乐系统、车内空气质量控制系统、高级运动悬挂，以及全球一流的配套体系和依照国际一流标准打造的世界级工厂——春晓基地，都为吉利博瑞提供了卓越的品质保障，完美诠释了"品质吉利"的内涵。

与此同时，博瑞的底盘采用豪华车使用的双叉臂高级运动前悬挂，由澳大利亚PRODRIVE进行调校，并由比利时LMS公司进行NVH集成开发工作，使得行驶过程稳定、可靠、安静。1.8T GDI涡轮增压直喷发动机、3.5L V6高效节能全铝发动机，以及源自澳大利亚DSI的多模式六速手自一体变速器组合的先进动力总成。

帝豪GL的一石二鸟

2016年杭州G20峰会，无疑是中国大国的主场外交，在这种重大场合采用自主品牌作为官方指定用车还是头一回。G20峰会最终选择吉利作为官方指定用车，并非吉利和G20都在杭州和浙江这么简单，如果没有产品上的"金刚钻"，吉利也揽不到这种"瓷器活儿"。当然，G20峰会官方指定用车将是吉利提升品牌的示范。与G20峰会同步，代表着吉利在"A+"级最高水平的帝豪GL揭开面纱。

当外界感觉吉利做得挺好时，吉利总裁安聪慧却说遇到瓶颈了。他的意思是，在吉利推出多款令人刮目相看的产品之后，应该如何提升销量尤其是品牌。吉利选择在西湖畔200年历史的"龙井问道",本身就是塑造品牌最好的桥段。

我的理解,在做好产品之后,吉利在品牌上如何更进一步,安聪慧的困惑也在此。帝豪GL是吉利参与中高端A级车市场竞争的重要战略产品,其外部造型延续吉利大气舒展的全新家族式设计语言,并呈现极高的工艺品质;内饰轻奢舒适,更注重对豪华感、档次感、高质感的营造;其车长4725mm、轴距2700mm达到A+级细分车型标准。GL定位高于现款帝豪,面向知足却不满足的"敢为精英"人群。

从车本身上来说,帝豪GL是拉近吉利与合资品牌距离的好产品,用东北F4的话说"没毛病"。按照规划,吉利汽车将形成以帝豪、帝豪GS和帝豪GL为主的帝豪家族,类似于上汽大众中的朗逸。吉利的底气来自帝豪100万车主的保有量,帝豪GL是老帝豪的升级力作,吉利的想法是利用帝豪GL撕开A+级别市场外资品牌垄断的防线,在这个级别销量排名前十的车型中没有一款自主品牌。排名第一和第二的朗逸、捷达就占据了31%的市场份额。

尤其在收购沃尔沃后,一个沃尔沃"灵魂附体"的吉利开始显现,这里所说的"灵魂附体"并非指"形"像,更多的是"神"像的协同效应。例如,帝豪GL的造型符合中国人中庸、大气的审美观,而在技术配置上毫不含糊,印象最深的ACC自动巡航技术,其精准性丝毫不逊色于合资品牌,这些看不到的隐形技术多是得到了沃尔沃的真传,也是吉利敬畏市场的力作。从帝豪GL身上,看到了与合资品牌全面对标不逊色的机会,对合资同行来说,帝豪GL是一个强有力的自主品牌。

从B级车的博瑞到SUV的博越,再到"A+"级的帝豪家族,在解决完产品力之后,吉利的想法是补上品牌这一课。从最初"造老百姓买得起的车"到现在"造每个人的精品车"的进阶,吉利逐渐意识到这个口号更多的是说给企业自身的,和消费者黏度关系不大。在品牌上,吉利缺少一个一提到宝马就是驾驶乐趣,一提到奥迪就是科技,一提到沃尔沃人们就会知道安全的"药引子"。安聪慧坦承,有人对吉利的认知还停留在当年创业阶段不好的时候,凡是来参观过吉利工厂的人,都说它的变化大。吉利不排除今后把消费者请进来的尝试,让更多的人认识吉利、感受吉利。

李书福的励志故事也是吉利最好的品牌,在2001年拿到生产目录的前两年,李书福赌上全家性命造出美日和豪情,正是那句在今天看来感天动地的话"请给我一次失败的机会"成了吉利进入汽车领域的"敲门砖"。曾记得,吉利造车当初,生产线和车都不好看,但前几天我在杭州看到的吉利则令人刮目相看,拔地而起的吉利总部大楼内既有企业文化氛围浓厚的吉利学堂,也有类似吉利博物馆的展览馆。

从吉利作为世界500强中唯一的民营车企，到连续多年成为世界500强的常客。成立34年的吉利从2001年拿到汽车生产目录至今不过20年，却成为拥有吉利、沃尔沃、宝腾、路特斯、伦敦出租车在内的国际汽车企业。

从夏治冰请辞看自主汽车品牌的举步维艰

带领比亚迪汽车团队8年的夏治冰2011年8月5日辞职。8年时间，比亚迪从无到有，并累计实现了160万辆的销量。王传福给予的比亚迪副总裁头衔的光环未能阻挡夏治冰的离去，当时腾讯汽车第一时间采访我对此事的看法，我说：夏治冰的辞职代表着一个时代的结束，同时又是中国自主汽车品牌举步维艰的缩影。

毕业于北京大学的夏治冰是比亚迪汽车的元老，精通财务也写得一手好字。尽管比亚迪那几年备受争议，但是夏治冰在任上还是把销量带到了160万辆，如同他在微博中所言，"累了"成为夏治冰辞职的理由。

"累了"的确是辞职的理由，也是中国自主汽车品牌的缩影和真实写照。在中国这个年产销1800万辆左右汽车的世界第一大市场上，最风光的是合资品牌、进口品牌，最艰难和无奈的是自主品牌。2011年的数据显示：上半年汽车产销同比微增3.35%，比上年32%的增速回落了29个百分点左右，且增速逐月回落，标志着车市在持续了两年的高速增长后进入平缓增长的时代，其中自主品牌乘用车市场份额呈下降趋势。上半年乘用车自主品牌共销售315.61万辆，同比下降0.82%，占乘用车销售总量的44.39%，占有率较同期下降2.96个百分点，比2010年全年下降1.21个百分点。其中，自主品牌轿车市场占有率比同期下降0.87个百分点。

数字反映在企业销量上，就是大多自主品牌未能完成既定目标，也从中看出自主品牌的艰难程度。例如，在日系品牌受到日本地震影响，市场份额有所下降的大背景下，自主品牌乘用车市场份额不升反降。

表现在人的方面，我们不难看出车企的高层变动往往发生和集中在自主品牌车企中，如杨波离开华晨加盟奇瑞到回归华晨，华泰9年更换7任老总等。还有一个类型是，从自主品牌跳槽到合资企业的，如李峰离开自主奇瑞加盟合资属性的北京现代。两个类型都凸显自主品牌的艰难，夏治冰的辞职只是自主品牌艰难的最好解释。

当然，中国的自主汽车品牌不给力是有多种原因的，既有营销上的平淡如水，又有制造水平上的技不如人，还有性价比上的缺失等。其实，中国自主品牌最大的问题是国企三大的不作为。时下，我们提到自主品牌往往想到的是吉利、奇瑞、比亚迪、长城、华晨等企业，而实际上这些企业仅仅是中国自主品牌的一部分，严格来说连主流企业都不是。担当自主品牌大旗的应当是一汽、上汽、东风这三大国企才对，但这三大国企在发展自主品牌上并无作为。

例如，东风在新公布的世界500强中，在国内大型汽车企业集团中排名最为靠前，而作为东风自主品牌主力军的东风风神，在2010年的年销量只有2.8万辆，年销量不足合资品牌东风日产一个月的零头。一汽集团在发展自主品牌上毫无建树，红旗已经让人遗忘，一汽轿车的奔腾系列要不是马自达的鼎力相助也将一事无成。相比东风和一汽，上汽这两年倒是做了些事情，自主品牌的荣威和MG两大品牌推出了不少车型，并在市场上取得了一定的市场份额，但是从考核量的硬指标上，也属于不达标的行列。

国企三人如果没有合资企业的支撑，将是要量没量，要利润没利润。而他们往往给市场和行业"画饼充饥"。一汽董事长徐建一曾经豪言，自主将成为一汽的核心，拟在2015年实现集团总销量突破500万辆，其中自主品牌的销量超过半数，达到256万辆。东风新任总经理朱福寿也规划了一个宏大的200万辆自主品牌目标，并提出了华系车的概念。

年产销1800万辆的中国市场，已经被跨国公司瓜分得差不多了。中国的自主品牌绝不仅仅是吉利、奇瑞的事情。

海马人的汽车梦

脱离了马自达的海马汽车依然怀揣着一个更加坚定的汽车梦。这个更加坚定的梦想是自主梦，支撑这个梦想的是"十二五"期间不少于10个产品车型的投放和50万辆规模的基本预期。

地处"天涯海角"的海马，一直是中国汽车版图上不可忽视的一部分，这个海南岛上的车企，其历史甚至早于很多其他车企。在2006年之前，海马汽车曾经与马自达有过长达15年的品牌和技术合作，甚至中国人对马自达的认知大多来源于福美来和普力马，而并非后来合资的一汽马自达和长安马自达。

"海马"汽车可分为三部分：第一部分为2006年之前的海南马自达时代，第二部分为2006—2012年的消化吸收马自达时代，第三部分是海马的完全自主时代。

在马自达分别选择与一汽和长安合资之后，没有马自达的海马并不气馁，从没有停止过前进的追求。当时在海南看到了海马未来投放市场的两款全新车型：A级家轿ZM2和全新B级车B11。尽管两款车型还只是内部代号，但无论是车身造型还是造型工艺，都丝毫看不出马自达的烙印，甚至与合资对等车型相比毫不逊色。海马汽车销售总经理吴刚称，从2013年起，海马汽车将完全去马自达化，陆续投放的新产品上将不再有马自达的烙印。ZM2和B11只是海马的其中两款车型，时任海马汽车总经理林明世表示："十二五"期间，海马汽车规划了从A0到A级再到B级车的产品布局，从轿车到MPV、SUV也有了详尽的规划，2013年起持续发力的产品将垂直换代，并自主研发了从1.2L到2.0L的涡轮增压发动机。到"十二五"末，海马汽车将依托海口和郑州两个基地实现产销50万辆的规模，而支撑海马未来至少7款产品的后盾是设立在上海拥有700名工程师的研发团队。

50万辆对海马来说是一个"梦想照进现实"的汽车梦，这个不算大的量级非常务实，尤其与那些动辄就提出百万辆规模的同行相比就更显得弥足珍贵。而海马对未来市场的期许是一种现实的判断，海马汽车销售总经理吴刚称，除了自2013年起陆续投放的多款全新产品，海马汽车还将实施新一轮的网络渠道扩张，并将在全国设立7个授权中心，实施针对当地市场特点的"一对一"区域化营销模式。

走进海马，我们感受到的是一个"强而不大"务实的海马。除总经理林明世之外，海马人来自五湖四海。时任销售总经理的吴刚原是北京一家经销商的老总，而时任集团营销管理部长汤斯是陕西人。

后马自达时代的海马是一个自主海马，虽然做过一个似乎触手可及的汽车梦，但是在2019年时不得不卖房求生，令人唏嘘。

民营造车一度只剩吉奥

就在2005年春天来临的时候，扛着"汽车行业暴利终结者"的大旗，宣布将投资80亿元高调闯入汽车业的家电"大鳄"奥克斯，突然公开宣布退出汽车行业——在轿车"准生证"遥遥无期的背景下，沈阳奥克斯汽车公司已经停产SUV。

奥克斯退出后，中国民营汽车真的没有市场竞争力吗？在这样的质疑声中，与奥克斯几乎同时进入汽车市场的浙江吉奥汽车也站到了风口浪尖上。浙江吉奥算是在当时坚守的"独苗"，董事长缪雪中在评论奥克斯退出汽车行业时表示，市场从来都是为有准备的人准备的。在市场中，无论是进入还是退出，都是企业正常的市场行为，都是参与市场竞争的结果。从这个角度上讲，不论怎么说，退出都意味着奥克斯在汽车业投资的失败。当然，仅仅一年多就出现这样的结果，应该与企业在市场进入的先期准备有很大关系。对当时的吉奥来说，缪雪中称在市场进入之前，吉奥就已经进行了充分的考虑和详细的研究。这是吉奥还能够坚持，并保持一个上升市场销售情况的主要原因。

在当时，不仅是奥克斯，还有一批民企已经或正在准备退出汽车业。奥克斯退出的原因是拿不到轿车生产牌照。缪雪中支招说，奥克斯已经在生产 SUV 和皮卡了吗？为什么不能把这个市场做得尽可能好？实际上，当时中国汽车行业市场竞争最激烈的，恰恰是轿车市场。与奥克斯、波导、夏新电子等民营造车势力相比，吉奥还是有区别的，因为吉奥在一开始就把汽车作为主业来做。导致吉奥不可能退出，也别无退路的理由是，其他企业除了汽车都有自己的主导产业，投资汽车只是一种多元发展，而吉奥的主业只有汽车。

有句话叫隔行如隔山，这批民企进入汽车投资是在 2003 年，正是中国汽车消费井喷的时候，而门外汉只看到冰山一角，但在 2004 年市场急剧下降，出现了汽车消费的低谷，这时如果对市场的变化没有充分准备就会很难承受。

民企造车到底有没有生命力，缪雪中在当时给出了肯定的答案：民企依旧是中国汽车市场最主要的搅局者。其实，同样是奥克斯退出事件，假如换个角度看，它退出的坚决是不是也说明了一些问题？我们的国有企业在这样的决策上，会不会有这样的果断？这就是民企的实力和生命力所在。

中国民营企业在汽车行业的竞争力来自两个方面：第一，拥有比国有企业更灵活多变的市场策略，以及符合市场竞争需要的公司治理结构；第二，比国外行业巨头更能够对用户的需求做出判断，其产品实用而不花哨，因为民营企业比这些国外的大公司更接近"草根层"。

在民营企业造车备忘录中，有几个标志性的事件：已和南汽合作生产出"西雅途"轿车的波导公司，2004 年第三季度从南汽撤资，成为国内第一家正式撤出汽车生产的行业外企业。2005 年 1 月 10 日，夏新电子召开董事会，决定撤出对汽车行业的投资，夏新距离信誓旦旦高调斥巨资与南汽合资成立南京君达汽车车身有限公司不到一年时间。2005 年为进入汽车行业做准备的力帆，倒是实现了从摩托车到轿车的转型。

中国汽车行业中，唯一一个具有成长性和可塑性的民营车企是吉利汽车。在 2017 年，吉利汽车整体实现销量超过 110 万辆。李书福给人的惊喜在于，在 2018 年春节过后初八开工当天，吉利出资 90 亿美元成为奔驰母公司戴姆勒的第一大股东。

天津一汽回归城市胜算几何

北京车展上，展馆偶遇刚刚回到天津一汽履新总经理的田聪明说：天津一汽2013年13万辆的销量还有提升空间；年内投放市场的SUV将助推天津一汽回归城市、回归主流。此次为田聪明临危受命二度出任天津一汽总经理。在第一个任期内，田聪明曾与后来升任一汽集团总经理的许宪平有过交集、搭过班子。中间虽然出任一汽丰田销售公司总经理5年时间，但是由于一汽丰田的工厂与天津一汽工厂择邻而居，田聪明对天津一汽的"一草一木"了如指掌。

由于夏利是从丰田引进的车型，虽然并非严格意义上的真正自主品牌，但是夏利一度是与桑塔纳并称为中国最驰名的汽车品牌，耳熟能详的"上天组合"就是指上海的桑塔纳、天津的夏利。时任天津汽车集团总经理林引，曾把夏利2000的上市发布会开进钓鱼台国宾馆的场景历历在目，夏利也一度是很多名人的座驾。夏利累计保有量超过300万辆。

为了能够实现和丰田的直接合资，一汽通过兼并天津汽车集团的形式将夏利纳入一汽旗下，并更名为天津一汽。然而，被兼并重组后的天津夏利近几年每况愈下。天津一汽副总经理党仁说，销量上的不尽如人意与一汽的兼并重组只是时间点上的巧合，问题出在自身没能跟上市场的消费升级上。"知耻而后勇"的天津一汽，正全力"收复失地"。

党仁称，考虑到夏利曾经立下过汗马功劳，夏利和威志品牌都将得到保留，未来夏利继续主打3万~5万元价格的经典国民车市场，定位于和谐示范车的威志品牌深耕5万~7万元价格的市场。在充分调研了夏利品牌的溢价力提升有限的情况下，天津一汽决定在保留夏利、威志品牌的基础上，再度重金打造一个面向城市的全新品牌，引领全新品牌首车为一款A0级都市SUV。这款当年上市的小型SUV长相灵动，搭载1.5T和1.8T

两款发动机，尤其是1.8T车型搭载的是和卡罗拉一样的丰田原装发动机，并匹配先进的爱信6AT变速箱。尤其是常年受丰田工厂的熏陶，其做工细致考究程度可媲美合资车型，售价为7万~12万元的新车主要竞品锁定为长安CS35。时任天津一汽市场部长朱永强说，从产品上扭转颓势的"粮草"已经准备了三款，除了年内上市的SUV，A0级三厢轿车和MPV也都在紧锣密鼓地研发中，天津一汽多年无新品的境况将得到根本性改善。

除产品力和品牌力没能及时跟上市场的消费升级之外，还缺乏对天津一汽的明确定位。可喜的是，一汽集团正在把天津一汽的定位从"经济型轿车基地"转变为"经济型乘用车基地"。由轿车到乘用车的扩容，意味着天津一汽可以更加自如地生产以市场需求为导向的车型；可惜的是，夏利最终还是未能摆脱被淘汰的命运。

北汽绅宝香港"掀起盖头来"

遵循"紧烧火，慢揭锅"造车原则的北汽高端自主品牌绅宝，虽然在2019年时被BEIJING品牌替代，但是北汽绅宝的高端之路始于香港。

2014年2月27日，与香港国际机场相邻的亚洲国际博览馆的场地上，四辆通体白色的汽车时而高速蛇形穿梭，时而嵌入180°转向，时而360°原地快速旋转，其悦耳的发动机声与不停起降的飞机轰鸣声融为一体，在香港完成如此"陆上飞行秀"的是远道而来的北汽绅宝D系列。只不过，"陆上飞行秀"的东家已经从萨博易帜为北京汽车。绅宝就是广为人知的瑞典萨博SAAB。

在香港亮相的绅宝D系列，是北汽收购萨博三年后投放市场的量产车型。北京汽车是在2009年以2亿美元收购萨博核心知识产权的，并由此成为继上汽收购罗孚、MG之后，第二家立志通过并购打造具有技术色彩的中国车企。时任北京汽车研究院常务副院长顾镭称:"北汽绅宝,源于萨博,高于萨博。"绅宝车型上包括变速箱、发动机、真空棒、座椅等 70% 核心零部件,均是萨博原来的供应商。北汽正在研制的绅宝系列多款车型,包括设计标准、实验方法,全部完整采用萨博的开发流程。高于萨博则在于绅宝增加了以往萨博没有的装备,如 BOSE 音响、侧气帘等。

北汽选择香港重启"陆上飞行秀",正是因为绅宝品牌和香港有着密不可分的渊源。20 世纪 80 年代进入香港市场后,这款来自欧洲的豪华车型由于性能卓越,很快得到香港中产阶层的追捧,成为律师、医生、教师等"三高"人群的座驾。此外,绅宝还因赞助黎明演唱会和植入电影《无间道》而在香港家喻户晓。北京汽车选择在香港进行绅宝"陆上飞行秀"首演,不仅借得名之地重现绅宝辉煌,而且向世人展示了北京汽车通过消化吸收萨博技术具备了"货真价实"的技术实力。

时任北京汽车销售副总经理的刘宇称,绅宝在秉承萨博驾驶乐趣的同时,将邀请好莱坞和奥斯卡双料影帝尼古拉斯·凯奇为代言人,以强化绅宝与消费者的快速沟通。北京汽车股份有限公司副总裁董海洋说,绅宝的竞品是在 B 级以上的合资品牌或同档次的国际品牌车型。因为这款车从技术含量来说,与奔驰、宝马同处一个"阵营",宜商宜家车型是一群"理性进取"的社会中坚层座驾。

奇瑞找感觉

在 2016 年举行的北京车展上,8 个展馆有 4 个展台不约而同地出现奇瑞系的"身影",E4 馆的奇瑞展台,以及中间仅隔着奥迪的凯翼,还有 W3 馆的观致和奇瑞捷豹路虎。要是把旗下品牌聚集在一起,奇瑞完全可以包馆。要知道,以前做包馆的只有曾经不可一世的大众汽车。

展台数量多仅是奇瑞令人提气的一方面,各展台的新车在未来的市场拼杀中颇具杀伤力才是看点。奇瑞品牌本身,在瑞虎 3 和瑞虎 5 之后,以水元素为设计理念的瑞虎 7 有板有眼,堪称车展上最受关注的 SUV 车型之一,据说尺寸更大级别的瑞虎 9 也在孕育之中。毗邻的凯翼堪称汽车行当的新生代,其去中介化、去中心化、去中庸化的"众包"概念提出一年,凯翼 X3 跃入眼帘。今后每当人们提及"汽车长什么样儿"是由消费者说了算这件事时,第一个吃螃蟹的凯翼最有资本吹牛。凯翼生产上"借腹生子"的理念同样耳目一新,总经理郑兆瑞说,凯翼不会大规模投资建设工厂,要把行业整体产能过剩的"包袱"变成机会,借助奇瑞之外的产能进行代工都有可能,从这点上说凯翼在汽车公司中率先迈出了"轻资产"的步伐。

观致虽没有完全意义上的新车，但两大内涵变化令人瞩目：一是合资方以色列将帮助观致成为电动车领域的行家，以色列方面拥有的领先电池技术足以让2017年量产的观致3电动车的续航里程超过350km；二是在传统动力上与瑞典科尼赛格的联手，堪称汽车界乔布斯的柯尼赛格创立的通过气动、液压或电动机构能实现每个气门独立控制，替代传统的凸轮轴气门控制的发明，可实现动力输出更强、油耗和排放更低，以及体积更小巧的解决方案。这种对传统内燃机颠覆技术的出现，让人对观致未来的动力充满更多想象。同时，继路虎揽胜极光和发现神行之后，捷豹XFL也打上了奇瑞捷豹的LOGO。与捷豹路虎合资后，不仅在短时间内实现了路虎和捷豹双品牌多款车型的迅速国产，且销量日渐起色。尤其是国产路虎车型，月销量持续保持在8000辆以上。

一个不容忽视的桥段是，被跨国公司玩惯了的"各种之夜"愣是被奇瑞抢了先。车展前夕，奇瑞在奥运核心区包下奥雅展馆，亮相的FV2030未来之车天生惊艳。要知道，以前做这些"花活"的多是跨国汽车巨头。同时，奇瑞还吹响了技术、人才和产品全面进入2.0时代的号角，如斥巨资打造的上海技术中心（CTCS）会集了来自宝马、通用、福特等国际汽车公司的顶尖人才，领衔者为通用汽车大咖白雷蒙，上海技术中心将成为奇瑞未来新车的"产房"。

找到感觉的奇瑞更在于市场上的强势回归，奇瑞品牌以艾瑞泽5为例，上市后订单过万辆，工厂再现久违了的加班加点确保供应的景象；观致5 SUV累计订单超过4000辆，延续销量上升的势头；凯翼在2015年实现20万辆的基础上，今年以来以两位数的增长领先行业平均增幅；奇瑞捷豹路虎的销量和品牌力比以往任何时候更加接近奥迪、宝马和奔驰。

和尹同跃闲聊，他说在尝试了包括外请高人等用人制度之后，奇瑞现在的人才观将走内部培养的路线。经过近20年的发展，奇瑞形成了自己的企业文化，也进行了人才梯队建设。近期被重用为副总经理的高新华、张国忠、朱国华，以及主政凯翼的郑兆瑞都是奇瑞的人，以后奇瑞高层的关键岗位重在内部提拔、内部培养，而非空降。

奇瑞求大，当年犯过瑞麒和威麟等多品牌，甚至分品牌的错误，直到今天还有人戴着不能做"大"的有色眼镜审视奇瑞。奇瑞自身也不能有"一朝被蛇咬，十年怕井绳"的心态。虽然奇瑞有骨子里做大、做强的火心，但不太愿意提及奇瑞集团的概念。其实奇瑞旗下的业务板块、品牌虽有差异，但定位各不相同。

为什么一开始就看好荣威 RX5

2016年7月6日,由上汽集团和阿里巴巴联手打造的荣威 RX5,背负着全球首款量产互联网汽车的盛名,在具有创新地标意义的阿里巴巴总部杭州云栖小镇"捅破了最后价格的窗户纸",当上汽集团总裁陈志鑫宣布完 1.5T 和 2.0T 两个排量 8 款车型的价格为 9.98 万 ~ 17.98 万元时,千余人真诚的掌声响起来。实际上,抛掉分别 6000 元和 7000 元的购置税补贴,荣威 RX5 的市场售价更低。此前上汽集团公布的"1.5T 不高于 15 万元、2.0T 不高于 19 万元"的预售价更像是蓄谋已久的烟幕弹,以至于在荣威 RX5 公布价格当天,有同行连夜开会研讨应对之策。

为什么看好荣威 RX5,从汽车层面:采用世界级"蓝芯"高效动力科技,搭载 2.0T 和 1.5T 两款缸内中置直喷涡轮增压发动机,百公里加速表现比同级 SUV 快 2s 以上,百公里刹车距离比同级 SUV 短 3 ~ 5m,百公里油耗比同级 SUV 少 2L。例如,2.0T 发动机最大功率 220 马力,峰值扭矩 350N·m,主要动力性能超越主流合资品牌产品,甚至超越了行业主流 3.0L 发动机,百公里综合油耗最低 8.1L;1.5T 发动机最大功率 169 马力,峰值扭矩 250N·m,超越主流 1.8T 发动机水平,百公里综合油耗仅 6.8L。同时,荣威 RX5 采用保时捷底盘调教、与路虎同源的 GKN 智能适时四驱、全独立悬架系统、四路全高速 CANBUS 系统总线等,以超越同级的技术全面提升驾乘品质。单从技术上,RX5 就领先同级别对手两代。

为什么看好荣威 RX5,从互联网层面:荣威 RX5 搭载了领先同价位产品两代的"超屏"——10.4 英寸高清触控电容屏。对于用户最为关心的互联网汽车流量收费问题,上汽集团副总裁、上汽乘用车公司总经理王晓秋给出了"基础服务、基本流量终身免费"的回答。其中,车载系统和新功能升级迭代的服务及流量终身免费;与汽车行车关联最

汽车运势：这个市场谁不动心

紧密、流量消耗最频繁的"地图导航服务"以及远程车控服务等互联网应用，服务和流量终身免费；流量方面，在购车第一年免费为用户提供一年 2.4GB 的音乐娱乐包和 Wi-Fi 流量包。一个桥段是，发布会上主持人许戈辉与著名演员王珞丹共同演示了荣威 RX5 通过手表智能钥匙开车门的"黑科技"，荣威 RX5 可以通过 YunOS 账号体系，打通不同智能设备之间的数据，让智能设备之间彼此"认识"，打破"信息孤岛"，实现用户数据在不同场景之间的流转。

看好荣威 RX5，因为它是最强传统车企上汽集团与最大互联网企业阿里巴巴的合体。荣威 RX5 集成了上汽集团的整车研发、造型设计、动力总成、新能源技术、汽车电子及架构等资源，以及阿里巴巴集团的 YunOS 智能操作系统、支付宝、阿里通信、高德导航、虾米音乐等资源，开放融合互联网和大数据，围绕用户的车生活，整合双方线上线下资源，为用户提供智慧出行服务。在合作体制和运行机制方面，双方宣布合资设立 10 亿元的"互联网汽车基金"，用于组建合资公司，搭建互联网汽车的开发和运营平台。在产品开发方面，创新提出"Car On The Internet"的设计理念，瞄准用户在汽车使用全生命周期内的"痛点"，包括维修保养、道路交通、加油停车、环保需求等，通过大数据分析和消费者习惯的研究，主动、便利、实时地推送消费者感兴趣、有价值的信息和服务，化"痛点"为"甜点"。

对上汽而言，荣威 RX5 承载的不仅仅是一款车的使命那么简单，更是市场销量与上汽地位相匹配的开端；对阿里巴巴而言，借助上汽算是完成了对汽车产业的布局。两者的结合，占领了互联网汽车的制高点。

顶着世界首款量产互联网汽车光环的荣威 RX5，似乎只差捅破最后准确定价的窗户纸了。在此离最终上市之前的 2016 年 6 月 18 日，上汽公布了其中 2.0T 两驱互联网智享版不高于 17 万元，2.0T 四驱互联网智尊版不高于 19 万元的预售价。

尽管此前有 MG 锐腾等新车或改款车型的上市，但是荣威 RX5 才是王晓秋"挂帅"上汽乘用车两年后首款"王"的车型。两年前的 2014 年，王晓秋从上汽通用总经理任上调任上汽乘用车，出任被上汽集团寄予厚望的自主品牌三军总司令。与上汽通用履职总经理不同，王晓秋的头衔是上汽集团副总裁、上汽乘用车公司总经理和技术中心主任的"三合一"。两年时间，恰好是一款车型从立项到诞生的周期。

荣威 RX5 是世界首款量产互联网汽车的概念绝不是噱头和当前互联网汽车的应景儿，更在于上汽与阿里巴巴成立合资公司的前瞻性思维，在上汽与阿里巴巴成立的合资公司中，围绕车主用车习惯的研究团队有 500 多人的建制。新车搭载 10.4 英寸全高清触摸

汽车运势：这个市场谁不动心

大屏只是互联网内容的冰山一角，耳目一新的是让驾驶者"每次登录取代点火"听起来就符合互联网原住民一代的心声，每辆车拥有独立的ID，给人带来科技感十足的体验。

荣威RX5在研发上投入近20亿元，按照"不高于17万元和不高于19万元"的预售价，可能是赔本赚吆喝，但是这条路迟早要走。从消费者角度来说，只有品质达到极致，用户才会支持。相互信任的关系建立起来以后，客户才能长久。除2.0T的世界级"蓝芯"动力之外，荣威RX5采用的都是同级别中的越级技术，如其他车用小边框，而荣威RX5用大边框；其他车高强度钢可能用了20%～30%，而荣威RX5能做到高强度钢比例超过65%。王晓秋希望，用RX5的"品价比"取代传统意义上的"配价比"。他坦言，用户不太能改变，但是上汽希望用尊重的方式告诉消费者，刹车距离比同级SUV短3～5m只是一个结果，刹车距离短是因为刹车片使用了陶瓷材料，制动性能更加出色……

预售价之前，荣威RX5从外观到内饰，从音箱到智能互联，如剥洋葱一般，层层分解，每剥一层，就愈加光鲜。荣威RX5是一款在外观、内饰、安全等方面的表现都超越了20万元的SUV，尤其是日韩同行将明显感受到全方位的"震惊"。

把公布预售价的地点选在距离上海约200km的安吉，不仅仅因为那里盛产白茶和竹海，还在于安吉是黄浦江的源头。我以为，除了把产品做好，上汽始终有一种追根溯源地站在中国自主汽车产业制高点上的使命感。王晓秋说，自主品牌必须经历用品质驱动品牌的关口，自主品牌需要靠品质走下去、走出去。例如，在海外市场凭借高品质、高质量，上汽的产品相比同级自主品牌产品虽然价格更贵，但依然在海外市场积累了极好的口碑，因为自主品牌产品出口代表了"中国制造"的形象。

在荣威RX5月销量轻松超过2万辆成为名副其实的爆款车型之后，eRX5将以插电混动互联网SUV的新品类在广州车展亮相，而在RX5和eRX5之后，上汽集团为RX5规划的EV纯电动车型在2017年6月推出，从而构筑荣威RX5"一门三杰"的全系布局。消费者拥有汽油车、插电混动和纯电动3种能源结构的宽泛选择。

荣威RX5在竞争日趋激烈的SUV市场中能够脱颖而出，除了那顶听上去大得吓人的"全球首款量产互联网汽车"的帽子，俘获不少潜在用户心的"家伙式"是上汽集团和阿里巴巴的合体，前者是中国制造业最强的代名词，阿里巴巴的互联网特性则如雷贯耳，两者出巨资成立了一家互联网汽车公司。荣威RX5在上市后很短时间内即迎来了第5万辆车的下线。这也是荣威品牌10年来首款炙手可热的车型，上汽乘用车相关负责人把这种热销看作"自主品牌出头日子的开始"，他们甚至把自己与华为相提并论。认为相通之处在于，华为凭借多年的积累与持续投入，在品质、品牌和市场份额上已不逊色于三星，而自主品牌经过自身的持续投入以及合资经验的反哺，也到了开花结果的时刻，上汽更愿意把荣威 RX5 的热销看作并非刻意的水到渠成。他们认为，荣威 RX5 的卖相，无论造型、设计，还是品质、工艺，都已经与日韩车型难分伯仲，相差的可能就是消费者在品牌上的"临门一脚"，不过伴随着全民意识的觉醒，上汽认为这一天的到来并不遥远。

企业讲究商业天经地义，但是多少年来，作为企业的上汽乘用车，总有一种令人尊敬的产业情怀。

请抓住 MG 品牌国际性的牛鼻子

真希望 MG 名爵这个品牌能够像即将投放市场的全新名爵 6 的造型那样气势如"红"。

MG 名爵不仅是上汽乘用车与荣威并行的双品牌之一，更是中国人拥有的为数不多的国际化品牌之一，与沃尔沃属于李书福后来收购的不同，主要是沃尔沃的身份特征至今不明，比较官方的说法是中国人拥有的国际品牌，沃尔沃尾标的"沃尔沃亚太"就是很好的注解，MG 名爵属于被南汽、上汽一开始就干净利索没有丝毫瓜葛"买断"的那种。

我曾两度去过名爵的英国伯明翰长桥工厂，与劳斯莱斯和路虎的"高大上"不同，MG 名爵更像是英国汽车工业的代表作，犹如大众在德国的地位，属于典型的英国国民潮车。八角造型的 LOGO 里面夸张地撑满"MG"两个变形英文字母，其辨识度令人过目不忘。说个插曲，在"上南合作"之前，时任南汽名爵总经理的张欣一度有过把 MG 名爵经销商的店面形象打造成八角形的想法。在长达 90 多年的品牌历史中，MG 名爵虽然几度易主，但是驾驶乐趣和粉丝文化的品牌特性从来没有偏离人们的视线，这也是名爵的 DNA 所在。

名爵的驾驶乐趣主要包括设计和性能两个部分。支撑粉丝文化的是 MG 名爵车主俱乐部，在英国伯明翰和中国的不同地区，都看见过 MG 名爵车主的聚会，印象最深的一次是由中国车主驾 MG 名爵从上海出发，行程万里开到英国伯明翰探源。上汽也邀请过英国的老 MG 名爵车主见证名爵在中国工厂的新生。MG 名爵的粉丝仍拥有着"当今世界上最大的单品汽车俱乐部"MGCC，每年全球来聚，在英国银石赛道举行的"MGLive！"持续狂欢。2000 年以来，"MGLive！"的参与人数场场超过 10 万人，现场 MG 品牌的老爷车超过 4000 辆。

支撑 MG 名爵走红的"时候"和"火候"都到了。"时候"是指中国人对品牌的认知和觉醒，且越来越接近于全民意识。就像越来越多的人放弃"苹果"、使用华为一样，家

汽车运势：这个市场谁不动心

电行业同样是一面镜子。"火候"指的是在上汽的臂膀之下，MG 名爵具备了支撑品牌国际化的体系和品质。2020 年 7 月，上市的全新 MG 名爵 6，最早以 E-motion 的概念车身份在 2018 年上海车展示众，亮相即成为关注焦点。由 E-motin 概念车演化而来的全新名爵 6，其外形诠释曲面之美，豪华跑车的 Fastback 经典掀背设计和下压的车头、修长流畅的外轮廓与向后拉伸的肩线，勾勒出清晰与从容扎实的动感，2715mm 的长轴距确保大空间。上汽吆喝的"名爵红"颜值不逊色于马自达的"魂动红"，其质感、配置、智能和"蓝芯"动力性能，都代表着未来的流行趋势。多项配置在"制霸同级"的基础上，互联网汽车斑马智行 2.0 的搭载，意味着借助上汽与阿里巴巴的尖端科技，全新名爵 6 在互联网汽车上将"再下一城"，成为首个标配互联网汽车的国际品牌。而上汽撒手铜"蓝芯"SGE 2.0T 发动机与手自一体变速器的匹配，使名爵 90 多年来惯有的驾驶乐趣得到"灵魂附体"。

全新 MG 名爵 6 恐怕是上汽推动 MG 名爵品牌复兴的"药引子"。一方面，现在的上汽集团无疑具备了这一实力。技术上，多年累积缔造的蓝芯、绿芯，几乎成为业内"中国好动力"的别称。以上汽 NetBlue 蓝芯高效动力科技所代表的汽油发动机为例，MGE 2.0TGI 发动机采用缸内中置直喷、TURBO 涡轮增压器等系列先进技术，有效地提高了燃烧效率，动力表现甚至远超 3.0L 发动机，名爵 GS 的"8 秒破百"即由此缔造。配置上，从 MG 名爵 ZS 越级的超大天窗，到名爵 3 在 6 万元价格的"精品"定位，都展示着上汽对 MG 名爵"品价比"的底气。另一方面，对 MG 名爵品牌的"全情投入"，更代表着上汽对 MG 名爵进入主流品牌的信心。值得注意的是，在上汽集团"电动化、网联化、智能化、共享化"战略下，MG 名爵发布泰国版"四化"，并将在泰国推出互联网汽车，其国际化步伐正换挡提速。为此，不少人把此解读为上汽推动 MG 名爵品牌重回世界主流汽车品牌的清晰信号，而全新 MG 名爵扮演着"头牌"的角色。

MG 名爵从来没有像今天这样接近品牌复兴：品牌的国际性是 MG 名爵的金字招牌，蓝芯、绿芯的"中国好动力"是驾驶乐趣的最好传承，上汽与阿里巴巴的互联网汽车品类是 MG 名爵传承中的创新，抓住 MG 名爵品牌这些特性的"牛鼻子"，"墙内开花墙外也香"的 MG 名爵重回世界主流汽车品牌指日可待。

其实在 MG 名爵 6 之前，上汽已经在 MG GT 上小试牛刀。MG 的品牌可谓价值连城，查尔斯王子年轻时就曾是它的车主，撒切尔夫人、罗马教皇也曾经是。你可能永远不会成为王子，但不妨碍你成为 MG 名爵的车主，你和查尔斯的区别恐怕在于他是 MG 的第二代，而你拥有的将是全新的第四代。

汽车运势：这个市场谁不动心

用一代车来浓缩一个人的时代，在世界汽车历史上屈指可数，尽管所谓成功的神车数不胜数，大众的甲壳虫算一个。而其他的诸如卡罗拉、高尔夫，虽然销量惊人，却缺乏足够的文化符号和时代印记。单纯的就车型而言，譬如第九代雅阁等，也仅仅是量的堆积。

用具体的一辆车来量化一个人群，也挺难的。不过，第四代 MG GT 也很拼的，在 MG 长达 90 多年的历史中，直到 2014 年也才出到第四代。前三代 GT 车型均在属于自己的时代引领风潮，每代都在引领时代：MG 历史上首款 GT 车型 MGB GT 一经亮相即成为英国最畅销的跑车之一，MG GT 则成为英国查尔斯王储最钟爱的车型之一，MGB GT V8 更是荣膺"路上最快汽车""速度之王"等美誉。从 1924 年诞生至今，MG 一直致力于造年轻人的梦想之车。也就是说，在 90 年中，MG 始终坚持做一件事，那就是只为偏爱造品牌。这种偏爱犹如当下的年轻人，买得起 LV，却非得来个 KATE SPADE，玩的就是个性和"镜界"。所谓"镜界"，镜子只能看到自己，镜头才能看到世界。

有例为证，1988 年出生的 Molly 粉丝无数，她既是街拍达人也是模特，其著名的语录是"我只担心一件事，就是死前还没有把这个世界看完"。其实，出生于 1985 年中国开启城市改革之后的一代人，成长于跨国公司大批进入、全球消费文化兴起的 20 世纪 90 年代，启蒙于互联网风起云涌的世纪之初。由于兴趣的多元化、互联网的分众化及富裕的社会消费导致了"80 后""90 后"的与众不同。他们是年轻、活跃、勇于接受新潮事物的一代，是被大众定义为"玩得酷，靠得住"的一代。

2014 年上市的第四代 MG GT 和"85 后"这一代还是挺搭的，外观沿袭了家族犀利的造型特点，锋锐而有雕塑感的切割手法，让整车更具灵动特质，其引擎盖上两条从车标延伸出来的线条，恰似英国米字旗，暗合 MG GT 的英伦血统；搭载的航空级全铝制造的 SGE 1.4TGI 发动机超过了主流 2.0L 自然吸气发动机的动力水平，拥有 110kW 最大功率、235N•m 最大扭矩的动力输出，总测试里程超过 200 万英里（约 320 万千米）；考虑到"85 后"对互联网行车生活的要求更高，最新研发的 inkaNet 4.0 版本内部存储空间升级到 10GB，可满足到 2020 年中国地图数据和路口 3D 实景图更新的需要，3D 全息自由行导航与地图路网配合，能主动规避拥堵，实现分钟级路径即时优化，平均每月为用户节省 10 个小时的驾车时间。

也有人说，MG GT 把自己定义为"85 后"座驾等于给自己上了枷锁。我不这么认为，只要拥有"85 后"人群的特征，"85 前"也是 MG GT 的人群。还有人可能会说，MG 是英伦范儿，不必为一个英国品牌埋单，而我要说，MG 虽然保留了英伦的符号和血统，

第二部分　大国汽车

却是一个中国人拥有的品牌，犹如吉利收购了沃尔沃。

自主品牌的"苦日子"

2014年，豪华车率先打响的价格战致使整个中国车市的价格至少降低了10%，而这种自上而下的传导效应把原本就不占优势的自主汽车逼上绝路。中国的自主汽车品牌必须要做好过"苦日子"的准备。

2012年11月，上海大众的新朗逸和北京现代的朗动先后发布。配备1.6L和1.4T两个排量的新朗逸多款车型，把售价定在了相当宽泛的11.29万~16.69万元，并且配置了诸如感应式雨刷器等原本帕萨特上才有的装备，而在此之前朗逸已经累计销售了80万辆；被北京现代称为成立10年最重要车型的朗动在吴彦祖的代言中横空出世，而最低10.58万元的售价让人再次看到了北京现代继"索八"之后志在一搏的"杀气"。

这种可怕的"杀气"包括两点：一是新车的价格定得并不算高；二是最为重要的，即新车推出后,老款车型并不停产。上海大众贾鸣镝说,新旧朗逸至少并存一年左右时间，北京现代刘智丰也表示，朗动投放市场后悦动和伊兰特并不停产，将"三箭齐发"，共同征战市场。不管是上海大众新旧朗逸的两代同堂，还是北京现代朗动的"三箭齐发"，对自主品牌来说，可谓连捅两刀，且刀刀见血。因为此举意味着老朗逸的价格或将不足8万元，伊兰特的价格不足7万元，这种多代同堂、低价出招、全覆盖的市场策略对自主品牌将是致命一击。例如，考虑到1.6L车型还将享受3000元节能补贴，朗动的实际起步价只有10.28万元。朗逸和朗动只是一个缩影，福克斯、帕萨特、凯美瑞等都是两代或多代同堂征战市场。

上海通用雪佛兰品牌市场总监李昕阳提供的数据显示：受宏观经济影响，中国汽车价格已经进入了调整期，始于3月的豪华车价格跳水，使得整个中级车市场的价格已经下降了3万元。而这种多米诺骨牌效应最后传导的末端正是自主品牌。印象中，以往5万~10万元的车型多为自主品牌的领地，但伴随着合资品牌价格的下降，自主品牌正在失去阵地，而且对于没有品牌效应的自主品牌，无疑是雪上加霜。

车价的持续走低表现在市场上便出现了"折扣文化"，"折扣文化"就是消费者到经销商店里看车后，不出三句话准是"多少折扣"，这种现象在之前鲜有发生。

难以让自主品牌与合资品牌抗衡或者僵持到底的并非车价，而是品牌。在10万元左右的车子中，奇瑞、吉利帝豪、上汽的荣威和MG等系列自主品牌，无论是造型还是品质，与合资品牌能有一拼，拼不过的就是品牌。自主与合资的品牌之差则在于，我们的自主品牌汽车在消费者眼中就是一个交通工具，而合资品牌汽车能给拥有者带来溢价，自主品牌的苦恼和突围也正在于此。

短暂的转折大年

在离 2016 年还剩下 45 天的时候，自主汽车品牌可以琢磨一下以什么形式庆祝了。在宏观经济充满不确定性和汽车产业充满雾霾一样焦虑的情况下，自主汽车品牌实现难得的集体"飘红"已成定局，年内余下的时间不会阻挡增长的步伐。

或许听惯了自主汽车遇到各种挑战的"坏消息"太多，一得到自主汽车的好消息就莫名兴奋。2016 年以来，无论是企业层面的，还是车型层面的，自主汽车的好声音越来越多。例如，长安汽车在 2015 年实现中国汽车历史上首个中国品牌 100 万辆之后，在 2016 年前 10 个月再度实现长安品牌乘用车年销突破 100 万辆，并把时间表提前了两个月；北京汽车的自主品牌实现整车销售 35 万辆，同比增长 50%，远超行业及中国品牌乘用车增速，旗下绅宝 SUV 系列车型款款炙手可热；吉利汽车仅 2016 年 10 月销量就达到 9.6 万多辆，月度接近 10 万辆的规模销量过去多发生在合资车企之中，而类似于吉利这样的自主品牌汽车实现如此销量听着就令人兴奋；奇瑞集团 10 月销量以同比 58.4% 的增长达到月销 7.63 万辆，旗下的奇瑞、观致、凯翼等品牌均实现大幅增长；广汽传祺、长城汽车、比亚迪、华晨、华泰等自主品牌，均在今年实现了历史上少有的大幅度增长。就车型而言，自主汽车品牌的多款车型让人惊鸿一瞥，上汽荣威 RX5 月销 2 万辆，奇瑞瑞虎 7 和瑞虎 3 联袂月销近 2 万辆；吉利博越、帝豪 GS、远景 SUV 三款车型款款跻身月销万辆俱乐部，博越更是月销超过 1.6 万辆。

这样的增幅，让我想起大众汽车集团 CEO、大众汽车集团管理董事会主席穆勒（Matthias Müller）在 2016 年 6 月接受专访时的一席话，在那次就任大众汽车集团 CEO 之后的首次访华之旅中，除了对众人皆知的尾气排放造假道歉，穆勒专门提到了中国自主汽车品牌的成长性，他在描述自主汽车品牌的进步时用了"惊讶"一词，甚至表示中国汽车品牌一定会成为世界汽车不可忽视的力量。穆勒作为世界级汽车公司的 CEO，其对中国汽车品牌的评价具有标杆意义也不无道理。有次出差捷克，在布拉格街头问及普通民众是否知道中国汽车品牌时，他们提到了吉利。知道的原因在于吉利参加了早年间的法兰克福车展。无独有偶，在近日有关机构发布的《中国企业海外形象调查报告（2016 中东欧版）》中，奇瑞汽车入选"中国企业海外形象 20 强（中东欧）"，位居装备制造业"最佳海外形象"第1名。调查报告涵盖"一带一路"沿线的捷克、罗马尼亚、匈牙利和博览4个中东欧国家对中国企业和中国产品的评价。覆盖18～65岁的当地居民的2000个访问样本显示,奇瑞汽车位居"最佳海外形象"企业第3位,在装备制造业企业排名中位居第一。

比销量站稳脚跟更重要的是自主汽车品牌的大势。汽车产业经过30多年的开放、合资、合作,自主汽车品牌取得的进步可以用飞跃来形容,在10万元左右的价格和SUV门类上,自主品牌汽车凭借"又便宜又好"接连攻城拔寨,甚至对日韩车企形成了威胁,在2016年4月的北京车展上,韩国现代派出上百名技术人员,对长城汽车、吉利汽车等自主品牌进行研判。前几天,吉利帝豪GL开进了海南文昌航空发射中心,这也是刚刚成功发射"胖五"的发射中心首次对外开放,吉利成为继G20杭州峰会之后首个走进海南文昌航空发射中心的车企,帝豪GL和"胖五"的异曲同工之处在于,都在发动机等核心技术上实现了标志性的突破,好车自然会取得好的市场反馈,吉利帝豪GL上市当月订单超过7500辆。

不过,胜不足喜之处在于,在发动机、变速箱、底盘开发等核心技术上,自主品牌还技不如人,一家自主车企虽然开发了一款热销车型,却由于日本爱信变速箱限量供应,眼瞅着大量订单丢失。因此,自主车企只有"掌握核心科技"才更完美。

品牌差距

品牌才是中国这个全球最大汽车市场的话语权,北京一家汽车经销商的苦衷就是真实印证:他所销售的比亚迪F3售价不高,品质还算有保障,但是在销量上就是卖不过差不多价位的赛欧。在价格几乎相同的情况下,自主车型卖不过合资汽车是不争的事实。这位经销商补充说,中国人的"崇洋媚外"并不是主要原因,最主要的是品牌的差距,中国的国产汽车需要证实这种差距。

这家经销商的苦衷真实反映了2011年中国车市的现状,而且具有普遍性。数据显示,2011年前9个月,中国汽车累计产销1346.12万辆和1363.35万辆,同比增长2.75%和3.62%。其中,被国人称为轿车的乘用车累计产销1048.5万辆和1053.78万辆,同比增长6.04%和6.38%。不过,自主车型没有享受到增长。一家不愿意透露姓名的自主车企负责人称,6%左右的增长也是包括合资品牌在内的豪华品牌给拉动的。

是的,自主品牌的日子并不好过。比亚迪的销量与2010年同期相比,有望下滑20%左右,奇瑞要想完成预期的目标也需要踮起脚跟才能完成。吉利汽车销售总经理刘金良称，吉利2011年完成40万辆左右的销量，与2010年相比有2%左右的增幅，长城汽车在自主品牌阵营中增幅最快，但是被媒体解读为是腾翼C30抢占了比亚迪F3的市场。又如，北京在2011年9月份实现新车交易4万辆，这个数字与2010年同期相比下降超过四成。

与自主车型差强人意的表现不同，合资车型尤其是豪华汽车丝毫感受不到车市的冷淡。上海大众2011年9月批售超过11万辆，大众品牌销售超过8.5万辆，斯柯达品牌销售超过2万辆，同比增长15.1%。前9个月，上海大众累计销售80.77万辆，同比增长14.1%。其中，在豪华车方面，2011年前9个月，宝马在中国共销售了17.7522万辆宝马和MINI，比2010年同期的12万辆增长了45.7%，仅用了9个月就超过了2010年全年的销量。奥迪2011年的销售目标是30万辆，而在9月结束时已实现29万辆，完成目标指日可待。在三大豪华品牌中，增速有所放缓的奔驰，也在2011年前9个月实现销售近14万辆。同样收获颇丰的还有捷豹路虎，2011年前三季度实现销售近3万辆，实现60%的增幅，并凭此使得中国成为捷豹路虎全球第二大市场。

从2011年前9个月总体的1363万辆的销量来看，每个季度依然保持着400万辆左右的规模，年底实现与2010年同期的1800万辆仍有希望，中国依然是世界上最有活力的市场，市场对汽车的刚性需求还在，只是自主品牌没能抓住这个市场。

自主汽车与合资汽车的鲜明对比至少说明两点：一是2011年车市出现了结构性调整的拐点，伴随着收入的增高，人们希望购买品相、质量更好的车子，自主汽车的水平跟不上人们的需求；二是销量差距折射的品牌差距。何谓品牌？一是造车的历史，我们的三十年与别人的近百年无法相提并论；二是技术，我们的变速型还难以有实质性突破，而合资品牌已经广泛运用6速变速箱了；三是价值，我们仅能提供满足需要，而合资品牌总能超出想象。有时候，品牌是实实在在的东西，我们有的自主品牌卖车后就万事大吉，而合资品牌连客户生日都会问候。

2011年只是自主品牌比较艰难的一年，伴随着越来越多的合资车企染指合资自主品牌，真正的自主品牌更加来日方长。

需要顶层设计

合资品牌价格的下降，或许对自主汽车品牌的打压是致命性的。中国的自主汽车品牌到了不是救不救，而是怎么救的时刻。

2014年东风日产合资自主品牌启辰R30成为最新的例证，尽管启辰为国家提倡的

汽车运势：这个市场谁不动心

合资自主品牌范畴，但是原型车玛驰的平台还是让其沾了合资品牌的光，其 3.99 万元的低价格令人大跌眼镜，汽车卖出了摩托价儿。而在此之前，无论是新赛欧还是新桑塔纳，抑或是新捷达，凭借着坐拥合资品牌的光环，价格上却屡屡下降，给自主品牌的发展上了"紧箍咒"。

与之相对应的是，当年国内所有自主品牌的累计销量不及一个大众品牌，数字显示，2014 年上半年自主品牌与大众品牌的销量是 136.82 万辆和 180 万辆。直观而单一的数字背后是一连串自主品牌颓势的表现，尽管 2014 年 8 月时间还没过半，市场份额却已经连续 11 个月下降。也就是说，当别人在车型上已经玩跨界时，自主品牌的下降都跨年了，以致中国汽车工业协会常务副会长董扬用"到了最危急的时刻"来形容当前自主品牌的现状。

造成自主品牌告急的现象无非以下两个。

一个现象是合资品牌车型和价格的"双下探"，伴随着越来越多合资品牌产能的扩张，以前只要钱的合资品牌，现在是既要钱又要量了。例如，仅大众汽车在中国就形成了 17 个工厂、400 万辆产能的规划，长安福特、上海通用、标致雪铁龙等合资老牌劲旅纷纷走出大本营，各地设厂扩充产能。不完全的统计数据显示，中国的汽车总体产能已经接近 3000 万辆，产大于销的局面值得警惕。又如，合资品牌以前是不染指 10 万元以下区间车型的，但是伴随着产能的扩张，将价格定在五六万元的合资品牌车型越来越多，大众汽车借助天津一汽新设立的生产基地，未来将国产 5 万元左右的低端车。以往合资品牌专注高端，自主品牌专注中低端泾渭分明的界限现在完全被打破，这对于自主品牌的打压将是致命性的。

另一个值得关注的现象是自主品牌应该学会联合开发。有人质疑自主品牌是一盘散沙也是有道理的。例如，在发动机、变速箱等核心零部件的开发上，自主品牌往往是各自为政，甚至互相拆台。殊不知，日系车企在遇到重大科技难题时总会抱团取暖、联合开发。最新的例证是，包括丰田与本田在内的日本各大汽车生产商正在一起研发内燃引擎新技术，旨在能与其欧洲竞争对手在节油技术的竞争中取得优势。日本八大汽车厂商为该项目投资约 5 亿日元（约合 3000 万元人民币），并成立了内燃引擎研究协会。项目旨在到 2020 年将传统汽油及柴油发动机效率提升 30%。围绕这一项目，丰田、本田、日产、马自达、铃木各有分工。本田研发部门负责人 Keiji Ohtsu（英文名字）称，这么做的目的之一就是减少开支，并借此解决科技广泛性与自身扩展面过窄的矛盾。

对单一的吉利、奇瑞来说，它们是自主品牌的个体，而对于中国人来说，不管是长安、长城,还是吉利、比亚迪,它们都是中国自主汽车品牌。作为国民经济的支柱产业来说,国家有关部门应该有顶层设计,如那些合资品牌不能无限制地扩张产能。如果任其下去,中国的自主品牌可能最终沦为合资品牌的代工厂。

期望有个带头人

已卸任北京市环保局副局长的杜少中因任上骑自行车上班而成为环保的标杆。我们的公务车层面,谁会成为消费自主汽车品牌的杜少中呢?尤其是在当前公务用车采购倾向自主品牌的难得良好环境下,中国的自主汽车品牌消费同样期望能有个带头人。

当时正在征求意见的公务车采购目录,因入围者大都是自主品牌汽车而备受热议。尽管目录还处在征求意见的阶段,但是这一消息对中国的自主品牌汽车来说,无疑是强心剂,不少自主品牌汽车企业把其称为"史上最给力的自主品牌信息"。受此影响,最近几款自主品牌的新车发布都动静不小,一汽轿车欧朗2012年3月7日的下线仪式,聚集了供应商、经销商等方面人士,现场搭建的LED屏幕其气势与北京的世贸天阶有一拼,一汽集团总经理许宪平甚至在致辞中明确喊出了"自主品牌是一汽核心事业"的宣言。无独有偶,上汽也乘着政策利好,在上周首次向媒体开放了研发中心并展示了即将上市的全新车型MG5;老牌自主企业奇瑞汽车也请篮球明星王治郅为东方之子代言。

以工业和信息化部的名义发布自主品牌为主公务车采购目录,在国家层面上尚属首次。其背后有多层深刻意义:一是彰显国家降低公务用车成本的意愿;二是自主品牌的集中入围,预示着经过近30年的合资、消化、吸收,自主品牌汽车的筋骨日渐强壮,并在国家层面得到了认可;三是表明国家支持自主汽车工业的决心。应该说,多种因素的重合才迎来了自主品牌汽车来之不易的重大利好。

不过,公务车采购目录倾向自主品牌汽车的政策对自主车企来说是把双刃剑,我们的自主品牌还不能盲目乐观。例如,公务用车市场所占整个车市的比例只有2%,对合资或进口汽车品牌的影响有限。又如,在林林总总的自主品牌汽车中,又有多少能够在外观上拿得出手,使用上能够用得好、用得住的车型。以往,自主品牌汽车难入法眼或者在公务车市场份额小的原因,很大程度上存在着"用不住"的弊端,在包括西部地区在内的一些恶劣的路况环境中,经常"趴窝"的是自主品牌车型的事情并不鲜见。而提起以往的公务车,使人情不自禁地想起老红旗、老上海,甚至北汽的井冈山。殊不知,现在对车性能的需求与以往已不可同日而语。

因此,在当前最好的政策环境面前,我们的自主品牌应该能够向市场提供出与时俱进的产品，尤其是能够拥有抗衡合资产品的自主车型。目前，吉利帝豪、奇瑞瑞麒、一汽奔腾、上汽荣威等自主品牌汽车的不少车型取得了比肩合资车型的品质和价格，但是在高端车型上还有待提高，自主品牌汽车中应该能应运而生出一批新国产车。应该看到，进入目录的自主品牌有百款之多，但并不意味着都能中标。只有那些有实力、有研发水平的企业才能入围，如一汽正在打造的全新红旗，或者被上汽内部称为"上汽奥迪"的R95。

从另外一个层面上讲，自主品牌进入公务车采购目录，应该带头的不仅仅是公务用车市场，央企、企事业单位等行业都应该为自主品牌汽车"捧场"，而不是我们经常看到的某企业一次性采购几十辆豪华汽车的信息。只有这样，自主品牌汽车才有前瞻力。

长安难安

作为东道主的朱华荣悲观地说，寒冬已至，竞争才是产业回归良性的最好手段。价格战放血过多，有些企业必将因失血过多而亡。我不知道，在2019年6月4日家门口举行的重庆汽车论坛上，朱华荣的这种悲观是不是也包括长安汽车。

看似散落的信息连在一起看，长安汽车的确正在经历着史上最暗时刻，尽管遭到长安的官方否认，但是一汽收购长安汽车北京工厂的消息似乎有了眉目。无独有偶，此前有消息称，中国兵装集团公司副总经理、中国长安汽车集团有限公司董事长刘卫东，将接替中国兵装集团公司副总经理、重庆长安汽车股份有限公司董事长张宝林执掌长安汽车。一度是长安汽车"利润奶牛"的长安福特可谓"屋漏偏逢连夜雨"，在销量遇到极度挑战的情况下，因纵向垄断被国家市场监管总局罚款1.6亿元。被罚当天，长安汽车市值出现持续震荡，有消息称"当天蒸发20亿元"。

有的消息已经成为事实，有些尚待持续发酵之中，在有些无风不起浪的消息没有进一步证实之前，很多证实了的消息意味着长安汽车的现状令人难安、令人不安。作为国内大型汽车集团之一的长安汽车，似乎与前进中的中国汽车，与中国主流的汽车集团渐行渐远。长安福特、长安铃木、长安马自达、长安标致雪铁龙、长安欧尚，犹如难兄难弟一样，一个比一个难过。向来让长安汽车引以为傲的长安自主品牌，犹如绷紧许久的发条，断不断就在一念之间。与一汽、上汽、广汽等同门兄弟依靠合资利润反哺自主不同，长安福特等合资板块不仅不能补血给长安汽车，甚至还到了需要长安汽车输血的地步。与此同时，与长安拥有合资的长安铃木，成为新消费升级时代下第一个退出中国市

汽车运势：这个市场谁不动心

场的外资品牌。这与宝马等其他品牌欲增持中方股份形成了泾渭分明的对比。没实力增资的铃木，遇到没能力改变的长安汽车，两者就像是一对"好基友"，只能眼睁睁看着造车新势力绿驰汽车成为长安铃木接手的"下家"。与此同时，与江铃有着藕断丝连的长安汽车，由于造车新势力爱驰的进入，长安不得不把股权受让给新的投资者。这对于长安来说，已是最好的选择。

2019 年对于长安来说，销量确实不尽如人意。汽车是讲究规模效应的，而长安汽车旗下的合资板块，月销多则万余辆，少则年销万余辆，这样的业绩怎能不度日如年。以长安 DS 为例，要不是召回、改款等消息的放出，人们还真不记得这个品牌的存在。据说，长安汽车一直在寻找接手长安 DS 深圳工厂的下家，只是"一直楼梯响，就是不见人"。长安福特一度是长安汽车的赚钱机器，其高光时刻曾年销量达百万辆，与上汽大众、上汽通用、一汽 - 大众、东风日产和北京现代，并称为中国单一合资车企的 F6。然而，并不长的时过境迁，前五个依然坚定前行，哪怕是与长安福特一度接近的北京现代，在经历过短暂失意后也已整装又出发，而长安福特远远地被甩在了后面……

就长安汽车自主品牌而言，也一度全面开花，无论是相对独立的长安欧尚，还是长安自身的 CS35、CS55、CS75、逸动等车型，都曾"飞入寻常百姓家"。可惜的是，长安汽车只赢得了一代车型，也是昙花一现的根本。经营企业犹如一场马拉松，遗憾的是，长安汽车跌倒在了"半马"上。汽势 Auto-First 研究院的统计数据显示，长安汽车每月包括合资板块所有销量累计起来，不足上汽集团的零头，这对于讲究规模效应的车企来说，无疑是致命的。有消息显示，早在 2017 年，长安汽车自主品牌单车的平均利润仅为 0.25 万元，而进入 2018 年、2019 年，随着竞争的更加激烈，为了获得更多的市场份额，长安汽车只能在产品的定价、终端价格方面做出更多的让步，为此平均单车利润更低。消息同时显示，拥有 400 万辆产能的长安汽车在主动关停 140 万辆产能之后，仍然有百万辆规模的产能属于过剩。难怪长安汽车总裁朱华荣在重庆汽车论坛上多次提及"关停并转"。

"长女难安"事出有因。在长安汽车近 20 年的历任高管中，只有尹家旭、徐留平是懂业务的，而长安汽车之所以出现过高光时刻，与那时的"五国九地"研发密切相关，而不像现在，"五国九地"只是地理上的坐标而已。长安汽车今天之所以出现令人难安，或者说青黄不接的现象，与后继者的能力缺乏密切相关。对于企业的管理，大家都不好没关系，而在市场遇到挑战的情况下，长安最不好，没有抗风险能力，就很说明问题。在长安汽车的历史长河中，不好大过好，也是最令人为其未来的担忧之处，长安汽车所谓的好，也只是押对了一代车型，即三五年的光景。从 2018 年开始遇到挑战，除了市场的因素，更多的是在产品、品牌上，没能踩到智能化、网联化等消费升级的点儿上，有些机会，一旦错过，就不再有了。

我们也注意到，长安汽车在转型过程中曾经的尝试，第三次创业等口号提过，但是从市场的实际表现看，也仅仅是口号而已。在产品力、新能源和品牌建设 3 个重要维度上，长安汽车总是不能兼顾，哪怕有一个能弄出动静也行。

犹如长江与嘉陵江在重庆的"两江交汇"，祝愿长安汽车能够学贯中西，合资与自主品牌齐头并进；犹如夜幕降临后重庆那迷人的夜景，冀望长安汽车能够行稳致远。

第六章　合资天下，这个市场谁不动心

一汽奥迪 30 年，研发体系从量变到质变

从德国奥迪总部英格斯塔特到中国长春的万里之遥，从跃然纸上的数千吨图纸到 500 万辆车驰骋中国大地的每个角落，从奥迪 100 到奥迪 Q2L、Q5L、A4L、A6L，从德方人员"铁打的营盘流水的兵"到中方成长为中高级管理人员，都是 30 年时间发生在一汽－大众奥迪身上的变化，也是中国汽车工业从量变到质变的缩影……

在 2018 年 11 月举办的一汽奥迪 30 周年庆典上，一汽－大众总经理刘亦功说，在和德方深化产品研发方面，中方研发团队参与度的比例要从现在的 30% 提升至 2025 年的 50%，甚至达 60%～70%，直到一汽－大众奥迪拥有自主研发的能力。一汽奥迪 30

年合资合作成功的宝贵经验在于：一汽与奥迪共同造就的是在奥迪全球统一标准的基础上，以"全价值链本土化"为核心的一汽-大众奥迪模式。其中，针对中国市场的产品本土化研发体系的建立和升级是这一模式的"桥头堡"。

一汽奥迪是车型加长的鼻祖，当今天人们对加长习以为常时，很多人并不清楚，车型加长起初并非易事。随着中国市场规模的日益扩大，加强本地生产、本地研发、本地转型，贴近中国的行车习惯和交通状况，开发设计高质量的产品无疑是车企的重要任务。在20世纪90年代，中国高端汽车消费的用户就特别在意车内后排空间的大小，俗称"二郎腿指数"，这项中国用户的购车考虑因素一直延续至今。

在当时轴距加长非常困难，需要巨大投资。1996年1月，当合资双方签署联合开发奥迪A6（C5）的协议时，就决定面向中国市场的加长版车型开发与奥迪A6原型车同步进行。在谈判过程中，一汽与奥迪双方针对"加长"问题进行了反复的讨论。一汽认为中国版A6的关键就是"加长"，中国绝大多数的汽车拥有者"坐在后座，不自己开车"的习惯与欧洲消费者有很大区别。谈判初期，德国人不理解中国人加长的理念，不了解"政府用车"这一概念及其背后的中国文化，认为奥迪A6作为一款行政级高档车已经足够满足中国市场的要求。当时中方代表张银福每次碰面都和奥迪人解释这个问题。通过中方反复的解释与坚持，奥迪也对中国市场与消费者的驾驶习惯进行了一系列深入的调查研究，最终奥迪决定加长。1999年进入中国市场的A6L相比全球版，轴距加长90mm，整车长度增加100mm，达到了4886mm。

幸运的是，通过奥迪A6"加长之争"，一汽与奥迪也相互加深了了解，为双方以后的谈判建立了良好的基础。之后推出的A6L、A4L等车型，相对于全球版车型都有加长。例如，国产新一代A6L（C6）比全球版车型加长了100mm，在这一点上，中德双方非常顺利地达成了合作开发中的共识。同时，很多奥迪新车型加入了诸多专门为中国市场开发的配置，如四驱空调系统、宽大座椅、负离子发生器等，很多设备在欧洲版的车型里没有，只有在中国的车型里才能够找到。

有了合作研发第一款加长车型的宝贵经验，一汽与奥迪在后来引入中国的产品上做出了更深入、更全面的二次开发。2003年4月上市的奥迪A4最初并没有像A6一样加长，德国人认为A4本来就比A6小，没有必要再加长，还会增加成本，但这款车型最初在中国销量遭遇"滑铁卢"。中方此时联系德方组织了无数次关于"A4是否要加长"的讨论，双方争执不下，最终同意中方意见。事实证明，加长后的奥迪A4（B8）在市场销售上实现了大逆转。

除了加长，为了满足中国用户对于轿车配置高档、齐全的追求，奥迪 A4 1.8T 车型配置了革命性 Multitronic 无极 / 手动一体式变速箱。相比"老大哥"奥迪 A6，还增加了 ESP 电子防滑系统、安全气帘、玻璃天窗、多功能方向盘与真皮电动座椅等作为标配。使奥迪 A4 的动力性、操控性、主动被动安全性和舒适性达到一个新的高度，从而成为技术先进、配置豪华、性能出色的一款高档品牌 B 级轿车。2005 年，奥迪在中国取得了出色的销售业绩，比上一年增长 9.6%，中国成为奥迪在德国本土之外的第三大市场。

当竞品加长时，一汽奥迪却通过加长之外的深度开发再次实现行业领跑，2012 年 3 月上市的全新一代奥迪 A6L 在与标准轴距车型同步开发"加长"的同时，更进行了前所未有的深度本土化研发，宽裕的后排空间和十余项中国专属配置，让这款车再次走在了消费者不断变化的需求之前。2018 年 10 月上市的奥迪年轻化战略车型 Q2L 在空间、操控、设计、颜色四大方面，针对中国用户进行了专属开发。相比海外车型，在后排座椅放倒方式上，国内车型还实现了 4/2/4 比例放倒，真正实现了"小车身、大容量"。同时，全新奥迪 Q2L 还拥有多达 10 种的车身颜色与 5 种 C 柱饰板对比颜色选择，而专为中国用户提供的"中国色"——凯拉什蓝，则为年轻用户提供了更加丰富的定制化选择。

奥迪 A6 的加长，引领了中国市场上该级别轿车的新风潮。作为奥迪的主要竞争对手，宝马集团在 2006 年 10 月专门针对中国市场开发了 BMW 5 系 Li 车型，新车型加长了 140mm，轴距总长超过 3m。另一家高档轿车制造商奔驰也对 2009 年上市的新一代 E 级车型进行加长，以满足中国用户的"特殊需求"。尽管竞争对手都强调这种策略的变化是根据市场调查的结果，但不可否认的是，奥迪对中国市场产品国产化特色的"加长"战略给竞争者产生了巨大影响。

目前，一汽－大众技术研发的触角已经触及概念开发，模拟计算，车身开发设计，电器、底盘、发动机零部件开发匹配，整车、零部件试验试制，开发项目控制，国产化及成本优化等领域，以及各种实验室等重要试验手段。一汽－大众技术开发部门的本土化研发在 3 个方面拥有面向未来的体系能力。第一，"从中国到全球"聆听中国消费者声音的能力，并反馈给奥迪的全球研发团队，从而参与和影响奥迪品牌技术与产品研发工作。例如，中国消费者对更大的空间尺寸，以及镀铬饰条的使用有偏好，这一点就反映在奥迪的全球车型研发中，奥迪新一代车型的空间尺寸比上一代普遍有所增加，对镀铬饰条的使用也更多。第二，"从全球到中国"的本土化二次开发能力，即在全球开发的产品基础上，进行本土化二次开发，从而让全球开发的产品在引入中国市场的时候，就能够有中国特色，符合中国需求。第三，是"在中国，为中国"的中国专属车型的研发能力，以中国团队主导进行的专为中国市场打造的战略车型（A6L e-tron 车型）。

奥迪总部的开发部门已经扩大了一汽－大众在联合研发中的职责分工及整车试验范围，并且对相应的设备和人员进行了培训和认证。未来，一汽－大众技术开发部将在项目之初便介入整车的研发，尤其是在新能源和智能网联等领域，使量产后的产品更符合中国消费者的期待，更具有竞争力。未来，随着双方研发合作的不断升级，本土化研发的重要性将进一步凸显，成为一汽－大众奥迪巩固和提升市场领导者地位的核心竞争力之一。

福特嘉年华的印度血统

嘉年华是福特与长安合资企业长安福特成立后国产的首款车型。2003 年 1 月在重庆下线的长安福特嘉年华对消费者来说，到底是不是一款值得掏腰包的车型呢？

长安福特嘉年华并非像长安福特事先宣扬的那样：产品来自欧洲，中国版的嘉年华的血统来自印度。

Fiesta——福特嘉年华的英文名字。当时长安福特汽车有限公司在重庆宣布：公司首款车型正式命名为嘉年华，取其欢乐、庆典之意，表达出长安福特希望这款新车可以和消费者共同庆祝成功，共同分享欢乐，共同驶向更加精彩明天的意境。

参加嘉年华新车下线仪式的记者发现，这竟是一款三厢车。怀着诧异的心情查遍了福特在全球的网站，发现所有名字是Fiesta的福特汽车没有一辆是三厢车，全部是两厢车。

福特旗下轿车品牌种类繁多，大部分都是三厢车，如蒙迪欧、福克斯、爱康等，其中只有爱康生产1.3L和1.6L小排量车。

福特爱康的产地在印度，是专为亚洲国家设计生产的一款车型。如果仅从外形上来看，长安福特嘉年华更像是爱康的翻版。而通过查找爱康的相关技术参数，发现长安福特嘉年华与爱康确实有很多相似之处，两者除外形、大小和扭矩相接近以外，还具有完全相同的轴距、后备厢容积和总质量。为了证实中国版嘉年华的身世，我还与印度同行取得了联系，结果是中国版嘉年华和印度的爱康几乎一致。印度同行不愿具体评价爱康在印度的情况，只告诉爱康是1999年在印度开始生产的。至于爱康在印度的口碑，这位同人幽默地说："这需要保密。"

为了弄清楚爱康和嘉年华究竟有哪些不同，我还调查了南非汽车市场，因为南非是少数几个同时销售爱康和嘉年华的国家之一。调查发现，爱康和嘉年华差别不大，这两款车所使用的都是Ro Cam发动机，这种发动机在南非、巴西和印度都有生产，排量分1.3L和1.6L两种。两款同是1.6L排量的爱康1.6i LXMidAC和嘉年华Forte 1.6i ACDualAB，价格非常接近，分别为111090兰特和113800兰特。甚至在加速性能等核心数据上，爱康优于嘉年华，百公里加速时间是10.9s，而嘉年华是11.8s。爱康百公里耗油8.2L，而嘉年华为9.7L。爱康的最高时速是187km/h，而嘉年华为180km/h。同时，爱康的油箱也比嘉年华大6L。但是，嘉年华的遥控中央门锁和电动前窗，爱康并不具备。

爱康和嘉年华差别不大，各有侧重，爱康的动力性要好一些，而嘉年华偏向于舒适和方便。既然爱康和嘉年华差别很小，所不同的只是外形。那么长安福特为什么还要绕个圈子，把三厢车命名为嘉年华，而不干脆叫爱康呢？

在没有得到更为可信的解释的条件下，只能根据自己的猜测，将长安福特的这个举动理解为"借势"。所谓"借势"，就是凭借嘉年华在国际上优良的声誉，促进福特在中国的销量。因为嘉年华是一款有悠久历史的汽车，早在1976年就已经面市，累计产量超过1000万辆，车型更换了四代。嘉年华在英国曾经创下24年保持小型轿车销量榜首的纪录。嘉年华的主要销售地在欧洲，因此沾染了一些"贵族血统"。

爱康与嘉年华相比,就显然是一个小字辈了。爱康产销地主要是亚非一些发展中国家,无论是从资历还是从声望上,都比嘉年华相去甚远。

因此,长安福特通过把新车命名为嘉年华,凭借嘉年华在国际上的响亮程度,可以省去一大笔投入。另外,中国庞大的汽车市场,使福特还可以寄希望于刷新嘉年华已经创下的销售纪录,可谓是一举两得。

一汽丰田 800 万辆的孔子哲学

从 2003 年 9 月成立到 2021 年 3 月,800 万辆是 19 年时间一汽丰田收获的销量。王法长、田聪明、姜君、田青久、胡绍航五任销售总经理,每个人都接过一棒。现在"致真至极"的一汽丰田企业品牌理念,明显带有田青久时代的烙印。"真"是真实、真心、真诚,是一汽丰田待人、待车的态度和主张;"极"是一汽丰田品牌物性层面的方法论,代表着一汽丰田在生产品质上极致、精工、完美无缺,在全生命周期上极致服务、安心安享。

不过,孔子有关诚信的论述一度成为一汽丰田经营的哲学。2016 年 4 月迎来累计 500 万辆时,一汽丰田说他们所卖出的每辆车上都有一个看不见的"信"字如影随形,以致时任一汽丰田销售总经理的姜君把孔子所言:"人而无信,不知其可也。大车无輗,小车无軏,其何以行之哉?"说出时,有人戏言姜君有文化,同时预言一汽丰田首创的"孔子体"有成为网红的潜力。

500 万辆的达成,使得一汽丰田成为继上汽大众、上汽通用、一汽 – 大众、北京现代、东风日产和奇瑞之后,在中国市场第七家晋级 500 万辆俱乐部的中国车企。尽管中国拥有众多的车企,但是真正有规模和品牌效应者并不多见。规模效应给消费者直观的感受就是，这些车在街头巷尾随处可见。

2016年4月11日达成500万辆，一汽丰田在京低调举行了以"Just The Beginning一路向前"为主题的品牌日暨500万辆盛典。当天，古谷俊男、毛利悟、王法长、田聪明、高放等历任过一汽丰田的中外高管，以视频的形式祝福500万辆这个里程碑的时刻，伴随着每个人物的出镜及镜头的切换，都是对企业发展历程的缩影。13年时间，一汽丰田由最初的威驰一款车型，逐渐发展为拥有卡罗拉、皇冠、锐志、普拉多、兰德酷路泽等数十款车型、上百个型号的主流车企。凭借500万辆，一汽丰田也成为丰田在华"车到山前必有路，有路必有丰田车"的重要战略载体。

当然，有人质疑一汽丰田13年才500万辆的保守，但是鲜有人知道一汽丰田的幕后。除了中日关系敏感的传导效应，更有一些不可预知的外力因素。例如，2015年一汽丰田以同比5.5%的增幅完成61.78万辆的销量，也是一汽丰田近那几年首次完成年度任务。殊不知，受天津港爆炸、进口零部件供应周期紧张等影响，一汽丰田一年12个月的实际有效工作时间只有10个月。

13年500万辆既是对过往的清零，更是面向未来一路向前的号角。按照规划，一汽丰田在经过2015年"恢复体力"和2016年"巩固基盘"之后，2017年将重建"具有行业领军能力"的销售体制，向"进攻型销售"转变，同时推动"大胆的变革"。从2018年开始，随着TNGA丰田全球商品架构在一汽丰田的全面导入，通过全新的平台发动机，确立新的商品体系，一汽丰田将迎来高速增长期。受此助力，2018年开始一汽丰田将全面切入"飞跃期"模式。2020年，导入的15款车型都将进一步全面提升市场竞争力，再加上全国4S店布局达到700家以上，力争实现年销售100万辆的战略目标。

与此相对应，一汽丰田还将在提升品牌、大数据营销等方面构筑与2020年100万辆规模相匹配的全面战略对接。例如，朴树为500万辆的助兴献唱也是一汽丰田提升品牌的插曲。

多年来，很多人都抱怨丰田在中国的保守。其实在丰田总部有一种外界鲜有人知的"年轮经营"理念，其中"不盲目扩大规模，不追求数字的增长"和"像树木一样年轮紧密，才能经得住风雨"是其核心理念。一汽丰田作为丰田乃至日本经济在华最大的实业体之一，"快"显然不是一汽丰田的风格，"以人为本，以信立本，坚持客户第一"才是其经营哲学，而这些企业的经营哲学正是来自孔子的"人而无信，不知其可也。大车无輗，小车无軏，其何以行之哉"论述。姜君坦言，"坚持自己的信条，一步一个脚印"是一汽丰田的最大特点和长期以来形成的企业文化。坚守这种理念，才能一路向前。

上汽大众没有对手的 2200 万辆

2020 年 2 月 27 日，领跑中国车市的上汽大众迎来第 2200 万辆汽车的下线，也因此成为国内首家累计产量突破 2200 万辆的乘用车企业。此时，上汽大众产量在全国先后建立起六大生产基地、9 个整车生产厂，以及位于安亭和乌鲁木齐的两大整车试验中心。

2200 万辆的数字足以把其他同行甩出几条街，与上汽大众累计保有量相近的分别是累计 1600 万辆的上汽通用和累计 1800 万辆的一汽－大众。除了北京现代和东风日产，中国其他车企的保有量均在 1000 万辆级别之下。

在上汽大众 30 多年的历史中，有相当长一段时间量并不惊人。惊人的是从 2012—2015 年，记得 2012 年，上汽大众的保有量才有 800 万辆，4 年时间其保有量从 800 万辆迅速增长至 1400 万辆，几乎每年以近 200 万辆的速度成为销量的巨人。例如，从 1300 万辆到 1400 万辆的跨越，上汽大众仅用了半年多的时间。

支撑上汽大众 2200 万辆背后的是全方位的规模化效应。近年来，上汽大众积极推进产能部署，完善产能布局，已拥有上海安亭、南京、仪征、乌鲁木齐、宁波、长沙六大生产基地，目前升级改造中的安亭生产基地将拥有符合最新环保标准的先进制造体系，为后继车型的投产提供有力支撑。

与产能相匹配的左膀右臂是始终如一的产品品质和庞大的营销渠道。上汽大众始终秉持"质量是上汽大众的生命"的造车理念，建立了全过程质量管理体系，覆盖产品策略、技术开发、生产制造和市场营销等环节。完善的质量管理体系缔造了上汽大众出色的产品品质，这也是赢得消费者长期信任的关键。与此同时，目前大众品牌和斯柯达品牌在全国的销售服务网点超过 1700 家。

上汽大众标志数语：1983年4月11日，第一辆桑塔纳在上海安亭组装成功，拉开了上汽大众的序幕；2011年9月，上海大众第700万辆轿车下线，刷新了国内轿车行业的纪录；2012年6月28日，一辆风采蓝的New Lavida全新朗逸缓缓驶下了流水线，标志着上汽大众第800万辆轿车的诞生；2013年11月15日，上海大众第1000万辆轿车下线；2014年12月27日，全新凌渡成为上汽大众第1200万辆汽车；2016年2月9日，伴随着一辆铂金色全新帕萨特驶下生产线，上汽大众迎来了第1400万辆下线；2018年2月，斯柯达柯洛克的下线使得上汽大众的累计保有量达到1800万辆；2019年1月12日，上汽大众迎来累计第2000万辆下线，再度刷新行业纪录；2020年2月28日，随着一辆全新昕锐和一辆全新昕动驶下生产线，成立35年的上汽大众迎来第2200万辆和第2201万辆汽车下线，成为国内首家累计产量突破2200万辆的乘用车企业。

数说一汽 – 大众 2000 万辆

2020年3月，历经29年砥砺奋进的一汽 – 大众迎来累计2000万辆下线，并逐步构建了研发、生产、营销、质量、人力资源等完善体系，以世界领先的整车制造工艺带动中国汽车工业制造水平的提升，以先进有效的运营管理方式为众多汽车企业打造典型样本；完成了五大基地布局，达成了从15万辆起步到年产量突破200万辆的跨越。

汽车运势：这个市场谁不动心

2017年8月21日，一汽-大众迎来第1500万辆整车下线。值得一提的是，从1000万辆到1500万辆，仅仅用时2年零8个月。一汽-大众为4万余名员工提供了工作岗位，带动了上下游产业链近50万人就业，累计向国家纳税4000亿元。

提及中国的合资车企，人们会想到一汽-大众，因为它不仅是中国合资汽车企业的"试验田"，更是改革开放以来中国合资车企的成功典范，引领着行业的变迁。29年来，一汽-大众始终坚守"创享高品质"的初心，不断为用户打造高品质汽车。更为重要的是，一汽-大众在自身快速发展的同时，持续推动着国内汽车行业整体水平的提升，并为区域经济发展、上下游产业链的转型升级贡献力量。

1991年第一辆捷达A2轿车的组装下线，让中国的轿车工业从此进入大规模生产时代。捷达见证了中国社会的点滴变迁，一汽-大众则铸就了中国汽车工业发展史上一个又一个重要的标点。

捷达创造了国内合资汽车企业18项"第一"，如第一个采用自动变速箱、第一个搭载ABS系统、第一个装备安全气囊等，从捷达身上，我们看到了中国合资汽车企业的不断奋进；而从一汽-大众身上，我们看到了中国合资汽车企业实力的持续提升。

29年时间，一汽-大众逐步实现本土化，并着重提升自主能力，持续推出备受消费者青睐的车型，如开启多彩生活的全新宝来、B级车市场的标杆全新一代迈腾、旅行车市场的开拓者蔚领等，都是一汽-大众自主研发能力提升的展现。蔚领在开发过程中，一汽-大众的工时占比超过7成，上市以来持续刷新国内旅行车市场纪录；而全新宝来从前期造型、设计、评估、概念开发到后期的零部件设计，再到试验试制工作，均由一汽-大众主导操作，充分展示出一汽-大众的自主能力。值得一提的是，在第一台捷达下线时，一汽-大众国产化零部件的比例不足10%，但目前大众品牌高尔夫车型的零部件国产化比例已经超过98%，在行业内领先。

在自身快速发展的同时，一汽-大众也注重供应商、经销商的能力提升，并成功地带动了上下游产业链共同发展，推动了中国汽车工业装备制造水平的进步，济南第二机床集团就是最好的例证。如今，中国境内的汽车生产企业中，80%的冲压机床都来自济南第二机床，济南第二机床已成为世界三大汽车冲压厂商之一。

基于一汽-大众对高品质的严格要求，一汽-大众还培养了一批符合国际级标准的供应商。例如，一汽-大众A级供应商福耀集团，与一汽-大众共同成长壮大，目前已经成为国内最具规模、技术水平最高、出口量最大的汽车玻璃供应商，国内每3辆汽车就有2辆使用福耀玻璃，在全球市场上占有率近23%。

除福耀玻璃之外，在过去29年间，得到一汽－大众鼎力支持的汽车零部件企业不胜枚举。例如，中信戴卡轮毂公司自1996年为一汽－大众配套后，在一汽－大众的督导下，通过品质的提升，已经于2001年成为德国奥迪A级供应商，稳固占领着国内高档车配套市场。目前，中信戴卡已经成为全球最大的OEM汽车轮毂供应商，其产品国内外各占一半，在国内乘用车市场占有四成以上的份额。

在经销商网络的建设上，一汽－大众是国内经销商网络较为完备的经销商汽车企业，无论是大众品牌还是奥迪品牌，其网点布局和网点数量都位列前茅，而且全国第一个符合国家标准的4S店就诞生在一汽－大众的网络中。

一汽－大众在向市场提供2000万辆高质量产品的同时，努力践行基础责任。29年来，一汽－大众累计向国家缴纳税款近5000亿元，辐射带动上下游产业链近50万人就业，为区域经济发展和汽车市场繁荣贡献着自己的力量。这个当年在东北腹地长春的企业，经过26年的发展，形成了以长春为总部，青岛、成都、天津、广东多地设厂的全国布局。

华东基地作为青岛汽车产业基地的龙头，为华东地区吸引了来自配套供应商的50亿元投资，其中包括一汽富维、一汽富晟、长春塔奥等10家一汽－大众集团零部件供应商，直接投资达8亿元。同时，华东基地共采用包括土建材料、设备等31家青岛本地供应商，吸引投资共计17亿元，为区域经济发展提供了巨大的推动作用。

成都西南基地在2009—2016年，累计实现工业总产值2183亿元，上缴税款265

亿元，共计带动了周边 64 家零部件企业。尤其是 2015 年，西南基地年产 70 万辆，占成都汽车总产量的 63%，在四川工业经济发展中具有举足轻重的作用，为带动当地汽车产业集群、提振四川省经济发展信心做出了积极贡献，已经成为四川省工业增长的最大亮点。

华南基地除在努力打造"会听、会说、会看的智慧工厂"之外，同时引领区域汽车产业向智能化、数字化转型，在周边形成了集聚效应，带动并吸引了包括世界 500 强零部件供应商在内的 50 多家配套企业落户佛山，形成了从整车到汽配，再到原材料供应的完整、丰富的产业链，并于 2017 年被授予"佛山脊梁企业"的称号。

迈锐宝为雪佛兰品牌镀金

从上海地标性建筑东方明珠向东北方向大约 30km，一片外表看上去与周边其他建筑无异的厂房，孕育着无数款汽车"Baby"，实际上这里和中国的 360 万个家庭紧密联系在一起。因为在上海通用面向市场所销售的每款车型都是从这里始发的，之所以有迈锐宝会成为第几个一百的感慨，在于这个名叫泛亚的汽车技术中心又将诞生一款重量级的"Baby"——迈锐宝，它是雪佛兰品牌旗下的最高端车型。

在迈锐宝成为第几个一百之前，近期的上海通用已经拥有了三个一百。首先声明这三个一百不全是上海通用的，却是与上海通用密切相关的，甚至是不可或缺的。第一个一百，2011 年 10 月，上海通用那年实现销售 100 万辆；第二个一百，作为上海通用重要品牌之一的雪佛兰在 2011 年 11 月 4 日迎来这个品牌诞生 100 周年；第三个一百，科鲁兹这款在大街小巷随处可见的车子累计销量突破了 100 万辆。

汽车运势：这个市场谁不动心

有人说，第一个一百才是上海通用自己的。2011年前10个月，上海通用实现了累计销售100万辆，这是上海通用史上第二个100万辆，上海通用在2010年一年内持续实现100万辆的销量。在2011年市场总体放缓的情况下，这个100万辆弥足珍贵的地方在于，不到10个月时间，当年年产销再度突破100万辆，意味着上海通用以远超乘用车市场9.9%的平均增长水平，继续位居国内乘用车企业产销量第一，这个100万辆对上海通用来说，实现了与去年同比19.0%的增幅。对于第二个和第三个一百和上海通用关系不大的说法我不认同，上海通用是雪佛兰品牌100年的重要组成部分，甚至没有上海通用的雪佛兰是不完美的。有例为证，雪佛兰品牌进入中国仅6年多，但发展极其迅速，目前已拥有九大产品系列，500多家经销商，更有超过160多万的车主，未经提示的品牌知名度已经高达81%。中国已经成为继美国、巴西之后雪佛兰在全球的第三大市场。品牌诞生百年前夕，通用汽车董事长艾克森专程来到上海通用的山东烟台基地，和当地员工共同为雪佛兰百岁庆生。陪同艾克森的上海通用总经理叶永明称，艾克森表态说，雪佛兰在中国将扮演重要的角色。雪佛兰是中国市场增长最快的主流汽车品牌之一。雪佛兰的成功对通用汽车在中国领先所有的全球汽车厂商发挥了至关重要的作用。第三个一百同样和上海通用密不可分，在科鲁兹累计销售的100万辆中，中国市场占到了其中的46万辆，可谓半壁江山在中国。

与普通消费者在市场或经销店看见汽车成品一样，我也是第一次深入走进泛亚这个汽车"产房"。这一次看见的是刚刚"诞生"的迈锐宝。在有泛亚"心脏"之称的可视化愿景中心，时任上海通用总经理叶永明、时任销售总经理蔡宾、时任雪佛兰品牌总监任剑琼以及迈锐宝的设计总监等逐一对迈锐宝进行了描述。叶永明甚至表示，在上海通用未来5年200万辆的战略目标，雪佛兰将承担100万辆，可见上海通用对迈锐宝寄予厚望。当幕布拉开，我看到的迈锐宝外观极具张力，整车外形饱满、富于动感，雪佛兰金领结LOGO镶嵌于经典家族式双格栅中，车身侧面简洁有力而富于雕塑感，既与前七代一脉相承，又完全是一款典型的美式汽车。即将上市的迈锐宝将搭载2.0L Ecotec DVVT及2.4L SIDI智能直喷发动机，配备6速手自一体变速箱。

在泛亚的碰撞试验中心，亲眼目睹一辆全新的迈锐宝以50km/h的时速进行了正面碰撞试验。迈锐宝A柱、B柱和C柱均保持完好，前挡风玻璃没有出现裂痕。碰撞后，迈锐宝双跳灯自动开启，起到警示后车的作用，也证明经过激烈碰撞后车内主供电系统没有遭到损坏。四个车门均可正常打开，方便了车内乘客逃生和外界救助。

对迈锐宝的看好不仅仅在于该车之前上海通用从赛欧到君威、君越的全系列的成功，更在于上海通用对市场需求恰如其分的拿捏。例如，当很多中高级车还在主打商务和车身加长时，迈锐宝则清晰求变。雪佛兰品牌总监任剑琼认为中高级车正逐渐褪去商务形象的社会属性，越来越地成为体现个人喜好的私人选择，而迈锐宝从形象到配置都是一款符合这种变化的车。

一汽马自达取长补短

累计实现60万辆销量的马自达6今后将迎来更多的同门兄弟，过去仅靠马自达6一款车型包打天下的局面将逐渐寿终正寝。一汽马自达在2012年开始开启至关重要的取长补短的"全家族、全领域"战略时代。

"取长补短"是我对一汽马自达的理解。过去几年，作为开山之车，马自达6堪称中国B级车的常青树，上市10年累计销售60万辆，更难得的是市场对一汽马自达品牌的认可和接受，这是一汽马自达的"长"。"短"则指的产品线，虽然在马自达6之后，相继引进了马自达睿翼、马自达8两款车型，但是在量级上对内逊色于马自达6，对外不及竞品。"全家族、全领域"战略也是一种取长补短。为一汽马自达立下汗马功劳的马自达6今后还将推出改款车和全新车型，一汽马自达总经理关根证实，今后还将发扬马自达6之"长"，弥补过往只有一款车型主打市场之"短"，引入SUV和MPV等产品。

一汽马自达总经理助理郭德强称，一汽马自达2013年将有6款新车陆续登场，"2+2+2"的新车阵容将全面涵盖轿车、SUV和MPV三大领域：2款年型车分别是马自达8和马自达6；2款进口新车分别是大型豪华SUV CX-9及搭载创驰蓝天技术的进口全新一代Mazda B级车；而2款国产新车分别是2013年第二季度上市的CX-7和2013年年底登场的国产全新一代Mazda B级车，这2款新车将成为2013年一汽马自达的"重头戏"，也将成为SUV市场和运动轿车市场中令人瞩目的新生代力量。

染指"全家族、全领域"对于一汽马自达来说相当难得，一是一汽马自达是小企业，除规模小之外，一汽与马自达仅仅成立了合资销售公司，而不是完整意义上的合资车企，这需要巨大的投入和勇气；二是中国车市已经从"黄金十年"转入"白银十年"，在市场逐渐理性的情况下，引入全系列的产品同样需要魄力。

一汽马自达的乐观来自对市场乐观的判断，如同时任市场部长陈力军用幽默的东北话所言:"白银十年,银子也值钱。"

南京菲亚特做过法拉利的梦

现在很少有人知道南京菲亚特了,知道者也多是汽车的"老炮儿"。2019年冬天,我在家收拾换季的冬装时,发现了一个"派力奥周末风"的铭牌,与铭牌连在一起的是一个藤编的盒子,里面装的具体什么物件记不太清楚了,貌似是一些类似于周末郊游时就餐的桌布餐具等,这些物件和"派力奥周末风"的定位非常搭,"派力奥周末风"是一辆旅行车。当我把"派力奥周末风"的铭牌发到朋友圈时,引发很多人的回忆。人称"四爷"的胡双龙说,那是2004年的一代神车,也有人留言说,曾经在"赛欧和派力奥"之间犹豫过。

按生产顺序,作为旅行车的周末风是南京菲亚特的第二款国产车型,在此前后分别是两厢车派力奥和三厢车西耶那。三款车是南京菲亚特短暂辉煌的缩影,其中派力奥和还属于别克品牌的赛欧以及天津一汽的夏利2000,并称为中国汽车进入家庭启蒙的"三大金刚",尤其是派力奥的销量一度对赛欧构成了威胁。

在"上南合作"的过程中,短命的南京菲亚特工厂后来成为上汽大众的第五工厂。不过,在南京菲亚特并不长的历史中,有很多事和人至今想起来回味无穷。派力奥的上市放在长城,西耶那的上市车是从杭州西湖的水里井出来的,营销创意至今令人称道。时任南京菲亚特总经理的茅晓鸣是个实干家,尽管南京菲亚特是南汽和意大利菲亚特的合资公司,从中方角度来说是名副其实的国企,当时茅晓鸣最大限度地进行了市场化,派力奥上市前夕,茅晓鸣轻车从简带着秘书一家报社一家报社地登门拜访,一家经销商一家经销商地调研,其务实的精神在离开汽车圈多年后依然有口皆碑。茅晓鸣的意大利搭档叫恰巴,一个看上去精干却不失幽默的意大利人,虽不至于整天西装革履,却搭配得体,尤其是雪茄燃起的烟雾,让这位老哥颇有大叔范儿。茅晓鸣和恰巴是一对好搭档,两人永同存异,使得南京菲亚特很快进入了"快车道"。只可惜,种种原因,茅晓鸣在南京菲亚特的任期并不长,后来被苏同昌接任。遗憾的是,苏同昌之后就没有了后来,直到草草收场被改造成上汽大众的工厂。

南京菲亚特的时间并不长，不过故事并不少。

"如果有一天，从生产派力奥的南京菲亚特开出一辆世界著名赛车手舒马赫曾经驾驶过的法拉利，请你不要感到惊讶。"这话是菲亚特一位工作人员给记者开的玩笑，但是细想又不是，南京菲亚特总经理苏同昌接受记者采访时称，如果有市场，生产法拉利并非没有可能。在派力奥和西耶那之后，南京菲亚特将进军中高档轿车市场。

30亿元的总资产对从事汽车行业的企业来说并不罕见，罕见的是市场的回报远远高过投资50亿元甚至比自己投入更大的同行时，就有些耐人寻味了，这就是当初低调进入市场的南京菲亚特。

在众多的汽车行业中，南京菲亚特是个名副其实的"小字辈"，与其他同行的动不动就有五六个产品在市场竞争相比，南京菲亚特仅靠派力奥和西耶那博弈，就赢得了市场。从2003年3月派力奥和西耶那投放市场，仅一年时间，其销量就突破3万辆大关。派力奥、西耶那手自一体轿车的新近投放，再次为南京菲亚特市场冲浪提供了种种可能。因为只有中高档轿车才会有的装备配置在了10多万元的经济型轿车上，这在世界汽车行业并不多见。

致使派力奥、西耶那价格不高的根本原因是，想在中国市场大有作为的意大利菲亚特汽车公司并不收取中方的技术转让费，从而将价格差让给了消费者。这也正是派力奥、西耶那的价格稍低于其他国内同档车型的根本所在。意大利菲亚特驻华首席代表齐富耀先生接受本报专访时强调：以前的车型是这样做的，以后的车型也会这样做的。据接近南京菲亚特的人士介绍，中国选择车型的范围是菲亚特设在全球的工厂，涉及的车型多达50种。

面对竞争日趋激烈的轿车市场，时任南京菲亚特总经理苏同昌透露说，合资伙伴菲亚特很看好中国轿车市场。根据南京菲亚特未来十年的发展规划，双方股东要在未来十年中力争达到年产销10万辆。这个发展计划要从产品、工业计划、资金筹措等规划一步步实施。在消费者最关心的新车型上，南京菲亚特每年至少会有两款。

菲亚特驻华首席代表虽然找人起了一个特别中国的名字——齐富耀，不过熟悉的媒体更愿意称呼其直译过来的"恰巴"，这位幽默的意大利老人对中国市场有着非常独到的见解。他认为未来五年中国对轿车市场的需求将要翻一番，达到120万辆甚至更多，私人用车将会不断发展。原来的公司企业和出租车都保持稳定，私人轿车的发展将会更进一步。在私人用车当中又可以分为两种：一是豪华车，这方面的发展将会比较慢；二是低排量的家庭用车，这方面的发展将会非常快。

成立于1999年4月的南京菲亚特是南汽集团与意大利菲亚特组建的合资企业，总资产近30亿元，双方各持股50%。第一期设计产能为年产6万辆。前期重点推出的菲亚特·派力奥和菲亚特·西耶那车型，来自菲亚特汽车的178平台，设计出自20世纪汽车设计大师乔治亚罗。

为了在中国的工厂里生产出菲亚特的世界级产品，公司对众多的关键设备进行了全

汽车运势：这个市场谁不动心

球范围的择优采购，旨在充分保证产品质量的优胜。公司现拥有四座大型联合厂房及与之相配套的动力、辅助设施。发动机厂和变速箱厂分别拥有10条和24条全套引进国外的自动生产线；关键设备均从国外进口；在车身冲压与焊装厂中，冲压区拥有一条由1台2000t双动和4台1000t单动机械压力机组成的国内最大的大型覆盖件冲压生产线，主要模具由日本著名的富士公司设计制造，焊装区拥有422台进口标准焊机、7条车身及分总成合成线，总焊线和主要设备均从韩国引进。车身涂装生产厂采用世界先进工艺，由世界著名的英国海登公司设计制造。

F1比赛是世界上最昂贵的体育运动，代表了当今世界汽车运动的最高水平。在F1赛场上叱咤风云的法拉利车队及其车手舒马赫，将意大利汽车技术和车手的精确控制完美结合，成为F1赛场上最耀眼的明星。最近几年，法拉利连续四年赢得车队总冠军，舒马赫连续三年赢得车手总冠军，谱写了一段辉煌的历史。

菲亚特是意大利的百年老店，旗下的三大品牌：菲亚特（Fiat）、蓝旗亚（Lancia）和阿尔发·罗密欧（Alfa Romeo），在百年历程中各自形成了鲜明的个性和独特的品牌价值，成为家喻户晓的知名品牌。由于菲亚特和法拉利同属于菲亚特集团，使菲亚特三大品牌与法拉利之间存在着割舍不断的"血缘关系"。

2003年9月初在刚刚开幕的第60届法兰克福国际车展上，观众和媒体惊喜地发现，大名鼎鼎的舒马赫来到了菲亚特展台，为最新的菲亚特"熊猫"SUV（运动型多功能车）捧场助威。舒马赫的到来使精彩纷呈的菲亚特展台锦上添花，立刻成为展会的焦点，也使人们再次注意到菲亚特汽车公司与舒马赫之间的默契合作。

对于大多数国人而言，第一次看到舒马赫与菲亚特的合作是在2002年年初。当时正值南京菲亚特生产的派力奥在国内上市，菲亚特专门聘请舒马赫为派力奥拍摄了一段饶有趣味的广告片：在一处加油站，由于加油工争相围观派力奥，使这名F1世界冠军遭到冷遇，只能自己"悻悻"地拿起了加油枪……这则广告使许多人忍俊不禁，同时也了解了派力奥的"高贵血统"。此举不仅改变了一些人对菲亚特品牌的片面看法，更为菲亚特产品在国内的推广宣传打下了良好基础。

舒马赫与菲亚特的合作由来已久。2001年8月，舒马赫在西班牙加泰罗尼亚F1赛道为菲亚特新车Stilo进行试车。在随后的法兰克福车展和其他国际车展上，舒马赫作为嘉宾亲临菲亚特展台，向来自世界各地的观众和媒体畅谈驾驶Stilo的感受，称赞这款新车的优美设计和先进技术。舒马赫还在Mugello赛道对Alfa156GTA进行了测试，舒马赫跑出了202.76的优异成绩，足以让他称雄欧洲房车锦标赛。看来这名世界冠军又多了一项参赛选择！

菲亚特与舒马赫的合作是相互的。2001年，菲亚特以舒马赫的名字命名了一款"迈克尔·舒马赫限量版 Seicento"的运动轿车。菲亚特 Seicento 加装了特制的运动型装备和迈克尔·舒马赫标记，使名人、名车相得益彰。

也许有人会关心：舒马赫在 F1 比赛之外开什么汽车？可以肯定的是，舒马赫拥有一辆蓝色的 AlfaGTA 轿车。在舒马赫的家乡，如果有一辆蓝色 AlfaGTA 从身边疾驰而过，里面说不定就是舒马赫和他的家人。

驰骋赛道的法拉利、以实用型城市轿车见长的菲亚特、代表着意大利经典艺术和精湛科技的蓝旗亚、体现着运动精神与优雅气质的阿尔发·罗密欧，尽管它们的品牌使命和市场定位各不相同，但对于市场而言，它们无疑都是优秀的成功者。

北京现代：8 年再造一个 1000 万辆

16 年时间累计达成 1000 万辆的北京现代的新想法是，把完成第二个 1000 万辆的时间缩半。北汽集团董事长徐和谊在 2018 年 10 月北京现代 1000 万辆达成仪式上称，再用 8 年时间造一个 1000 万辆。他甚至雄心勃勃地表示："第二个 1000 万辆，也许用不了 8 年时间。"见证了北京现代风雨无阻 16 载的徐和谊正是在北京现代董事长任上升任北汽集团董事长的，风趣幽默的"老徐"戏称，他还要等着参加北京现代第二个 1000 万辆的历史性时刻。

汽车运势：这个市场谁不动心

按照"老徐"给出的时间表，2026年的12月北京现代将迎来累计第二个1000万辆。这个时间表意味着，从2019年开始，北京现代每年的平均销量在125万辆左右。根据北京现代总经理尹梦铉公布的2025愿景，北京现代计划在2020年重回百万辆俱乐部，这意味着在未来8年内，尤其是自2020年起，北京现代平均每年的销量将超过130万辆才能如愿。不过，支撑三地五厂的弹药已经准备充足，仅在2019年北京现代就计划向市场投放8款新车型。

以"未来with You"为主题的北京现代千万用户达成仪式上，随着北汽集团、董事长徐和谊向第1000万名用户交出全新索纳塔插电混动，北京现代"千万+"时代新征程开启。

接棒徐和谊出任北京现代董事长的北京汽车股份有限公司总裁陈宏良表示："在达成千万用户这一伟大里程碑的同时，北京现代人将站在这一全新的起点，以技术为发展赋能、以本土化为发展蓄能，继续向着光明的未来前进。"

全新索纳塔插电混动是北京现代以技术为发展赋能的得意之作，其所搭载的TMED混动系统堪称"行业内最为高效混动系统之一"，具备75km同级最长纯电续航和1.3L同级最低百公里油耗两项傲人的成绩，荣登"沃德十佳发动机"榜单。此外，强劲的动力表现和同级独有的"智心合一"系统加持，为用户带来出色的驾驶体验，被业内人士誉为最强合资PHEV。

全新索纳塔插电混动只是北京现代在新能源领域全面领先的一个方面。目前，北京现代已经实现了在EV、HEV、PHEV三大新能源系列全面量产，是率先达成这一成绩的合资品牌。在此基础上，北京现代在2020年前推出9款新能源产品，向着2020年新能源产品占比达到10%的目标稳步推进，强化"合资企业新能源领域领军者"的地位。

除了在新能源领域保持领先，北京现代还是"合资品牌智能化、网联化的创领者"。北京现代通过与智能网联巨头企业展开深入合作，开发出的全新百度智能网联2.0系统涵盖了场景化语音交互系统、智能家居互联及国内三大音乐曲库，带给用户更具乐趣的智能化出行体验。

北京现代此举已经获得消费者的认同。以采用大量新技术的高性能科技魅力座驾LA FESTA菲斯塔为例，10月18日上市后仅12天就销售6688辆，上市满月销量即突破万辆，上市50天便狂销1.5万辆，为1000万用户的达成立下汗马功劳。

2019—2020年，北京现代将进入新车型密集推广期，会推出近十款采用智能网联技术的新车型。智能科技将是北京现代"千万+"时代的重点发展方向。未来，北京现

汽车运势：这个市场谁不动心

代将以更积极的态度拥抱互联网，引入业内最前沿的智能网联技术，打造更"懂"消费者的智能网联汽车；除此以外，现代汽车集团在新能源方面有着全球领先的技术储备，NEXO和昂希诺电动车型刚刚在2019年沃德十佳发动机中独占两席。依托上游优势，北京现代将为用户打造更加时尚、更加智能、更加绿色的出行伙伴，开启"千万+"时代新体验。

对比其他"千万车企俱乐部"成员，从1辆到1000万辆，上汽大众用了30年，一汽-大众用了23年，上汽通用用了17年，东风日产用了15年零2个月。北京现代用时16年，虽然名列第二，但所获行业与用户点"赞"最多，堪称含金量最高的"千万车企俱乐部"成员。

回顾北京现代16年的发展历程，从2008年缔造国内汽车行业产销100万辆最短用时纪录，到连续缔造200万辆、300万辆、500万辆……一次次划时代的最短用时纪录；在以"现代速度"前进的同时，北京现代创造了一项又一项"现代品质"奇迹，从第一次获得J.D.Power IQS评价No.1，到连续多年位列J.D.Power SSI/CSI/IQS前三名……在"千万车企俱乐部"中北京现代所获权威第三方机构点"赞"数最多。

此次活动中，多位北京现代车主代表从全国各地来到活动现场分享自己与爱车的感人故事，并为北京现代点"赞"。第一批车型车主代表杨天亮先生表示，"我的爱车就像我家的一员，是值得信任的伙伴，产品品质非常值得信赖，皮实耐用，从来不给我掉链子，感谢北京现代提供这么好的产品"。

"在我看来，北京现代的外形设计和性能都很出众，不仅满足了我的日常出行，还实现了我的改装梦和越野梦，希望北京现代下一个千万时代继续热卖，让更多用户拥有非凡出行的体验。"多次购买北京现代车型的李琛更是以推荐20多位亲友购买的实际行动为北京现代点"赞"。

"之所以购买全新索纳塔插电混动，首先是我比较信赖北京现代的技术实力，其次这款车能满足我和家人的出行需求，经济环保而且很舒适。"如果说16年前北京现代第一位用户选择索纳塔看中的是产品本身的国际品质和时尚、优雅的设计，那么今天北京现代的第1000万名用户于浩先生选择全新索纳塔插电混动作为自己的座驾，则是因为对北京现代品牌的信赖，以及对未来绿色智能出行的美好追求。

千万用户的达成既是对产品品质的高度认可，也是对北京现代服务体系的肯定。成立之初，"零距离的温暖"让北京现代在短短两年内收获了超过20万名用户；在之后的十余年中，随着"真心伴全程"服务的不断升级，助力北京现代迅速完成200万名、

500万名、800万名用户的突破。而"享你未想"智慧服务,则助力北京现代冲进"千万+"新时代。基于"享你未想"智慧服务,北京现代通过领先的科技手段和海量数据分析平台,主动了解消费者需求、先于消费者预见问题,并通过五大服务功能整合消费者的用车需求和生活需求,提供更完善的整体服务和更全面的解决方案,为"千万+"用户提供超乎想象的服务和安心无忧的"现代"生活。

为了纪念1000万名用户的达成,北京现代发布了基于三款热销车型打造的"千万用户纪念款",通过增加诸如Carplay&Carlife、BSD盲区监测系统等智能、舒适、安全的高科技配置,将北京现代已有的智能出行深化提升到了新的高度,让用户率先感受"千万+"时代更加智能化的高品质出行体验。

同时,为了回馈消费者长期以来的支持与厚爱,北京现代还公布了相应的优惠政策,只要购买2018年11月1日至2018年12月31日期间生产的"千万用户纪念款"车型,并成功注册成为蓝缤会员,车主就能享受保修期(3年)内的3次免费基础保养这一"售后礼包",超值体验北京现代带来的智能化高品质汽车生活。此外,在2018年12月31日前购买ENCINO昂希诺、新ix25、全新悦动、全新瑞纳、悦纳五款车型,还可享受购置税减半政策。

对于未来,北京现代汽车有限公司总经理尹梦铉则更是充满信心,站在全新的起点上,北京现代将凭借"现代技术"的核心竞争力,让更多的用户畅享未来美好出行新生活。我相信,北京现代的"千万+"时代将更加精彩。

光束汽车不一样

魏建军说,百年豪华品牌宝马是长城汽车的前辈和老师;傅乐希(Klaus Fröhlich)说,长城汽车是中国本土汽车公司中创新、高效的重要企业。双方互相"吹捧"的背后是彼此强烈的合作真实意愿。2019年11月29日,光束汽车项目在张家港按下的启动键成为他们的最新成果。投资51亿元的光束汽车,在2022年建成后将达到年产16万辆纯电动MINI的规模。

这意味着宝马集团在中国市场将进入BMW和MINI"双品牌双驱动"的新时代,这将使得宝马正在实施的"2+4"战略更加扎实推进。启动仪式,不仅引得江苏省、苏州市和张家港市的"一把手"倾巢出动。长城汽车董事长魏建军以及被称为"宝马财神"的财务董事彼得(Dr. Nicolas Peter)和研发董事傅乐希等中外高管悉数登场。

汽车运势：这个市场谁不动心

光束汽车，其实"翻译"过来就是纯电动MINI的国产项目，也是在后汽车合资时代诞生的首个车企。和过去的大多数合资车企中方名字在前外方名字在后不同，双方并没有将合资企业取名"长城宝马"或者"长城MINI"，而是独辟蹊径地起了个中立的第三方名字——光束汽车。

第一，在张家港国产的纯电动MINI，项目建成后，双方不再单独建立销售渠道，而是在现有的宝马旗下的MINI渠道中销售。

第二，张家港将和英国牛津工厂并行成为MINI国产的主要全球工厂，未来纯电动MINI国产后，不仅仅面向中国市场销售，更是面向全球市场，将和2020年下半年华晨宝马国产的宝马iX3，共同成为宝马"在中国，为中国；在中国，为全球"的战略。

第三，宝马集团和长城汽车双方均强调了共同研发，不再是以往简单地把车拿来在中国生产。

显然，上述三点是宝马集团和长城汽车彼此达成共识后确认过的。也可以理解成，在双方接触"小两年"后，项目按部就班如期启动的原动力。

我们对光束汽车的新认识可能还在于，在汽车产业政策股比放开在即的大背景下，宝马在光束汽车上并没有向华晨宝马那样追求控股，而是成立50∶50的对等合资公司。可以看出，双方的合资合作更市场化，和长城汽车对等合资，说明宝马对中国市场作用的尊重；能引来宝马这只金凤凰，说明长城汽车的实力不容小觑，无论是长城汽车魏建军还是宝马集团彼得博士、傅乐希，都强调了"共同研发，优势互补"的重要性。从这一点上，如同比亚迪能够吸引到与丰田的合资一样，都是对中国汽车企业进步的认可，长城汽车假如没有"金刚钻"也引不来宝马的"瓷器活"。在合资项目的命名上，彼此不纠结于叫"长城宝马"或者"长城MINI"，都是双方成熟、自信的结果。

应该注意到，在光束汽车项目启动之前，双方已经做了很多功课。例如，光束汽车的董事会和管理层在光束汽车的项目启动仪式上一并公布，其中光束汽车的董事会成员不乏宝马集团大中华区总裁兼CEO高乐等。

在过去几年来，除了德国，来中国时间比在任何国家都长的宝马集团研发董事傅乐希看来，当今中国已成为创新的驱动力量，并在电动化和数字化领域成为灵感摇篮——中国在这些领域中正在引领全球市场。

傅乐希把宝马与长城汽车的合资，称为宝马"在中国，为中国；在中国，为世界"战略的最新注解，通过与长城汽车合资，宝马将继续拓展本土化的专业技术和生产。光束汽车将和华晨宝马共同构筑宝马集团宝马和MINI双品牌双驱动。目前，宝马在中国共销售 5 款电动车型，包括 BMWi3 和 BMWi8，以及本土生产的 BMW X1 与 BMW 5 系的插电式混合动力车型等。2021 年，宝马将开始在中国生产全新的纯电动 BMW iX3，并出口至世界各地。

宝马集团财务董事彼得博士把光束汽车项目的启动称为宝马与中国 25 年深厚友谊的延续，1984 年，宝马在中国首次设立代表处。25 年时间，宝马不仅拥有了华晨宝马，还拥有了承载 MINI 品牌电动未来的光束汽车。

彼得博士说，光束汽车项目的启动，以及未来与长城汽车合资企业的成立，凸显了中国市场对宝马的重要意义，以及宝马对充满活力的中国汽车行业的坚定信心。宝马将与长城汽车一起，为汽车工业历史中的电动化添上浓墨重彩的一笔，为全球客户提供令人向往的高档紧凑型电动车。

说到底，宝马集团与长城汽车一拍即合诞下光束汽车的原因是，长城汽车可以更多地向宝马集团学习在技术、国际市场运营、对全球法规理解方面的经验，这些都会给长城汽车带来更多的价值。宝马集团看到的更多是双方的能力互补，尤其是长城汽车对整个汽车价值链有深入的了解，有成功的增长经验，同时也有非常高效的生产和制造流程。

POLO 再出发

不觉间，POLO 在中国已经迎来了首个本命年。在 12 年时间内 POLO 销量达到 110 万辆，2012 年再度青春出发。

青春是相对的，诞生于 1975 年的 POLO 品牌，如果换作人，已年近不惑。但作为车，POLO 又是青春的，在近 40 年的历史中，牢牢占据着 A0 级车市场的王者地位，并成为单一车型中为数不多销量超过 1000 万辆的品牌。

在中国更是如此。2002 年，上海大众开创没有精品小车的先河，将 POLO 作为首款与全球同步的小车引入国内市场，尽管在引进之初遭遇过短暂的技术过剩争议，但是以年均9万多辆的销量占据着细分市场20%的份额，并成就了年轻、时尚、动感的品牌形象。知道老理儿的人说，在中国精品小车市场只有两种车型：一是POLO；二是其他。

悄然12年，生命一轮回。如果说12年前的国产之初，POLO凭借着俏皮可爱的创意车贴等营销方式引发了"70后"车主的心灵共鸣，2012年再出发的全新POLO则是以独有的朋友圈标榜"信仰年轻"的品牌理念从未改变。全新POLO把上市的地点放在了成都东郊的记忆公园，一个类似于北京798的潮流之地，时机上也赶上类似于北京迷笛音乐节的成都草莓音乐节。如果说场景上的选择是符合新青年群体的应景之作，POLO上市会的朋友圈则是把新青年的消费群体研究得透彻至极。

首先，上汽大众销售总经理贾鸣镝本身就是"70后"，深知年轻人的消费心理，那专业演员般文艺范儿的开场致辞谈论更多的是当下新青年的理想，压根儿就没提及POLO本身。继而是一出由孟京辉执导的《看不见的城市》的话剧，讲述了三个年轻人在生活、感情、事业上所遇到的瓶颈与困惑，话剧虽专为POLO量身定制，却没有任何车的植入。其次，就是新青年的榜样——韩寒为POLO代言。其间，就连大众品牌总监向东平登台所说的扶持青年导演计划也很少提及车。除了最后大屏幕上定格的价格，整个仪式给人的感觉一点儿都不像新车发布，更像是一个青年人的节日。我在想，压根儿不说车，却把车给卖好了，营销的最高境界也不过如此吧。

早在2011年年底，中国汽车工业协会与尼尔森联合发布的《消费蓝海调查白皮书》显示，"80后""90后"的购车意愿首次超过"70后"。当青春成为车市的主旋律，面对年轻、时尚、活力四射的新一代消费者，如何抓住他们的心，一时间成为各大车企最为关注的问题。2012年再出发的POLO显然把准了消费者的脉搏。

贾鸣镝说，要让POLO超越车的概念，成为新青年的标签。

长安福特从活得精彩到感受非凡

更换主题口号能为福特这家百年老店在华的业务发展带来哪些实质性的变化还有待于观察。不过，敢于抛弃以前的品牌标语还是件值得肯定的事情。

爱多DVD厂商因为打出的广告语正是"超强的纠错功能"，才让我记住了它的与众不同，尽管我不会买；有不少厂商的轮胎其实有专治跑偏的功能，却因为没有把特点说出来而不为人知，尽管有车一族有着相当的需求；某个品牌的桶装水因为说的是"26层过滤"而让人觉得安全放心,其实所有的桶装水都得经过了这么多道工序才能上市。这就是企业品牌的魔力,向公众传达什么,很多企业拿捏不好这个"火候"。如同手里有一把好牌,却不会出牌。

细心的人发现,长安福特"活得精彩"的品牌口号最近被"感受非凡"替代了。也就是说,"感受非凡"将成为长安福特未来在中国的主品牌。弃用"活得精彩"的理由我没问过,但是启用"活得精彩"品牌时的事情我知道不少,记得当时长安福特又是通过调查公司大量调研,又是通过市场、媒体做咨询,启用"活得精彩"品牌时还在上海搞了盛大的发布,据说仅在调查公司身上的花费就令人惊讶。几年下来,给人的感觉就是"活得精彩"这个品牌口号太过于以偏概全了,长安福特旗下的车型既有"嘉年华"这样的小车,也有"蒙迪欧"这样的中级车,还有"福克斯"这样的白领车型,而"活得精彩"的品牌口号似乎只适合"福克斯"这样的热销车型,甚至有业界人士戏言,长安福特的诸多车型只有福克斯"活得精彩",而其他车型则差强人意。此外,"活得精彩"还容易让人产生就你"活得精彩",其他人都不精彩的歧义。

如同"人非圣贤,孰能无过"的谚语,长安福特敢于纠错本身就是一种进步。与过去的用动感、运动来阐述"活得精彩"不同,"感受非凡"的主题品牌口号有不少干货。例如,旨在倡导和推广安全节能良好驾驶行为的福特安全节能训练驾驶营。长安福特市场总监曹挺说,福特安全节能训练驾驶营以课堂教学和道路驾驶相结合的形式,2010年将在全国的51个城市展开,并将首次增加驾校和大学专场,继续免费培养3000名普通驾驶者。在整个训练营的过程中,人们还将学到开车如何节油等实用性的常识。又如,2010年有两辆约20m长的大篷车将分别深入二三线城市,用各种生动的体验活动,让更多消费者在轻松欢乐的氛围中感受长安福特产品的动感设计、良好的燃油经济性,以及赛车文化所体现出来的动感驾驭等。曹挺说,长安福特2010年已经拿出7个月的时间来专门阐述什么是"感受非凡"。

时任长安福特总裁沈英铨对"感受非凡"新品牌主张的解释是:就是把消费者的需求和长安福特产品的支柱紧密联系起来,非凡来自倾听消费者的声音,并邀请他们参与到长安福特开发产品的过程中。我注意到,这是长安福特进入中国市场将近10年,首次表示要认真倾听消费者的声音。

从"活得精彩"到"感受非凡"不仅是一个新品牌口号的更换,其折射出来的既是长安福特对中国市场的全新理解,毕竟接下来还有更多的新车型投放中国。一来"活得精彩"现在回过头看太片面了,二来"活得精彩"也容不下壮大的长安福特了。

JOY，宝马的制胜之道

2015年7月31日，北京成功获得2022年冬奥会举办权，身为中国奥委会高级合作伙伴的宝马公司在上海举办"创新日"，展示其领导汽车业开辟未来的创新理念和科技，启动以创新精神为内核的新品牌主张"JOY悦创造奇迹"，并宣布全球独有的"BMW互联驾驶在线商店"进一步开通专属网站，与早先启用的车机和手机端口全方位整合，布局移动互联网数字化服务新时代。

时任宝马集团大中华区总裁兼首席执行官安格说："创新是宝马的企业战略，是品牌长盛不衰的内因。在中国市场趋于正常化时，我们将在本土化、可持续发展、科技开发和品牌营销中前瞻未来坚持创新，在竞争中赢得先机。"活动上，宝马中国发布了全新的品牌新主张："悦创造奇迹"，对"BMW之悦"进行全新演绎，赋予其与中国新时代同步的脉搏，这是宝马在新的市场形势下营销战略全面调整的重要一环。此举意味着宝马之悦与时俱进地进入2.0时代。

安格表示："创新是宝马品牌与生俱来的基因，更是中国年轻一代消费者进取精神和个性化追求的准确描述。'以创新为悦，以创新创造奇迹'，这是极具号召力的品牌形象，也是我们希望传递给所有宝马粉丝的激情与力量。"宝马在中国始终坚持将品牌的核心价值与中国社会的发展相结合，与中国文化相呼应，与消费者的情感产生共鸣。"悦创造奇迹"的提出印证了宝马所遵循的前瞻性、本土化和年轻化三大品牌营销原则。

中国汽车市场正在经历深刻而全面的变革，创造力和创新精神正成为这个时代最受推崇的价值。"80后"和"90后"消费者正在崛起为豪华车主流消费人群，他们充满自信、崇尚创新。为了进行品牌策略的调整，宝马在过去15个月内对超过3000位车主、专家和业内人士进行了全面调研，一起探讨中国新时代下品牌的内涵。

科技改变世界，更清洁、更安全、更智能、更互联是汽车发展的大势所趋。"BMW高效动力"和"BMW互联驾驶"两大研发战略对未来提出了清晰规划，并以最具成效的实际应用搭建起现实和未来的桥梁。

在"创新日"上，宝马演示了即将伴随全新一代旗舰推出的"一键控制自动泊车"：在倒车模式下，用户只需按下一个键，车辆就会完成自动转向、选挡、加速和制动，甚至前后调整位置等动作，同时具有丰富的安全控制逻辑，完全解放驾驶者的双手和双脚，令每次泊车挑战成为一种安全、愉悦的科技享受。另一项即将量产的首创科技同样令人振奋："全车速车道跟踪驾驶辅助系统"。现场展示的BMW车辆可在0～210km/h的车速范围内，跟随前车或跟踪车道实现自动行驶。这一系统融入带启停功能的自适应巡航系统，以及"前方交叉车流警示"和"交通拥堵辅助"两大功能，驾驶者仅需轻扶方向盘即可从容行车，车辆可自动保持与前方及两侧车辆的合理距离，控制车速，从而解放双脚，大幅提高驾驶的舒适性和安全性。

宝马的创新始终走在时代前沿，革命性的 BMW i 以碳纤维车身架构、电力驱动和互联科技为汽车业带来深刻启示，而众多创新科技将伴随全新一代 BMW 7 系面世，如碳纤维内核车身、激光大灯、触屏技术和手势控制等。

宝马认为，数字化和车联网服务将是未来高档汽车品牌脱颖而出的关键力量，而中国正走在这一领域的创新前沿。基于对中国客户需求的尊重与深刻理解，宝马是首家为中国客户提供全面车联网服务的高档汽车制造商，自 BMW 互联驾驶引入中国以来，已为数十万车主提供这一服务，包括远程协助、实时路况信息和日渐丰富的车载互联网应用等领先功能。

宝马以平均不到两个月的时间一款 App 的速度不断为用户提供多至 23 款 App 应用，随着与更多 IT 厂商的合作，以及宝马自身研发力量的发展，这一进程正在加速。目前互联驾驶的 App 主要涵盖四大方面的功能：信息资讯，如天气和"大智慧"；社交娱乐，如 QQ、虾米音乐和喜马拉雅；生活服务，如大众点评和空气质量指数；出行位置服务，如百度地图和高德加油站。丰富的 BMW 互联驾驶功能是任何其他品牌不能企及的。

2015 年 6 月开始，所有在中国上市的 BMW 新车将全部配备 BMW 互联驾驶功能，基础服务免费 10 年。同期，"BMW 互联驾驶在线商店"登录车载 iDrive 系统及智能手机客户端，成为全球第一个由汽车制造商提供的允许用户自行订购车联网服务产品的平台。2015 年 7 月，基于个人电脑版的"我的 BMW 互联驾驶"正式上线，进一步提升了用户体验，增强了与客户的联系纽带，并为将来的数字化服务拓展创造了更有利的条件。

宝马致力于在中国进行研发，如在互联驾驶和高度自动化驾驶领域与中国交通运输部公路科学研究院、百度等展开深度合作。主管中国研发团队的宝马（中国）服务有限公司高级副总裁韦睿博士强调："我们恪守'在中国研发、为中国研发'的原则，力求构建强大的本土化团队，形成产、学、研一体化的研发合作体系，满足中国市场的需求。宝马中国的研发团队，已经实现从引入创新到本地创新的转变！"

在中国市场上，宝马在本地化战略、商业模式和品牌战略方面坚持创新思维，让宝马品牌与时俱进，与消费者建立更强大的情感纽带。在多变的市场环境下，创新的激情、敏锐的反应和坚定有力的执行，正是宝马在中国长期可持续发展的制胜之道。

奥迪看中了上汽什么

在奥迪牵手上汽成为事实，即将拥有一汽和上汽两个奥迪之后，上汽奥迪和一汽奥迪如何定位及差异化征战市场，成为业界关注的话题。根据对德国奥迪、一汽集团和上汽集团相关各方多年的了解和判断，未来一汽奥迪和上汽奥迪不存在互相掐架的现象，一汽奥迪将深耕细作传统的公务、商务和传统车市场，而个性化、运动化和未来智能化出行方式是上汽奥迪的发展之路。

上汽奥迪可谓无风不起浪，剧情也如大片般跌宕起伏，从最初的传言合作到辟谣，再到不否认、不默认，直到2016年"双11"那天奥迪和上汽相关各方在德国签署合作意向，继而是上汽董事会和奥迪总部以官方声明的形式得到确认，搞得媒体如追美剧一般，猜测版本无数。应该说，在奥迪和上汽召开具有官方性质的发布会之前，一切的细节都只是猜测性的。根据媒体猜测性的观察可以得出，在上汽奥迪合作事宜上，恐怕只有奥迪、大众中国和上汽集团为数不多的核心高层知情，具体执行层面的一汽–大众和上汽大众相关人士并不了解，这个事情的传导效应还没有到这个层面上。奥迪对一汽–大众的通知也只是商业和礼貌式的知会。不过，不管上汽奥迪合作的剧情如何翻转，包括一汽–大众奥迪经销商和中国汽车产业界，恐怕得接受一个同时拥有一汽和上汽的奥迪。

只是时间上的早晚而已，伴随着上汽奥迪逐渐成为事实，上汽奥迪与一汽奥迪的定位不免令人猜想，差异化恐怕是上汽奥迪与一汽奥迪最根本的区别。在奥迪总部首次具有官方性质的回应中，奥迪强调了与一汽–大众深化合作的强烈愿望。奥迪董事会主席施泰德称，奥迪和一汽的合作已经有25年的历史，奥迪与一汽的合作会继续。施泰德甚至给一汽–大众送来了未来10年包括国产5款e-tron车型在内的"大礼包"。从奥迪官方回应看，奥迪与上汽的合作不会影响与一汽–大众既有的合作。也就是说，奥迪与一汽–大众的合作不会因上汽奥迪而改变。其一，奥迪与上汽的合作既不违法也不违规，没有不合作的理由；其二，一汽–大众为奥迪在中国市场的发展立下汗马功劳，甚至没有一汽–大众深耕中国市场，奥迪在量上都不会是与奔驰、宝马相提并论的豪华品牌。

值得注意的是，在奥迪的官方公告中"没有提及的部分"恐怕才是上汽奥迪的发展空间。在战略技术上，奥迪储备了可匹配全系车型的e-tron，在新车型规划上，志在年轻化的奥迪储备了Q2、Q9以及A5、A7等个性化、运动化的车型，而在智能化的未来出行方式上，奥迪也有"My Audi"等科技储备，而正是这些带有互联、智能特性的新兴业务，有望在未来的上汽奥迪尝试。根据多年来对奥迪的了解，未来上汽奥迪和一汽奥迪的定位恐怕在于，一汽-大众奥迪积累多年的现有传统、商务的定位将得到深化和细分，上汽奥迪的产品有可能聚焦在运动、个性化和新能源3个主要方面，并在营销上以智能化和数字化诠释奥迪如何"突破科技，启迪未来"。

奥迪牵手上汽仁者见仁、智者见智，但在商业上无可厚非。在一汽奥迪和上汽奥迪上，奥迪不会顾此失彼。一汽-大众为奥迪进入中国市场和奥迪成为全球豪华品牌奠定了坚实的基础，上汽大众是奥迪未来壮大的新生力量。尤其是在渠道上，一汽-大众现有的数百家奥迪经销商，可以近水楼台先得月，成为未来上汽奥迪的渠道支撑。奥迪牵手上汽的初衷，不是为了拆台一汽-大众，而是"强化优势，弥补短板"，只有一汽奥迪和上汽奥迪的"合体"，奥迪才能在激烈竞争的中国市场有"戏"。

一汽-大众奥迪经销商貌似阻止"上汽奥迪"成功的背后隐藏着一个更大的"局"：一是经销商能从一汽-大众拿到补贴这事儿定了，但是能拿到多少需要谈判；二是奥迪和上汽的合资合作正在按部就班进行。看上去云里雾里的奥迪事件，反倒是因为传出与上汽的合作更加脉络清晰了，也是因为经销商的"闹"变得越来越有头绪和接近阶段性的真相了。

面对有媒体把"奥迪经销商与一汽-大众奥迪的谈判"解读为阻止"上汽奥迪"成功。2016年12月1日，上汽集团董事长陈虹在2016年第二次临时股东大会上回答股东提问时明确表示："上汽和奥迪的合作不会有大变化，合作的具体细节将在合适的时候公布。"这是一汽-大众奥迪经销商"逼宫"之后，也是"上汽奥迪"事件发生以来，上汽集团首次官方发声。经销商的行为对象主体发生在经销商、一汽-大众和奥迪三者之间，与上汽集团没有瓜葛。

2016年11月举行的广州车展上，大众中国总裁兼CEO海兹曼在回应"上汽奥迪"时透露，在奥迪启动与上汽的谈判之前，德方已经向一汽集团告知了相关信息。关于政府方面的工作，德方在奥迪的事项上与政府的相关部门也进行了沟通。"不管怎样说，在与一汽集团的沟通上我们还是比较到位的，也达成了共识，我们将加强与一汽集团的合作。"海兹曼同时表示：首先，奥迪与上汽的合作，并不是对一汽集团的任何形式的弱化，而是对一汽集团业务的加强。一汽集团与奥迪已经有了一个非常坚实的10年规划的共识。其次，要强调的是奥迪与上汽的合作将为奥迪在中国开启新的财源。

面对经销商以停止提车、加价销售的"逼宫"行为，尽管一汽-大众奥迪销售事业部中外双方的高管魏永新、任思明、荆青春，甚至奥迪销售董事冯睿德与经销商展开几轮谈判，并达成了补偿的共识，但是在经销商如此要挟主机厂的做法上，有业内人士表示了担忧。中国汽车工业协会相关人士评价称,经销商和主机厂属于平等的业务合作伙伴,双方并没有股权关系,理论上不存在征求意见的必要。但换个角度,如果要求主机厂在进行业务合作方和未来投资方的选择时必须征求经销商的意见,那么经销商集团在与其他品牌进行合作时是否也要先向主机厂征求意见呢?

此轮经销商取得"逼宫"成功的本质是"补贴可以谈",却和奥迪与上汽的合资合作无关。至于在能拿到多少补贴上,需要经销商、一汽-大众奥迪和流通协会"三方会谈"。一汽-大众奥迪之所以和经销商达成共识,是双方都希望过完一个完整的销售财年,并为制定明年的目标提供时间窗口,这也正是谈判的时间段锁定在"2017年3月底之前"的玄机所在。与这个时间点几乎平行的是,奥迪与上汽合作的相关事宜正在按部就班进行之中,相关人士把经销商"逼宫"成功甚至逼停上汽奥迪的合作称为无稽之谈,上汽集团董事长陈虹也在2016年第二次临时股东大会上回应称:"上汽和奥迪的合作细节会在合适的时候公布。"

奥迪为什么会在一汽之外另觅伙伴,抑或看中了上汽什么?奥迪左拥一汽右抱上汽,倒是像一面镜子,映照出一汽集团的缩影。从一个业界观察者的角度看,一汽似乎陷入了一个让合资伙伴不怎么放心的规律,除德国大众先有上汽大众,后合资一汽之外,其他多是先与一汽合资,再觅合资伙伴的事实。当年,一汽为了与丰田合资,巨资收购了天津汽车集团,没承想在与一汽合资不久,丰田闪电般与广汽集团进行了联姻,成立了广汽丰田。同理,还有率先与一汽开展业务的马自达,指望依靠一汽壮大的马自达甚至为了支持一汽的自主品牌,甘愿将技术低价转让给了一汽轿车,事与愿违的是一汽轿车马自达逐渐成为边缘车企,马自达在一汽之后选择了长安汽车,而从企业的销量、市场占有率看,后起之秀长安马自达似乎更具成长性。反观一汽之外的其他汽车集团,大多只拥有一个合资合作伙伴。

奥迪牵手上汽,从奥迪自身来说有客观原因,一度提上议事日程的股比变更,因为母公司大众汽车"尾气门"的巨额赔付变得遥遥无期,使得原本只占10%股比的奥迪更加怨声载道,奥迪的苦衷在于明明自己是一汽和大众两个股东的利润奶牛,却因所占股比少只能分到可怜的利润。同时,中国豪华车市场竞争激烈,压得奥迪喘不过气来,奔驰和宝马两个"老乡"的销量与市场占有率迅速提升,让25年的领先者一汽-大众奥迪的优势不再。此外,一汽集团的环境、氛围,更让未来充满变数。多种因素的叠加、并行,导致奥迪做出了在依靠一汽的同时,必须寻找新的伙伴,也尽管"上汽奥迪"合作在"双11"当天刷爆朋友圈,但有消息称,奥迪与上汽的合作初衷可追溯到两年前,甚至更早。

现在细究在"上汽奥迪"合资合作上谁更主动，似乎没有意义。倘若奥迪找的新伙伴不是上汽，也会是其他。据说，奥迪看中上汽的是在中国车企中名副其实的销量第一的集团地位，以及上汽与大众超过30年的合资合作经验。

"上汽奥迪"在有序推进之中。现有的一汽-大众奥迪经销商一旦拿到补贴，还得面对一汽奥迪和上汽奥迪的事实。拿到补贴看似是"逼宫"胜利，但是这并不代表经销商综合运营能力的成功。相关专家也提醒，以一汽-大众奥迪经销商为戒，以拒绝提车、涨价、索要补贴等简单粗暴的形式绑架股东和主机厂的做法，并不利于市场的竞争，也不是正常的市场竞争，无论是一汽-大众奥迪，抑或是开了赔付先河的宝马或后来者，这种做法对于汽车流通领域的未来都是挑战。

现有的奥迪经销商未来将会销售上汽奥迪汽车，因为即使上汽奥迪开拓市场渠道，也需要在一定时间段内借助现有的奥迪经销商渠道。可以想象，在一个经销商渠道里同时销售两个奥迪，从盈利能力上说，等于多了一倍的收入。

最大的变数在于，一是上汽奥迪可能会带来全新的营销模式和客户体验；二是提高了经销商的盈利能力。如果在此基础上，能使得奥迪品牌形象更加年轻、有活力，那就不枉业界的关注和猜测了，这可能也是上汽奥迪的初衷。

宝马提升华晨宝马股比至75%，续约到2040年

庆祝过去成功最好的方式就是继续面向未来。

2018年10月专程来华出席华晨宝马成立15周年庆典的时任宝马集团董事长科鲁格给华晨宝马的未来送来大礼包：把合同延长至2040年、未来增资30亿欧元用于建设第三工厂及原有两个工厂的升级改造、年产能提高至65万辆、新增5000个就业岗位，以及把宝马的股比从目前的50%提升至政策开放后的75%。

在沈阳举行的华晨宝马15周年庆典，更像是宝马集团吹响面向下一个15年乃至未来更长时间的冲锋号，尽管过去15年里华晨宝马已经累计国产了超过200万辆，以及连续12年成为沈阳市排名第一、辽宁省排名前三的利税大户，但是科鲁格先生想赋能华晨宝马更多，以坚定宝马集团持续看好中国市场的信心。

2018年10月13日迎来53岁生日的科鲁格先生把华晨宝马15周年称为最好的生日礼物。他说："并不是每个人的职业生涯都能赶上像华晨宝马15年这样历史性的时刻。"

汽车运势：这个市场谁不动心

科鲁格先生是幸运的，在他上任宝马集团董事之职不久，即迎来了宝马品牌成立100周年。科鲁格表示，宝马集团对华晨宝马未来的承诺对于辽宁省沈阳市以及华晨宝马来说同样是大礼。例如，增资可以继续助力东北老工业基地的振兴。当然，宝马集团非常荣幸地参与了中国继续改革开放的伟大进程，深耕细作中国汽车市场。

宝马集团借华晨宝马成立15周年之际，一揽子战略包括：在华晨宝马建设第三工厂，从而把华晨宝马的年产能提升至65万辆；未来几年，在已经累计投资520亿元的基础上，增资30亿欧元用于现有工厂的升级改造，并新增5000个就业岗位，使得华晨宝马的员工总数增加至2.3万个。更为重要的是，在华晨宝马现有合资合同已经至2028年的基础上，延长至2040年。

在科鲁格看来，"互信""信心""投入"是华晨宝马过去15年成功的3个关键词，也是宝马持续增加投资的原动力。未来，宝马集团在中国将聚焦"2+4战略"，其中"2"指的是宝马集团在华携手华晨和长城汽车两家本土合资企业深入发展BMW两个核心品牌，"4"指的是推动"A.C.E.S"（自动化、互联化、电动化、服务化）在中国落地，并反哺全球。例如，将于2020年在沈阳国产的BMW iX3，不仅满足中国市场的需要，而且面向全球市场销售。科鲁格称，从宝马集团的战略部署来看，不仅把中国看作全球最大的销售市场，还是在公司向未来出行转型的道路上扮演重要角色的战略性市场。公司的本土化战略从"在中国、为中国"演进到"立足中国，面向全球"，而且涵盖了公司全球战略的各重要创新领域——ACES。

在中国关于合资股比放开政策实施后，宝马计划把在华晨宝马的股比从目前的50%提升至75%，此项支出约合36亿欧元。不过，科鲁格明确表示，宝马没有寻求继续提升合资公司股比的计划，更不会寻求独资。他认为，中方合作伙伴的地位和独特作用无可替代。对于股比提升后是否给宝马集团带来更多的受益，科鲁格先生认为"先有发展"是受益的前提条件，合资公司中外双方都是成正比的受益者。科鲁格先生称："伴随着合资公司更加广泛和深入的合作，双方都是受益者。"

科鲁格特别强调了宝马将长期扎根中国市场的决心。第一，宝马和华晨专注于宝马品牌的合作，和长城专注MINI的合作，两家合资公司分工明确。第二，宝马在北京、上海和沈阳三地建立了除德国以外的强大研发中心，在服务中国市场的同时，也可以反哺全球市场。第三，宝马和百度、宁德时代等不同领域的合作具有长期性。科鲁格先生在解释把华晨宝马的合资合同延长至2040年时称，除了靠"强大的产品攻势带来市场增势"，延长合资合同也有利于宝马集团从长远角度规划中国市场，华晨宝马的产品规划已经布局到2028年。宝马志在成为中国新能源车市场的领导者的同时，伴随着华晨宝马产能的提升，不排除宝马开发中国市场专属车型的可能性。

在科鲁格看来，有3个方面是宝马集团持续投资中国市场的原因。首先，中国市场是宝马集团最重要的业务支柱，每年的销量比美国和德国市场之和还多；其次，中国在数字化、客户体验、网联网领域的全球领先程度，为寻求创新的宝马提供了可能；最后，中国拥有广阔的市场空间。

宝马集团大中华区总裁兼首席执行官高乐表示："中国在宝马的全球版图中占据着越来越重要的位置，众多参与者正在共同推动着中国出行方式的变革，在竞争的同时也寻求合作，是所有参与者面对行业变革的最好选择。宝马集团坚持'竞合理念'，非常愿意与所有利益相关方寻求更为广泛的行业合作。"高乐认为："跨国企业要转变思路，要改变过去对于中国市场的定位，要立足中国，辐射全球。具体而言，一是要充分利用中国的竞争优势，带动全球业务提升；二是携手中国合作伙伴创造双赢，协同发展。"

作为中德两国合资合作的典范，中德两方总理分别为华晨宝马成立15周年发来贺信。在参加庆典之前，科鲁格在北京还受到了李克强总理的亲切会见。在沈阳举行的周年庆典，宝马集团董事会更是倾巢而动，除了科鲁格，还有宝马集团分管财务、生产等其他董事会成员。

从桃仙机场到浑河两岸，沈阳地标性的建筑随处可见"同力同行，华晨宝马15年"的广告牌，之于辽宁省沈阳市，东北老工业基地振兴是大事儿；之于中国汽车，宝马对中国市场持续的投资信心何尝不是件大事儿。

第三部分
车市变迁

从被称为大棚式交易的汽车市场，到独门独院的4S店，从城市展厅到数字化展示方式，再到直播卖车品牌体验中心，中国车市在渠道变迁中已经从追赶者变为全球的引领者。

第七章　渠道之变

中国汽车绕不过去的 1994 年

2020 年是中国改革开放 43 周年。不可否认,汽车行业显然是改革开放的"金字招牌",甚至是不可分割的标志。与浩浩荡荡的改革开放史相比,中国的汽车也有超过 30 年的"改革开放史"。作为改革开放的"弄潮儿"和先行者,汽车行业越改革越发展,越开放越强壮。无论是改革开放 43 年,还是放大到世界汽车工业 130 多年的历史,哪怕追根溯源到更久远的波澜壮阔的长河中,1994 年都是中国汽车的大年。这一年,中国颁布了第一个汽车产业政策——《汽车工业产业政策》,也举行"国际家庭轿车研讨会"。

CBD 核心区的国贸,承载和尘封着中国汽车工业的一段故事。与国贸交相辉映的还有何光远,时任机械部部长的何光远被评为当年《中国汽车〈英文版〉》的封面人物。何光远和国贸,一人一建筑,对于中国汽车工业而言,都是标志性的。无论中国汽车工业怎样抒写,1994 年都是浓墨重彩的一笔。

何光远之于中国汽车工业,等同于足球界的贝肯鲍尔,抑或是 F1 的舒马赫。历史的时针指向 1994 年,在机械部的主导下,7 月政府颁布的国家级《汽车工业产业政策》,首次提出了"私人轿车不是梦"。同年 11 月,机械部召开了被简称为"国际家庭轿车研讨会"的"当代国际轿车工业发展与中国轿车工业发展战略技术交流研讨及展示会"。《汽车工业产业政策》的发布和"国际家庭轿车研讨会"的举行,其本身就释放出重要的信号,更是改革开放的重要载体。这一年,中国人开始了和汽车长达 24 年的亲密接触,为此很多人把 1994 年称为中国汽车工业的元年。当年《人民日报》发表社论时称:"汽车是现代社会的骄子,汽车工业是现代工业的代表",点出了中国汽车行业的发展趋势。

被简称为 PSE'94 的轿车进入家庭研讨会的全称是 "Family Car World

汽车运势：这个市场谁不动心

Development and China's Strategy Presentation Seminar and Exhibition"，意思就是"世界家用车发展与中国策略研讨会及展览"。这个一分为二的会议，既有轿车进入家庭的研讨，又有车型的展示部分。仅研讨会就吸引了世界20个国家和地区的主要汽车厂商参加。的展示地点是国贸大酒店展览中心，用今天的眼光来看，或与国内任何一个车展相比，展览的面积绝对不足挂齿，而在当时看来那次展览却是汽车进入家庭的萌芽。当然，展览的地点在今天看来属于绝对的"高大上"，也非常符合汽车基本是奢侈品的调性。并不大的展馆如今天天人满为患，在11月14至11月19日，更是创下了6万多人踊跃参观的纪录。

世界主要汽车厂商把这个展览当作进入中国市场的"敲门砖"。为此，奔驰不仅不远万里从德国斯图加特总部把"奔驰1号"空运到北京进行展览，更是专门为中国市场开发了全新理念的FCC车型。奔驰母公司戴姆勒的代表表示，FCC车长3.5m左右，"麻雀"虽小五脏俱全，包括安全车身结构、气囊、ABS，具备最佳的经济性、最好的动力性、可变的高度车厢空间、高标准的舒适性和极小的外部尺寸。与此同时，FCC在当时就提出了平台的概念，还在原型车的基础上衍生出MPV、SUV等车型。在当时除13万元的价格人贵之外，FCC几乎"没毛病"。2018年，时隔24年还可以在奔驰博物馆内见到FCC的原型车。据说，当时奔驰为了针对中国市场开发FCC，包括模具开发和样车制作，先后花费了5000万马克的巨资。想在中国市场大干一场的还有保时捷，当时保时捷认为，中国的家轿应由中国自己来制造，至少在车名上应该这么做，那时保时捷推出一款名叫"C88"的家轿，既有China的意思，也有"发发"的中国文化寓意。与此同时，大众汽车拿来了高尔夫车型。丰田、现代、通用、福特、三菱等企业也有不同车型展出。

当时从战略上重视中国市场的那些车企，都在中国获得了巨大的成功。如果说奔驰FCC是进入中国市场的"敲门砖"，在34年之后的2018年，奔驰则成为中国豪华车市场名副其实的"弄潮儿"。数据显示，2017年，奔驰和Smart凭借超过61万辆的年度销量成为中国豪华车市场的大户，并据此成为奔驰全球最大的单一市场。保时捷虽然看上去数量少，但是凭借绝对的豪华性及不菲的价格，同样成为中国市场最成功的豪华车品牌之一。

似乎所有人都嗅到了汽车进入家庭的趋势，但时间上的速度之快和规模上的体量之大超出了所有人的意料。当时一个基本的判断是，中国的家用轿车普及需要至少10~15年的时间，而且普及过程漫长而复杂。例如，争议最大的就是中国人对轿车的价格极度敏感，根据当时的测算，仅需要价格在1万美元以下的车型，折合当时的汇率在 9 万元以内。

一元复始，万象更新。在 1994 年之前，已经诞生了北京吉普、上海大众、一汽 – 大众和广州标致等合资车企，但跨国巨头与中国车企更大规模、更全面的合资布局是 1994 年以后才发生的事情。例如，1997 年中美合资的上汽通用、1998 年合资的广汽本田、1999 年合资的南京菲亚特等，大牌的合资则是 2000 年以后才出现的，如 2000 年合资的天汽丰田、2001 年的长安福特、2003 年的一汽丰田、2003 年的华晨宝马、2003 年的东风汽车有限公司等。以 1994 年为水分岭，1994 年以后合资车企的数量超过了 1994 年以前，1994 年以后合资车企的规模同样超过了 1994 年以前。数据显示，1994 年以后合资车企的数量超过 16 家，规模也是近 1994 年的 5 倍。

原中汽公司技术经济研究所副所长的李京生是"国际家庭轿车研讨会"的组织者，这位见证中国汽车工业改革开放的"老人"在解释车企合资建厂的情形在 1994 年以后达到高潮的缘由时称，《汽车产业政策》的发布和"国际家庭轿车研讨会"的举行，无疑向外界释放了中国大力发展汽车工业的强烈信号，作为信息的释放效应，1994 年以后涌现合资潮"实属正常"。在李京生看来，这种合资潮流并不滞后。他说，如果滞后，奔驰和保时捷就不会为中国市场开发专属车型了。

1994 年后，中国汽车工业还以加入世界贸易组织（入世）为标志经历了不少"巨波狂澜"。入世之前，很多人包括汽车行业在内的人认为，伴随着加入世界贸易组织，中国汽车工业将会变得不堪一击，甚至会给"襁褓之中"的自主汽车带来毁灭性打击，"狼来了"是一种当时比较流行的说法。也有人认为，当时的中国汽车行业"患了入世综合征"，之所以这样说，是因为入世前整个汽车行业已经乱了方寸：一方面，入世前夕以上海通用赛欧为代表的 20 款新车型的下线创造了汽车品牌的种类最多的纪录；另一方面，消费者持币待购者明显增多；此外，还有一部分人认为入世后车价会大跌。造成这三种情况的原因就是被人们提及最多的中国入世，造成当前车市陷入了前所未有的怪圈。入世前最郁闷的应该就是汽车交易市场了，虽然北京亚运村、北方车辆大世界等汽车交易市场每天都能卖出车，但是车市的交易量已经受到了严重影响。时任亚运村汽车交易市场商务中心信息部的且小刚当时说："自从中美两国就入世达成协议后，消费者就出现了持币待购的现象，这种现象随着中国入世的不断临近，更加有增无减罢了。"且小刚认为，消费者单方面对入世的期望太高了，还有相当一部分消费者对入世的心理是：希望入世后外国品牌汽车价格的下调，能够打压一下国产轿车的价格，到时候再买车。中国入世后，汽车的价格真的能像消费者所预期的那样一落千丈吗？专家给出的说法是，总体趋势会下降，但不会一下子就降到人们的预期心理，那些认为入世后车价就会"跌破眼镜"的想法是错误的。

然而汽车降价并非那么简单。当时车价高确有其事，但是造成车价高的因素有许多，如合资厂的外方工资很高，设备也高级；引进车型中含有一部分关税；规模小，成本高；垄断性生产，国家只允许少数厂家生产轿车，形成行政性垄断。根据世界贸易组织的相关规则和国际贸易实践，在多边贸易谈判中所做的任何关税和非关税减让，都要分阶段逐步实施。同样中国入世及参加乌拉圭回合谈判所做的关于汽车进口关税减让，也将分期分批逐步实施，使国内汽车生产企业有逐步适应的过程。减让措施不可能产生立竿见影的效果，且影响只能是中期和远期的。

与此同时，本土车企也陷入了入世魔咒之中。在入世前，国内汽车产业的高管聚集北京，共同讨论入世后中国汽车工业的发展之路。时任国务院发展研究中心副主任的鲁志强一针见血地指出，入世不是"鬼门关"，否则中国何必费那么大力气争取入世？早在1998年，国务院发展研究中心曾经和原国家机械工业局做过系统的调查和测算，得出了中国汽车工业能够承受得起关税下降到25%的冲击。鲁志强分析，今后十几年中国汽车市场的潜力将迅速变化，特别是家用轿车的需求将会急剧增大，这将为中国汽车工业的发展提供了非常大的发展空间。中国汽车工业已经形成了一定的规模，也达到了一定的水平，目前还没有理由放弃汽车工业。时任中国汽车工程协会会长的张兴业谈到入世后汽车发展的模式问题，张兴业不同意外资企业、中外合资企业就不是民族汽车工业的提法，他认为无论是外资企业，还是中外合资企业，都是中国汽车工业的组成部分。

中国入世5年之后，起初总喊"狼来了"的汽车工业不仅没有遭到毁灭性打击，反而既让消费者有了车价越来越便宜的获得感，也让自主品牌经过"淬炼"稳住了阵脚。消费者方面，车主张小齐说："入世5年就是车价连续下跌的5年，富康在当时的价格是12万多元，而2006年时该车的价格只有不到7万元了。"而中国入世，给中国本土带来的机遇多于挑战。奇瑞汽车董事长尹同跃在2006年接受我采访时说，"入世后，市场越来越开放，竞争越来越激烈，但中国汽车工业并没有被冲垮，反而获得了高速增长。当年汽车出口的数量首次超过了进口"。中国自主车企将"死得体无完肤"的预言打破，在中国入世5年之后的2006年，外资企业并没有把本土企业打垮，反而使得奇瑞、吉利、华晨、长城等一批自主企业在逆境中茁壮成长。

当时光穿越隧道，1994—2020年，26年的时间，按照中国属相的说法，是过了两轮本命年，中国的汽车工业前进的脚印更加密实。1994年，中国88家车企年产销量仅为 133.7 万辆；2020 年，中国汽车产销双双超过 2300 万辆。

消费者没想到，从前做梦都不敢想的汽车，到后来到处堵车，再到如今买车需要像买彩票一样摇号，开车出门需要每周限行。

合资车企没想到，汽车进入了家庭，1994 年中国种下的种子萌芽，会聚焦全球所有的主流汽车巨头逐鹿中国并赚得盆满钵满，仿佛进入了"得中国者得天下"的商业定律。

中国的本土品牌没想到，从靠模仿的山寨起步，到全产业链的茁壮成长，上汽、东风、一汽、北汽和长安等不仅成为世界 500 强的常客，还上演了吉利收购沃尔沃、90 亿美元成为戴姆勒第一大股东等惊人逆转，既能成为世界汽车工业的一部分，也让世界刮目相看。

中国的汽车工业既是改革开放的受益者，又是改革开放的参与者、推动者。如果不是改革开放，中国普及轿车的过程就不会演绎世界汽车工业的"轮上风流"。从 1994 年到 2020 年，26 年的时间，说长不长，说短不短，"痴人说梦"一般。

亚运村车市，一代人的汽车记忆

现在知道苏晖的人未必多，但提起他的北京市亚运村汽车交易市场，有车没车的人大都知道。苏晖退休后，我们依然保持着忘年交的联系，他是《北京晨报》的忠实读者，我每年向他赠送《北京晨报》"报卡"的习惯，他说自己从报上获取信息来源，也是我的忠实读者。生于 1949 年的苏晖是中华人民共和国同龄人，中学毕业后进工厂当了工人。也许他本来就是个只要有机遇就能"用杠杆撬动地球"的人，苏晖进入汽车产业就是他的创造欲与机遇相碰撞的结果。

立交桥下的汽车销售不可能长久，商场里展卖汽车也只是一时的轰动，亚运村汽车交易市场应运而生。亚运村汽车市场颇具含金量，北京大街上一度出现每 10 辆汽车中就有 3 辆是从亚运村汽车交易市场购买的情形。老亚运村汽车交易市场建立 7 年，成交车辆 15 万多辆，实现交易额 260 多亿元，不仅使苏晖成了汽车圈里不可或缺的人物，也使圈外的人对苏晖和亚运村汽车交易市场的关注急剧增加。

随着中国经济的快速增长和人们的消费能力大幅提高，汽车成为社会生活中的一大热点。当时汽车在我国还是稀有物件，谁能搞到车，谁就能大赚一笔。北京仿佛在一夜之间冒出了 1700 多家大大小小的汽车销售店，变成了一个汽车大集市。在北京城乡贸易中心一楼大厅的黄金地段，一辆崭新的夏利轿车作为商品正在展卖。大商场卖汽车的消息迅速传开，商场内人头攒动，无数消费者怀着好奇心围观着被当作商品的轿车。此时，我还在《中国汽车报》做记者，南京的百货大楼也辟出一角卖起了汽车。为此，我在《中国汽车报》南京记者站的任良春陪同下，专程去南京采访过。

苏晖也在其中。此时，他的身份是北辰集团贸易事业部副总经理，负责市场开发。与看热闹的人群不同，苏晖透过轿车进商场的商业行为，深刻感觉到了汽车流通领域中一场新的革命正在形成。他认定，立交桥下的汽车销售不可能有很长的寿命，商场里展卖汽车也只能起到一时的轰动效应。要想使汽车流通渠道真正做到有序发展，必须有一个让政府满意、让消费者放心、专卖汽车的有形市场，这种市场最起码需要有极大的场地、便利的交通、宽松的环境和良好的人文条件。

走出商场，一个大胆的想法在苏晖头脑中萌生。他立即把想法付诸行动，北京亚运村汽车交易市场应运而生。

随着轿车进入家庭的步伐越来越快，规模更大、档次更高的汽车交易市场落户立水桥畔。1999年北京汽车市场受到了严重冲击：北京市政府要求所有汽车市场不准销售非环保型汽车；上海通用别克、广州本田宣布其品牌将由专卖店全权负责销售及保养、维修等售后服务事宜，等等。这些使中国车市处于低迷状态。一系列不利因素让经销商无车可卖，交易量一跌再跌，使销售和利润出现了负增长，亚运村汽车交易市场陷入了前所未有的窘境。

正像英国哲学家培根曾讲的那样"奇迹多是在厄运中出现的"。苏晖的与众不同正是表现在他绝处逢生时的大智大勇。他按照"有进有退"的思路，果断决定退出部分单一

汽车运势：这个市场谁不动心

超市式交易，引进专卖店入市，实现专卖店与超市同步交易，超市是中国特色，专卖店是发展方向。两者各有优势，谁也替代不了谁，谁也打垮不了谁。"一进一退"，引进了资质好、实力强的经销商入市，三菱、尼桑、菲亚特等专卖店迅速在亚运村汽车交易市场扎根。亚运村汽车交易市场又步入正常发展的轨道。

2006年8月2日，亚运村汽车交易市场人流稀少，远处的残垣断壁预示着它即将关张的命运。不是新车专卖店开业，尽管展厅内的东西明显有些凌乱，却比新车专卖店开张更隆重更感人。在正式闭门谢客之前，在亚运村汽车交易市场销售东风雪铁龙车型的神龙京津在前一天专门搞了个拆迁仪式，"主角儿"这次不是来买车的消费者，而是曾经在这里买车的车主和多位曾经在神龙京津工作过的老员工。

王先生是神龙京津在亚运村的第一个车主，虽然他当初从这里购买的富康车如今已经换成了凯旋，但是他对神龙京津依然充满感情，"毕竟亚运村和神龙京津是实现我有车梦的地方"的话语朴实而感人。一个原本的拆迁仪式办成了伤心告别会。

曾任神龙京津销售经理的袁黄海说，自己的销售业绩并不好，但是一看到自己曾经工作了几年的地方就要拆迁了，心里十分难过。说到此处，已经离开神龙京津的袁黄海满眼泪光。

时任神龙京津总经理的陈斌说，从1998年建店，神龙京津在亚运村销售了近万辆东风雪铁龙汽车。尽管早就接到了要拆迁的通知，但当拆迁真的来临时，每个人都很难过，包括那些在这里买过车的消费者。尽管不舍，但在拆迁的事实面前，亚运村汽车市场信息中心主任郭咏依然充满自豪。"从1995年12月18日立市到现在的10多年时间，在亚运村市场销售出去的车得有100万辆，这里是许多北京人买车的地方。"郭咏分析说，100万辆车的销量由两部分组成：一是从亚运村市场内销售的车超过了50万辆；二是50万辆销量来自市场的外围商户，尽管他们不归市场管理，但他们的销量几乎与市场的销量数字持平。郭咏解释说，在亚运村最火的时期，市场内的商家超过了1300家。

每年从亚运村汽车交易市场卖出的车的数量占北京市年销售量的五分之一左右。郭咏说，亚运村汽车交易市场每年的销量都维持在5万辆左右。这里承载了100万北京人买车的梦想。亚运村汽车交易市场10年创造了100万辆销量的神话，也成就了不少千万富翁。销售海南马自达的北京双龙伯乐汽车销售服务有限公司（简称双龙伯乐）是最早入驻亚运村车市的商家之一。在最火的2003年，双龙伯乐在亚运村汽车交易市场的年销量在1000辆左右，市场的火爆让卖车者迅速积累了第一桶金。如今，双龙伯乐已经在北京开设了一汽轿车、东风标致等汽车专卖店，且每家专卖店的投资都在千万元以上。而像龙运、万吉祥等商家均因亚运村汽车交易市场实现了财富聚集。

亚运村汽车交易市场诞生在一个汽车距离普通人相对较远的年代，而销售出的100万辆汽车中，有相当多的消费者属于先富起来的那批人。信息的匮乏成就了亚运村汽车交易市场也赋予了其"北京车市晴雨表"的美名。在亚运村汽车交易市场，人们可以像买菜一样挑三拣四，低价的夏利、奥拓到中档的富康、捷达，更高端的奔驰、宝马，在这里都可以看到。这种模式在当时十分符合中国人"货比三家"的消费心理，这也是有人把亚运村汽车交易市场冠名为汽车菜市场、大棚式交易市场的理由。

"一切围着消费者转"是常挂在苏晖嘴边的话，建造汽车交易的"航空母舰"是他的追求。伴随着轿车进入家庭的步伐越来越快，现有的亚运村汽车交易市场已经不能很好地满足消费者和汽车企业的需求，于是一个比现在规模更大、档次更高的汽车交易市场落户京北立水桥畔。尽管成交量不及当年，但是在汽车进入家庭过程中，亚运村汽车交易市场是一代人的记忆。

非典加速汽车进入家庭

如果你胖了，请留意一下你身边的朋友，保准儿没胖，但前提是他们是卖车的；再留意一下，上班以后，你身边开车的同事肯定又多了。汽车行业可能是在此次突如其来的非典中受冲击最小的行业之一。非典加快了轿车进入家庭的进程，不少人在这个特殊的时期开着小车过上了有距离的生活。

重要的佐证之一是2003年4月全国轿车的销量突破16万辆大关。与2002年同期相比，这个数量有增无减。

京城各大汽车市场的客流明显在减少，戴口罩逛车市的人明显增多。难怪卖车者把前来逛车市的戴口罩的人称为"财神"。亚运村汽车交易市场内雪铁龙品牌的神龙京津和龙运这两家经销商4月的卖车数量近400辆。雪铁龙品牌在4月的最终排名中是亚军，而冠军是夏利,季军是捷达。福美来、奇瑞等车型的销量也相当可观。在所销售的车型中，10万元左右的价格仍然占据了主流。

车市上戴口罩的不仅有人，还有车。经销商所说的口罩指的是贴有"此车已消毒"的字样。在奥迪的一家经销商那里，记者看到工作人员给车消毒的认真劲儿如同医生给人看病一样仔细。门把手、车锁、方向盘、后备箱，凡是人能摸到的地方都实行定期的消毒，每送走一位客人，工作人员就把整个车身再进行一次全面消毒。据说，一天消毒液的成本就180元，还是一辆车的。难怪工作人员总是说，能胖才怪呢！从中至少可以说明两点，一是客人多，二是普通消毒液会对车身产生腐蚀，商家大多用的是高级消毒液。上海大众为了使市场不出现断货现象，仅用于给职工预防非典的支出就高达300多万元。

再把目光从市场转向道路。前段车辆稀少的日子，北京主要道路又出现了另外一支生力军——练车一族。在二环、三环、四环等道路上，车后风挡玻璃上写有"新手""新车""实习"字样的练车者随处可见。来自交通管理部门的消息称，自北京市实施核发临时牌照以来，已经发放了上万副临时牌照。

加速轿车进入家庭的缘由自然是非典。由于非典，有钱的更果断地买车，手头钱并不富余的也凑点买了。分析买车人的心理，大多数人认为：现在买车就是买健康。哪怕是辆奥拓，也能拥有自己的独立空间。而这个时候，业内人士又开始担心，非典之后车市还能否持续旺销。原因是现在有些人的消费能力已经提前释放了。

众多企业对此的说法是，担心是多余的，市场形势好的时候要先抓住机遇，至于未来以后再说。凯越、飞度、阳光、美人豹等新车依旧如期上市。

经销商卖车没那么容易

如果你有钱，又不知道想干点什么，最好别轻易踏进汽车投资领域。或许有人说，你这是站着说话不腰疼，为何要把人一棒子打死？

我身边有事实为证。两年前，一朋友找我帮忙，他的一个靠房地产起家的哥们儿到处托关系、找门路，总算是拿下了一家汽车品牌的销售权，投资1000多万元建立了一个相当气派的4S店，当时我对他的出手表示惊愕状，然而他给我描述的是"一年回本，两年盈余"的庞大赚钱计划。时隔两年，用于建店的1000多万元的成本才算是收了回来，赚钱的计划最终宣告失败，结果是在两周前以700万元的低价转手了。好在此人还有房地产的家业，虽有损失，却在承受范围之内，这是其一。

还有一朋友，四处凑钱建立了一个汽车专卖店。起初与我联系密切，隔三岔五邀我前往采访，兴致浓时还亲自写稿。最近半年联系渐少，我主动前往，到店后发现昔日的热闹景象已不复存在，这么寒冷的季节却连空调都没开。朋友诉苦说，建店三年，车越卖越少，钱越赔越多，建店时胸有成竹的形象已灰飞烟灭。此友除了卖车没有任何副业，现在的情况是度日如年，这是其二。

那些开专卖店的普通商家的风险与汽车企业的风险相比可谓是小巫见大巫。通用汽车大不大，在10月末的时候由于经营不善，不得不关闭12家工厂并裁员3万人，即使这样也难逃破产的厄运；国内汽车企业也有风险，神龙总经理就曾经说过，亏损4亿元之内是可以承受。

可能是因为汽车是庞然大物，总是给人以暴利的外象。其实不然，在汽车行业不排除有赚钱的企业，但是多数的光景并不乐观。更有数字显示：尽管今年汽车产业销量增长17.9%，但利润下降52.9%，其中15家企业亏损，8家企业利润下降，只有3家企业利润上升。汽车行业现在只是一个门面行业，论总资产可能还行，但是论利润比不过方便面和矿泉水。

一个企业亏几亿元还能够承受，但一个人亏损几千万元可能一辈子都难以翻身。这并非危言耸听，就像钱钟书先生的《围城》"城里的人想出去，城外的人想进来"一样，对于汽车行业，城外的人最好别轻易进来，除非你身怀绝技，有十八般武艺。

导致经销商日子变苦的原因很多。对汽车企业来说，处理好与实体经销商的关系远比"看上去很美"的电商重要得多，因为电商只是锦上添花，实体经销商才是左右厂商的生存之道、立命之本。

长安福特就因为渠道出现过危机，当时湖南地区十余家经销商联名拒绝再进新车的新闻刷爆朋友圈。整个事件的"歌词大意"是，湖南地区所有经销商库存压力极大、经营非常困难、亏损严重等，湖南省全体长安福特经销商一致要求自2016年4月7日起暂停提车，并不再接受自动配送的板车资源。透过事件的"歌词大意"的现象可以看清供大于求的市场本质。

长安福特仅仅是企业与经销商之间微妙的关系是一个真实的缩影和写照。一次，与东北地区一家大型汽车经销商集团高层聊天，他抱怨现在70%的经销店不赚钱，该集团在东北地区拥有一汽-大众、广汽本田、北京现代、一汽奥迪、长安铃木等数十家经销店。尽管品牌不同，但是不赚钱却是共性问题。无独有偶，相关数据显示：2016年前两个月北京累计交易新车7万辆，同比下降超两成，就连一向坚挺的进口车市场，也出现了同比下降33%的情况，新车、进口车的"双下降"，意味着经销商的日子并不好过，北京诸多立交桥下停满库存车的现象随处可见也是佐证。经销商退网的事件也从最初的"硬新闻"逐渐成为新常态。

谁都别吹，现在没有一个车企敢拍着胸脯说旗下的经销商是赚钱的。类似于长安福特经销商事件的闹剧在多个品牌均有演绎，甚至为此有的老板还"上了课"。所谓的赚钱，也都是相对的。北京奔驰算是好一点的，自称旗下八成经销商不赔钱，他们把与经销商的关系定义为"共治"而非简单的"管理"关系,可是像北京奔驰这样把经销商当回事的企业太少了。

虽然对有人把经销商与车企的紧张关系比作车界的"医闹"不敢苟同,但其道出了当下企业与经销商的微妙关系。作为汽车流通领域的终端环节,经销商的日子之所以会变苦,一是企业"大胃王"的供给与市场的实际需求出现严重失衡,二是以前习惯了赚快钱的经销商现在从心态上也得学会赚慢钱、赚辛苦钱。好比打麻将,把把"豪七"的日子不可能总有,车市热销时坐地卖车,放缓甚至滞销时"吃、碰、地"也能"和牌"。

很多车企也意识到4S店模式的投入大、回报周期长的风险所在,并在经营模式上不再"一刀切",这是个好兆头。但是我认为最重要的是,企业必须把经销商当成真正的合作伙伴而不是简单的代理商,绝不能再是粗暴的"上下级"关系,而应该是真正融合帮扶的新型关系。之所以一再强调"真"字,是因为这些关系论一直有,只不过"太假"了。谁率先捅破了与经销商关系这层窗户纸,这家品牌将来在市场上的抗风险能力就更强。

靠车"吃饭的生物链"有多长

18年的时间一晃而过。"在中国这个新出现的庞大汽车市场面前,松下电器准备大干一场!"2003年8月6日,专程来到北京的松下电器产业株式会社副社长少德敬雄对北京三家主要媒体如此表态。

松下对中国汽车相关产品市场的看法是:中国是一个需求迅速增长、潜力巨大的市场。松下的视频产品、车载导航系统、车载通信系统、汽车安全产品、控制系统产品、半导体、车用电池、元器件。以前松下主要针对日本和欧美市场,而今后,将中国市场列为"重点中的重点。据介绍,汽车电子是松下电器的强项,在最近的资源整合中专门成立了汽车电子系统分社。

北京的轿车越来越多了,北京的玩具店也越来越像4S店了。话说得干脆,动作更是利索。少德敬雄透露,松下电器在2003年8月,刚刚确定在广东番禺生产车用空调。此前,松下在国内生产汽车配件的厂家早已悄悄地"排兵布阵",在中国内地设立的比较成型的汽车产品厂家是:2003年2月26日设立的天津松下汽车电子开发有限公司,主要业务是汽车多媒体、电子产品的开发,也是汽车音响、汽车导航系统的研究开发;紧接着,3月又在天津成立了汽车多媒体的开发中心,"开展与中国市场相称的商品开发"。以前成立的大连松下汽车电子系统有限公司主要生产汽车音响,有磁带的,也有CD、DVD、

汽车运势：这个市场谁不动心

MP3 的，下一步是生产车载导航相关设备，准备"领先于中国汽车音响行业"。今后的汽车马达、汽车半导体、音响也会在中国生产。

"北京现有加油站 1100 座左右，初步估计到 2008 年，北京汽车保有量将达到 350 万辆时，加油站的数量将增加 100 座，达到 1200 座的规模。预计到时候北京汽油的零售总量将达到 400 万吨，现在是 250 万~260 万吨。"时任中石化北京公司的徐平处长介绍说，以北京石油公司为例，将在现有的 500 座加油站基础上，每年以 3% 的增速调整布局。新增加的加油站将主要考虑城市新建的住宅开发小区、高速路和快速路等加油站空白地区。徐平告诉记者，改造后和新建的加油站将把洗车和便利店等作为必备设施。

"我们内部已经有了明确的时间表和市场营销计划，将为持有车辆纳税协查卡的用户搭建一个服务体系。"时任农行北京分行信用卡部的刘迎军告诉记者，北京汽车保有量达到 200 万辆对银行系统而言是巨大的商机。

当时，汽车信贷已经成为各家银行个人客户消费的主要产品之一，与车有关的刷卡消费自然也成为银行之间服务竞争的热点之一。年初为持车辆纳税协查卡的用户推出打折专场和送 CDMA 手机服务的中国农业银行北京分行正在与有关各方密切接洽，以拓宽为持卡人的服务领域，也许在不久后，汽车加油、汽车维修、购车等大宗生活消费都将实现一卡通的便利和实惠。

"这个市场很大。"刘迎军称，出于保守商业秘密的考虑，他不能说得太具体，"但是请相信我们会给持卡人一个满意的选择。"

远在京郊密云水库深处的清凉谷是夏天避暑的好去处，时任景区总经理朱季路再也不用为车着急了。当年京密高速公路没有开通时，朱季路一到夏天就往城里跑，让他头疼的是总得和公交车公司协调线路，他希望公交车公司能够把线路长期延伸到清凉谷。

现在倒是不用为公交车发愁了，让他愁的是景区的停车场都扩建两回了，仍然不够用，这是朱季路没想到的。现在每逢周末，能够容纳近百辆车的停车场停得满满当当的。为此，景区不得不产生一个新岗位——停车管理员。有时候，实在没地方停了，就把车停到还没来得及归置的空地上。令朱季路印象最深的是，自己驾车来旅游呈聚集现象在去年夏天，这一回居然来了 60 多辆宝来。

张先生在亚运村车市附近开了一家并不大的饭馆，虽然不卖车，但是"吃汽车饭"已经有 5 年了。在美术馆后街开酒吧的小老板程先生这两天正忙着把酒吧改造成北京第一家汽车酒吧。而北京一些有头脑的商家早就看中了汽车配套这个黄金产业，有不少经营家具、电器的商户悄悄改行端起了汽车内饰的饭碗。

数据显示，2003 年，中国直接从事汽车行业的人员在 180 万人左右，从事与汽车行业相关的人员高达 2000 万人。根据最新公布的全国 2000 万辆机动车数量的数字计算，北京的 200 万辆机动车是全国保有量的十分之一，北京从事与汽车相关工作的人员数量在 200 万人左右。贾新光特别强调，汽车市场每出售一辆汽车，就能为社会解决 2 个以上的人的就业问题。

车市或转入白银十年

黄金十年已过去，白银十年已开启。

佐证我如此看法的有两组数据：一是 2012 年 4 月汽车产销分别为 164.76 万辆和 162.44 万辆，生产比销售多了 2 万多辆；二是 2012 年前 4 个月产销分别为 643.19 万辆和 641.44 万辆，生产比去年同期增长 0.47%，销售下降了 1.33%。发布者为中国汽车工业协会，数字可谓权威。

2012 年的车市有两种可能：一是车市微增长或成定局，不把话说太满是因为还存在着不增长或负增长的可能；二是中国车市还会维系在年产能 2000 万辆左右的规模。

中国的车市正是从 2002 年开始高速增长的，这种两位数的高增长一直持续了整整 10 年，堪称黄金十年。这种高速、持续的增长使得中国接连赶英超美，成为世界上最大的汽车市场。这 10 年不仅使得中国成为大众、通用、丰田等跨国车企最大的市场，更成就了诸如路虎、宾利、劳斯莱斯、保时捷等原本小众奢华品牌最大的市场。当然，这 10 年也让自主品牌做了很多大事，比如吉利成功收购了沃尔沃，上汽购得英国罗孚、MG 名爵等。期间，还传出过四川腾中重工收购悍马、华泰收购萨博等令人匪夷所思的事情，尽管有的以闹剧收场，但闹出的动静在国际市场轰动；身边有车的人多了、城市交通日益拥堵，是中国普通公众最近 10 年的深刻感受。

下面几个原因或许是中国车市从黄金十年转入白银十年的拐点。

一是规律周期所致。中国车市在保持两位数高速、持续增长了 10 年后，出现一段时间的喘息在所难免。尽管中国人对汽车的刚性需求依然存在，但国际上的欧债危机和国内"稳中求进"的双重因素让国内车市增速放缓成为可能。

二是二三线市场没能迅速跟上。在北京、上海等一线城市为治理交通拥堵采取限购汽车的措施后，很多企业纷纷"押宝"二三线城市，甚至三四线城市，并出台了渠道下沉的庞大计划。不容忽视的是，二三线、三四线城市的市场潜力虽大，但是基数很小，对于寄希望通过二三线市场实现高速增长的企业来说，要想实现量的突破尚需时日。大城市限购，小城市难以上量的局面至少会维持两年左右。

三是更加饱和的竞争。2012年前4个月的641万辆销量中，排名前十的企业包办了总销量的八成份额，强与弱泾渭分明的特点更加明显。有的企业前4个月的销量还不足100辆。

白银十年也是不错的市场。尽管与黄金十年相比，白银十年"成色"略显不足，但是在可预见的未来中国车市依然是全球最大的市场，即使不增长或微增长，中国车市也会维持在2000万辆左右的规模。白银十年或许能真正让消费者体会到顾客是上帝的感觉。饱和竞争后的车价肯定会持续走低，但是车价绝非是全部，汽车企业能否生存拼的是包括产品、营销、客户服务、售后满意度、品牌力等在内的服务体系。

并非是汽车就适合 4S 店模式

套用范伟在小品《卖拐》中"同样是生活在一起的两口子，做人的差距怎么就那么大呢！"的台词，现在汽车经销商的深刻体会是：同样都是卖车的，国内和国外的差距怎么就这么大呢！这是近期车市持续低迷后大多数投资4S店的老总百思不得其解的话题。

一家急于转手然后退出汽车行业的4S店老总说，进入汽车行业时也考虑到有风险，但是没想到风险会这么大且来得这么快，以至于连抽身的机会都没有了。这样的话两年前我就说过，只不过被现在后悔莫及的老总当作耳旁风。"不是所有的汽车品牌都适合4S店模式"这句我曾经说过的话现在依然受用。

汽车行业率先采用前店后厂的4S专卖店模式的是日本本田的合资企业广汽本田。后来我也多次问及其他企业效仿本田做法的理由，多数人的回答是4S店模式撑门面，看着大气，给顾客干净利落的良好感觉。但是谁也没有研究过，支撑本田创立的4S品牌专卖店生存和迅速扩大的重要理由之一是，本田车型的持久生命力和丰厚的利润提供了保障。而跟进效仿的其他汽车品牌在最关键的车型生命力和利润上，都不具备优势。

国内投资一个一般的汽车品牌专卖店至少是个"115"工程，投资建店需要1000万元，即一个店一年的日常支出是1000万元，一个专卖店一年卖车500辆才能保证不赔钱。年销售500辆车是国际汽车流通行业的一个硬指标。也就是说，只有达到并超过500辆这个数字，汽车投资人才会有获得利润的可能，而中国的4S店能达到500辆这个指标的实属凤毛麟角。

国内4S店的投资人抱怨的"国内国外的差距怎么这么大"指的是规模。例如，标致汽车在日本、美国、德国也有名为"蓝盒子"的专卖店，但哪家也没有中国的气派。目前，在国内经营模式比较入流的汽车品牌是宝马，这些品牌虽然在贵友、燕莎有店，但性质是展示中心，买车还得到指定的提车地点。

看到过一篇写恒信钻石老总李厚霖的文章，他在谈到如何打败周大福、谢瑞麟时有一个理念，人一生会买几回钻石，谁又会把在家门口买钻石当作炫耀的资本。此话的背景是，恒信进入钻石行业之初，周大福和谢瑞麟已经把钻石铺开到了消费者家门口，恒信绝地反击的办法是在东方广场租用1000m^2左右的场地建立了一个钻石宫殿。轿车在大多数人看来仍然是奢侈品的时候，少有人会以在家门口买车为荣。李厚霖的钻石理念也比较适合汽车流通业。

以2004年的北京车市为例，当年与上年同期相比增速为15%。然而经销商依然觉得车卖不动。为何？不是买车的少了，而是卖车的太多了。目前全国的4S店数量是5000家，明年会淘汰掉1000家并非危言耸听。

豪华车暴利背后的第三只手

豪华车当下成为众矢之，且主要围绕着是垄断还是暴利。这两个方向都不是什么好事，好比武侠小说中的刀和剑，都是凶器，可谓刀刀见血。我以为，豪华车是垄断还是暴利的背后，还有第三只手——心态。

言下之意，现在的豪华车面临的犹如考试中的选择题，是垄断还是暴利？看你选择哪个答案。而且这道题目相继引起了发改委、商务部、中国汽车工业协会、中国汽车流通协会等部委或行业协会的注意和发声。豪华车垄断难言但暴利存在。毕竟，垄断需要国家权威部门的认定，但豪华车的暴利的确存在。譬如，保时捷凯宴的价格已经够高了，却依然存在着动辄加价10万元也难买的现象。加价不一定是垄断，但是加价肯定是暴利的典型现象之一。北京是全国竞争最充分的汽车市场，车价往往比其他地方便宜不少，但是当不少外地人跑到北京购车时发现，很多品牌由于实施了严禁跨区域销售的政策，根本就买不到更便宜的车，且同样款式、型号、颜色的车型，存在着明显的价差。这算不算垄断呢？

一般而言，一辆进口车由三项税构成：关税为25%，增值税为17%，消费税分为7档最高的为40%。综合下来，一辆进口车的价格应为原车价的1.4375倍，而国内豪华车的售价往往是国外同款产品的3倍。譬如，美国市场售价54万元的路虎揽胜，在中国市场的售价为189万元。这些烦琐的数字除有关部门认定是垄断还是暴利的公式之外，我认为更重要的是人的心态。

这犹如不久前的一次京沈高速之旅，从沈阳到北京600多公里行程，开始一路顺顺当当，当路标清晰显示距离山海关还有15公里时，车速突然放缓，起初还能挪动几步，不一会儿就寸步难行。其间，两种行为令人印象深刻：一是下车张望，二是左右加塞儿，堵得都不知道怎么开了。伴随着一个半小时的纹丝不动，原本着急的心态顷刻间无影无踪，都乖乖等着。

又想到了一个汽车出口的例子。中国汽车好不容易有出口到非洲的机会，可国内车企在性能相近的情况下，为了做成生意，恶意竞价不说，还有种把对手"踩地三尺"的劲头儿。豪华车也是，我坦承车价有虚高的成分。除关税、运输、仓储、物流等名目繁多的费用之外，有些品牌车型的利润高达35%。至于这35%是不是垄断需要权威部门认定，有人以电信、石油行业为参照说，35%显然不算垄断，但是与其他行业相比，35%的利润已经相当可观。为什么非得是35%，而不是20%或15%的利润呢？如果稀释一定的利润，让更多的人购买某个品牌的汽车，对企业和消费者是双赢。现在的豪华车品牌，若不是有中国这个巨大的市场，很多品牌可能早就关门了，让一个品牌的生命得到延续，将来的世界汽车工业都要为中国市场记一大功。

有些时候消费者的心态是失衡的，虽然一些豪华车的价格本来就高不可攀，但是还有人愿意加价二五万元，助长了企业的恶习。

学会适应没有鼓励政策的车市

欧洲车市每年有3%左右的增幅，车企都要"谢天谢地"了；中国车市2011年有低于10%的增幅，车企就说市场冷淡了。保持了连续25年高速增长的中国车市，要是真负增长了，也没有什么可奇怪的，市场有起就有落，这是经济发展规律使然，车企得学会适应没有鼓励政策的车市。

一则消息是：2011年8月1日起，北京市将实施《进一步促进本市老旧车淘汰更新方案》，拟对本市将淘汰的老旧车给予"双补贴"，凡报废老旧车辆可以获得政府补贴，

汽车运势：这个市场谁不动心

报废并更新老旧车的车辆，可获得企业补贴，两项补贴相加预计超过2万元。

如果简单认为，"双补贴"是刺激车市的激励政策就错了。这个方案当然有鼓励老旧车更新的意思，但主旨首先是提高北京汽车的环保标准。因为享受补贴的车型从环保标准上看，多是2002年前后的国Ⅱ或者低于国Ⅱ标准的在用车型。

2011年中国车市如同"老太太过年，一年不如一年"，增幅的势头明显放缓，甚至在2011年5月和6月出现了少有的负增长。从上半年的数据看，汽车产销同比仅实现3.35%的微增长，比2010年32%的增速回落了29个百分点。因此，有人把2011年的车市戏称为最不给力的一年。其中，不少人把"板子"打在了鼓励性政策的退出上。例如，年初购置税减征等政策的取消、节能补贴政策取消和北京限购、上海拍牌、贵阳限购等政策，都对车市产生了直接影响。把"板子"全打在鼓励性政策的退出上并不公平，这些鼓励性政策的出台从某种程度上是提前透支了消费，才形成了今天市场的增速缓慢，属于典型的揠苗助长。

时任中国汽车工业协会副会长兼秘书长董扬称，没有确切消息表明相关部门会在年内出台刺激性的消费政策，并呼吁企业，别总指望着政策，企业和市场要适应在没有政策的情况下发展。尽管中国车市的总体增幅不高，车企的日子也并非都不好过。与自主品牌销量同比下滑1%，市场占有率同比下降3%不同，合资车、进口车的市场份额不仅没减小反倒在扩大。2011年，奔驰的销量增速高达120%；奥迪同比增长超过28%；宝马、沃尔沃、雷克萨斯等增速都在两位数以上。

而从车企的构成来看呈现这样几个特点：合资车企好于自主品牌车企，高价格车型好于低价格车型，欧美合资企业好于日韩合资企业。所有这些特点汇集成一个道理，越是有品牌的车型在逆境中的表现就越强大。那段时间，B级车的竞争空前惨烈：一方面，东风标致508以不到17万元的价格入市后，随即导致了同级别的起亚K5、雅阁、第八代索纳塔、天籁、雅阁、凯美瑞降价，降幅为2万~5万元；另一方面，随着一汽-大众新迈腾的上市，南北大众的全新帕萨特和新迈腾构筑了B级车的坚固防线，两个车的价格虽不及东风标致508便宜，却在市场上卖得风生水起、一车难求。归根结底，拼的还是品牌。

如果得学会适应没有鼓励政策的车市的核心价值在哪里，那就要归结为品牌。全球也只有通用、宝马、奔驰、日产、丰田等十大品牌，而中国的汽车品牌多如牛毛，鼓励政策能暂时鼓励他们的销量，但做大做强仅仅靠鼓励是办不到的。如果一定要鼓励，相关部门就应该在鼓励企业做大做强上做文章。

第八章　轮上北京

北京城的汽车印迹

往大了说，当然也有戏说的成分，自从有了北京城，就有了汽车；往近了说，在中国成为车轮子上的国家之前，北京已然是车轮子上的国际大都市；往远了说，书有记载，慈禧太后是北京城最早拥有汽车的消费者之一；往当下说，北京人家家有车是八九不离十。

隔年与上海轮流举行的北京车展就是一面镜子，以 2020 年的第十六届北京国际车展为例，能动用顺义天竺和静安庄新旧两大国展中心，且超过 20 万 m² 的展览面积，在

汽车运势：这个市场谁不动心

全球经济充满不确定性的今天，北京车展的规模堪称世界规模最大的车展。尽管展前主办方称，今年车展没有模特，可预计为期10天的展览依然能吸引近百万人次的受众。虽然平时堵在路上牢骚不断，见过的车也不少，可当这两年一次的车展真正到来时，还是都想进去看看，北京人对车的热爱似乎是与生俱来的。

北京城的第一个汽车车主是慈禧太后。据相关资料记载，慈禧太后的座驾是德国的"大奔"为奔驰的第二代产品，该车最高时速为每小时19km。据说，当时的车价是一万两白银。相比"大奔"，慈禧太后更钟爱轿子，不过这辆"大奔"，至今还陈列在颐和园内。这辆二代的"大奔"整体为两轴四轮敞开式，车前方镶嵌着铜质车灯，黑色车厢将车围了一圈，黄紫色木质车轮与辐条裹着实心的轮胎。车厢两排座位，前排为司机专用，后排两座，看上去非常华贵。

不仅是人，北京城也有不少地名和车有关，车公庄、车道沟和车辇店、跨车胡同等，有的地名与车相当密切。从北二环的安定门环岛往南不远，就能看见车辇店胡同的红底白字的牌子。车辇店胡同，明朝时称车辕店，清朝乾隆时称车辆胡同，宣统时起称车辇店胡同并沿用至今。车辇店为明、清两代皇家制作车辇和祀孔时停放车辇之地。车辇，原指天子之车，现泛指各种车辆。无独有偶，在西城区金融街附近，也有一个与车相关的地名——跨车胡同，相传胡同中有个造车的厂子而得名。

与长则300～500m，短则200m有余的车辇店和跨车胡同相比，车道沟和车公庄的则"大"多了。车道沟地处西直门外，因去往京西的车马从此地经过，原本平坦的大道久而久之被车轱辘轧出深沟，故名车道沟。而车公庄原名车轱辘庄，后谐音为车公庄。

除地名之外，很多不叫车的地名现在也成了北京汽车的新地标。

北京这座城市所在的北汽，朱德题为其写的"北京汽车制造厂"的牌匾，现在被北汽集团当作文物收藏。当年名不见经传的北汽已经从偏居一隅的东三环双井地带，成长为如今坐拥北京奔驰、北京现代、北汽福田、北汽绅宝等品牌的集团。从单一的聚集北京，到辐射河北、重庆、湖南、广州多地的产业布局，再到年销售汽车超300万辆，跻身世界500强的现代化汽车集团，成为北京制造业的新名片。

于整个中国汽车产业，走过28年14届的北京车展本身就是一个缩影。每每回忆起当年在静安庄老国展，连展馆都撑不满的窘境，以及在今天看来是小儿科的车展，都无不体现出中国汽车产业的成长性。最深刻的行业变革更在于，我们还经历了整个产业从"老外"极不愿意把最新产品引入中国，到争相为中国市场开发专属车型的蜕变。自主品牌的成长性更是有目共睹，吉利、奇瑞、长城、上汽、长安、北汽等自主品牌逐渐成为第一梯队。

在当年北京车展前夜，被老外们玩惯了的概念车，倒是奇瑞率先发声的，其在鸟巢附近举行的面向未来的FV2030有板有眼。北汽股份总裁李峰也自信坦言，未来的世界汽车格局，在欧、美、日、韩之后，一定会有"中"，形成"欧美日韩中"的产业格局。中国汽车产业的规模从起初的不足百万辆到超英赶美，再到连续多年保持2000万辆左右的规模，名冠全球。

每一个个人亦是如此。面包车、夏利、奥拓，以及桑塔纳、捷达、富康"老三样"，被"大奔""四个圈儿"和宝马等越来越好的车型替代。600多万的保有量使得北京每天都像是流动的汽车博览会。国际上有种开玩笑的说法，衡量一个城市是否文明，首先看这个城市堵不堵车。当然，北京正在通过公共交通、限购、限号和发展纯电动车等措施缓解交通……

那一届北京车展，汽车行业处在裂变的风口。传统汽车与新能源汽车、百年老店与新势力、汽车与IT等从来没有过如此关联交织，甚至我们称为的汽车似乎要和"汽"说再见了。新能源、新技术、新材料、轻量化、智能化、互联网、纯电动和自动驾驶逐渐成为汽车的新内涵，汽车依然还是四个轮子加两个沙发的造型，但是汽车已不再是简单的交通工具，视频、刷卡等功能将逐渐融进车里，汽车成为家和单位之间的"第三空间"就是眼前的事。因此，未来汽车不单单是车。

汽车是生活的一面镜子，庆幸我们的"小日子"在这样一个大时代更加鲜活。

北京限车令的好消息与坏消息

北京限车令推出后一度引起轩然大波，其实市场没那么可怕：24万辆只是每年的增量，而最近几年，北京市每年所销售的新车总量中，有大约20万辆是替换市场，以此类推，北京每年新车市场的容量会维持在50万辆左右，这还算是一个"马马虎虎"的市场。

北京限车令，最核心的内容是每月2万辆，每年24万辆的指标，购车者以摇号的方式获得车牌。

应该客观看待北京市的限车令，既有坏消息也有好消息，真实情况并没那么糟糕。以2010年为例，北京80万辆的汽车销量中，至少有30万辆是提前透支的消费。佐证这个观点的是，在当年9月，市场就出现了购置税优惠政策取消等传言，导致消费提前，从2010年10月到年底3个月时间里，北京市每天新增机动车2000辆左右，日均

2000辆的高增长，在历史上极其罕见，11月市场上出现的北京限制汽车消费的传言更是加剧了新车的疯狂销售，有数字显示，北京市在11月中旬前后，日均新增机动车数量高达3000辆。

仔细分析往年北京汽车的销量，也能得出限车令并没导致情况那么糟糕的结论。同样以2010年为例，在销售的80万辆新车中，有25万辆来自替换市场，也就是说这些人并没有占新增数量的指标。来自中国市场协会北京汽车流通分会的数据同样表明，在最近几年的汽车销量中，替换市场每年的销量约占总销量的三分之一，也就是说，北京每年销售的新车中，不占新增市场的替换市场数量始终维持在20～26万辆。应该说，购车优惠政策取消的传言助推了北京车市2010年80万辆的高销量。

北京限车令没有导致情况那么糟糕是可以计算出来的：24万辆的新增市场，再加上每年二十五六万辆的替换市场，北京市每年依然会有50万辆左右的容量。另外一组数字也可以说明北京的限购令并没那么紧：当时北京市的机动车保有量为500万辆，而北京"有证无车"的人数是615万人。也就是说，即使"有证一族"人均一辆车，北京的缺口也就115万辆，而"有证一族"中有多少人属于迫切买车的数量很难统计，但是年均24万辆的新增市场是可以保证的。

限车令对有些经销商来说是坏消息，限车令相当于给经销商戴上了"紧箍咒"，尤其对于那些在北京经销商数量30家以上的企业来说，不能指望卖车赚钱了，而是向服务转型，那种卖完车一了百了的做法肯定不行了，精心服务才是出路，也是继续生存的立店之本。对于北京实施限车令后，认为自主品牌受冲击比合资品牌大的说法我也不能苟同，那些原本想买吉利或奇瑞的消费者不会因为摇号而买价格更高的车型，摇号仅仅是增加了程序上的复杂，而摇号本身并不需要额外加钱，大多数人不会因为摇号而增加购车预算。因此，对于企业和经销商来说，不必"谈号色变"。

北京限车令对于企业销量的影响也没有传言那么可怕，毕竟北京的市场份额已经从前两年的10%下降至5%左右了。北京的限车令左右不了全国车市的整体走势，只是对北京的心理影响大于实际影响，对外地的影响大于对北京的影响，尤其这种做法很容易被其他城市效仿，北京实施限车令不足两个月，广州、深圳、成都等城市跃跃欲试了。

稀缺的号资源

每个月的26号，对于想买车的北京人来说是个大日子，意义之重要丝毫不亚于买彩

汽车运势:这个市场谁不动心

票中奖。有人戏言,北京的购车摇号原理始于彩票,但高于彩票。即使彩票中了奖,摇不到号也买不了车。北京市购车需摇号实施半年,中签的比例从最初的10∶1上升至30∶1,再到千里挑一,以至于新能源号也要排到9年之后,一号难求。

围绕着购车摇号出现了不少新现象,甚至是笑话。

先说最新的。北汽新能源公司说,今后购买电动车可不用摇号,并且获得了国家多个部委的批准,新政计划9月起实施。这对于确实有买车需求的人来说是大好事,只是担心在解决了牌照问题之后,包括电动车在内的新能源车的质量能否万事大吉。这种担心有两个例子:其一,众泰所研发的电动汽车投放杭州出租车市场不久,车辆发生了自燃,发生事件的原因时隔两个月依然没有定论,众泰说是车用电池发生了问题,消费者说电池是车的一部分,各说各理;其二,不久前同事拍摄了一张有意思的照片,照片的构图是一辆停在楼下的电动自行车,紧挨着一楼的墙体,被一根从天而降的长电线充着电。电动自行车的主人住在四楼,长长的电线就是从家里窗户顺下来的。这仅仅是电动自行车,那么在充电桩基础设施还不健全的情况下,电动汽车如何充电呢?

再说搞笑的。为了摇号,不少是全家总动员,全部报名参加摇号。尽管中签者为少数,但是这里面又有一部分是买车需求没那么迫切的。数据显示,实际购车者的比例仅为中签者的一半,以至于北京不得不出台了类似于"中签者不购车两年内禁止买车"的补救措施,以最大限度地满足那些确实有买车需求的人。

还有另想辙的,大概分为两种情况。一是原本计划"买小车改为买大车的",就是不用参加摇号的黄牌子,7座以上的商务车都属于这种类型;二是"四轮改两轮的",从铁包人到人包铁的——摩托车,因为摩托车不用摇号,所以摩托车的牌照一度水涨船高,据说不受城区郊区限制的京A摩托车的牌照疯涨6000元。

还有一个现象值得关注,学车并没有因为摇号受到冷落,人员反倒是增加了不少。北京多家驾校约车依然紧张,"有本儿"是摇号的必备条件,不少人为了这个资格加速学车。此外,新政实施之前的带牌二手车,伴随着备案车辆的日趋减少,这些所谓带牌照的备案车价格一路飞涨。有二手车车商披露,一个备案车牌的价格高达8万元,这并不包括车的价格。当然,围绕着摇号也闹出过荒唐事。有家4S店通过微博说,北京市特意给他们店批了个不用摇号的指标,此举随即引起北京市相关部门辟谣。这些是为摇号催生的众生相。

第三部分 车市变迁

500万辆后依然充满商机

北京汽车流通领域的经销商不应该被吓倒,北京机动车在达到500万辆以后,无论对于企业还是经销商依然充满商机。

北京机动车总量在2012年2月15日达到501.7万辆。发布此消息的北京市交管局同时预测说,4年后的2016年北京机动车总量达到600万辆。

数据显示：北京市机动车突破第一个100万辆用了48年,从100万辆到200万辆、从200万辆到300万辆分别用了6年半和3年9个月,而日本东京这一过程分别用了5年和10年。从300万辆到400万辆,北京仅用了两年7个月,而日本东京用了12年。进入21世纪以来的10年间,北京机动车年均增长25.1万辆,2009年净增量更是高达51.5万辆,几乎与中国香港机动车保有总量相当。

在2010年,围绕北京交通有两件大事格外引人关注：其一,有预测说5年之后的2015年北京汽车保有量将达到700万辆；其二,北京市计划在"十二五"期间投资13亿元用于治堵。与700万辆和13亿元的大数字相比,北京在交通上的小事更是接连不断,京藏公路堵车8天,排队绵延百公里的现象甚至引起了CNN的关注,打击黑车、整治非机动车秩序、为公交车安装摄像头等规范交通行为的行动先后展开,北京打出了"组合拳"。700万辆汽车保有量的预测,出自北京市交通"十二五"的规划,预测依据是按照当时的汽车增速计算。北京市交通委提供的数据显示,2010年上半年,北京机动车增加了34.5万辆,总量已达440万辆。相当于半年增加了一个石家庄市的机动车保有量。预测同时表明,2015年北京市每天将平均拥堵超过6小时；在北京城区开车1小时不足15km,与跑步的速度相差无几。有媒体对此评论说,5年后,四个轮子的汽车速度跑不过两条腿。

北京机动车突破500万辆,除大家普遍感受到的拥堵之外,500万辆还意味着北京符合了作为一个国际化大都市的标准。世界上不少国家首都的机动车保有量都是一个天文数字,如日本的东京有800万辆,而且世界上大多数国际大都市都堵车。当然,让我们感觉格外拥堵的原因无非有两种：一是交通部门在疏堵上还有潜力可挖；二是我们的用车习惯还有待改进,"打酱油"也开车的做法并不可取,也就是说我们用车的半径较小。

500万辆以后的商机在哪里呢？一是完全新增的数量。按照交管局到2016年北京机动车达到600万辆的预测,也就是说未来5年,在摇号政策不变的前提下,北京每年新增机动车的数量是20万辆。二是换购的数量。北京每年的机动车换购数量也在20万辆左右。有数据可以佐证，2011年北京实现整车销量71万辆，其中新车40万辆，旧车31万辆。新旧车接近1∶1的比例，意味着北京换购新车的数量相当可观。简而言之，北京每年新增机动车数量和换购数量相加，交易量不低于40万辆，这样一组数字放眼全国依然可观，北京短期内依然是全国最大单一市场的格局不会根本性改变。

时任上海大众北方区负责市场的副总经理何剑峰说，尽管北京采取了汽车摇号等限制性政策，但是北京市场潜力依然巨大。在上海大众涵盖北京、天津和东北三省的北方区，2011年所销售的7.6万辆大众品牌汽车中，北京市场占到了3万多。虽然天津和东北三省的市场潜力不小，但还是北京市场销量可观。

尽管北京机动车总量通过摇号等政策得到了合理控制，但是同样有两方面使得北京每年整车销量的数量有保障。一方面，北京正在考虑实施更严格的国VI环保标准，鼓励老旧机动车淘汰更新，北京市甚至还给予一定额度的补贴。另一方面，正在制定中的电动车不用摇号的政策对经销商来说也是利好。

在这样的背景下，对经销商而言每年40万辆左右的容量还是一个不错的市场。以当时北京近600家汽车经销商而言，每家每年还能分到600多辆的销量，这样的标准在国际上也是"及格线"以上。当然，伴随着市场容量的控制和日趋激烈的竞争，那些仅仅想把经销商当作投机的人的机会已经不多了，那些在市场上表现得不好的车型或品牌同样面临着关门的风险。

今后，各个企业在北京市场的竞争将变得更加激烈，而对于每一个企业来说，量可有大小，但是对北京市场不能轻言放弃。毕竟，北京对于中国其他地区的消费者来说，是风向标，这是不能以销量的多少衡量价值。

汽车消费也需要价值观

一次研讨会上，时任北京亚运村汽车交易市场总经理的迟亦枫语出惊人。市场内一商户所销售的顶级路虎居然加价70万元才能提车，迟亦枫又让相关部门核实了三遍，确认得加价70万元，要知道这款车本身的售价就已经高达270万元。迟亦枫用"独霸"来痛斥这种行为。

迟亦枫的语出惊人不无道理。北京治堵所采取的摇号政策使得市场陷入有史以来最低迷的状态。一方面，参加摇号者中签的比例在2011年5月已经高达30∶1。摇号不仅限制了购车人的欲望，而且导致购车意愿下降，有调查表明，2011年5月消费者购车意愿指数为35.77，与4月相比下降了1.19个点，不断上涨的停车费、油价也大大地降低了消费者的购车需求，高昂的使用成本已经使部分消费者开始推迟购车。另一方面，北京半年新车销售6万辆左右，这个数字还不及往年一个季度的销量。就全国市场而言，至4月不仅车市出现了27个月以来的首次负增长，5月的数据更加难看。各个车企此前所认为的二三线市场将成为增长主力的预测并没有成为现实，尽管二三线市场增速明显，但是对于企业的"冲量"贡献不大。

市场的现状造成了车企冰火两重天，受北京摇号限制和全国对自主品牌不信任的双重影响，自主品牌几乎无人问津，德国大众和SUV车型反倒是风靡一时，在上半年的销售前10名的排行中，居然有8款车型来自南北大众，甚至出现了持续加价的现象。

在这种情况下出现路虎"天价加价"现象，自然会引起人们的非议。按照市场规律，"有人愿打有人愿挨"虽无可非议，但是这种现象明显属于汽车行业的"许三多"。路虎进口到中国，售价已经高出英国多倍，而在此基础上再加价70万元，花同样的钱，在英国购买两辆都绰绰有余。再说，加价的70万元，买辆宝马5系都用不了这么多。

更大的危险在于看不见的地方，汽车原本是扩大生活半径的交通工具，而在中国完全变了味、走了样。加价路虎只是其一，而在中国让汽车变了味的例子比比皆是，在不久前闭幕的深港澳车展上，豪华车琳琅满目，如果说深港澳地区的经济发达还有情可原，一些国内车展的豪华车备受推崇则令人匪夷所思。最近几年，不管是北京车展还是上海车展，抑或是规模更小些的成都车展、广州车展，豪华车总能吸引众多人的眼球，售价几百万元乃至上千万元的汽车总是公众和传媒关注的焦点。我把这种现象称为"病"，而且"病"得不轻。在经济还没有发达到那个份上时，对豪华品牌的推崇到了登峰造极的状态，而事实上大多数人消费不起，因此当这些豪华品牌在路上发生交通事故时，往往成为千夫所指，由爱生恨。例如，当宝马发生交通事故的时候，不管公众还是传媒总是无限放大。而事实上，宝马3系在欧洲也是普通车，至少在价格上是这样的。而在中国，对品牌过于追求，不仅让我们完成了由爱生恨的快速转变，更助长了豪华品牌在中国的嚣张气焰。

让汽车回归到交通工具的原点的必要性还在于：一是杀一杀汽车行业的"歪风邪气"，不能让汽车的价值观继续扭曲；二是汽车产业调整结构的需要，给那些豪华品牌之外的汽车产业生存的空间。

第九章　何去何从新能源

新能源车"远水难解近渴"

人们可以举双手欢迎新能源车带来的节能，却不愿意或者说根本不能接受比传统汽车高得多的价格。在两者没有找到完美的平衡之前，充满诱惑的新能源车将是空中楼阁。在可以预见的未来 10 年，新能源车会迅速增长，但不太可能成为汽车消费的主流。新能源车和燃油车的新旧动能转换是趋势，却没有明确的时间表。

当时两则消息把新能源车的概念又拔高了一大截：一是时任工业和信息化部副部长

汽车运势：这个市场谁不动心

的苗圩披露说，国家将进一步加大新能源车的补贴力度，最高可补贴6万元，试点城市扩大至20个；二是在刚刚结束的日内瓦车展上，那个始终留着一撮八字胡的奔驰老大蔡澈与看上去儒雅的比亚迪总裁王传福，共同对外宣布要建立电动车品牌，连电动车品牌介于奔驰和比亚迪之间的定位也被和盘托出。

在我看来，新能源车是"魔鬼"。其实在苗圩披露具体的补贴标准之前，国内车企在新能源车上就已经大做文章了，正是基于国家有不菲的补贴，各个车企在一夜之间都冒出了版本不同的新能源车，有纯电动技术，有混合动力技术等。甚至有官员说，中国的新能源车技术和世界汽车工业的最新技术最接近。在奔驰和比亚迪联手宣布建立电动车品牌的消息后，比亚迪股价一周内上涨了5%。同样打着新能源的旗号，不少企业实现了"圈地圈钱"，这几乎等同于房地产商的"圈地"和"捂盘。"

新能源车在未来10年难以成为汽车消费主流的言论并非危言耸听，全球最早运用混合动力技术量产的新能源车丰田普锐斯，投放全球市场的时间超过10年，也才迈过200万辆的门槛，普锐斯同样在中国销售，年销量不过千余辆，这个数字与中国2009年销售的1364万辆汽车相比，实在微不足道。

如同京剧旦角有梅、尚、程、荀四大流派，新能源汽车全球有三种主要技术流派。第一种是以美国通用为代表的氢动力技术，这种号称零排放，甚至排出的水都可以喝的技术，诞生多年却普及程度最小，制约其推广和普及的是昂贵的成本。在美国纽约和洛杉矶，倒是各有十几辆氢动力技术的大巴作为城市公交来回穿梭，但是美国政府每年用在氢动力上的补贴高达上千万美元。第二种是以德国大众、宝马、奔驰、奥迪为代表的柴油技术，这种被称为TDI、CDI的技术与传统的汽油机相比，在不损失车辆动力的前提下，更加节能，始于20世纪80年代的TDI和CDI技术诞生20多年，欧洲市场的保有量超过200万辆。第三种是以日本丰田为代表的油电混合动力技术，这种技术的最大优点在于，当面对拥堵的城市道路时，车辆会自动将汽油机转换到发电机上，从而实现节能降耗，但对于不拥堵的城市来说，使用价值不大，尤其是在高速行驶时，油电混合动力在节能方面没有任何优势。

新能源车的三大技术流派各异，氢动力成本最昂贵，推广难度大；在没有更为有效的解决方案之前，TDI对消费者来说是看得见、摸得着的技术；油电混合动力则是一种相对节能的方式。记得在有一年日内瓦车展上，奥迪技术总监接受我采访时表示过，包括奥迪，欧洲的汽车企业并非不愿意发展混合动力的新能源车，主要是日本封锁电池技术。丰田、本田的混合动力的电池技术主要来自日本的三洋电器，而三洋电器的电池技术不会提供给日本以外的其他汽车企业。

这不禁让人想到,年轻的比亚迪先后与德国大众、奔驰两个老牌"劲旅"建立战略合作伙伴关系,这或许意味着比亚迪在新能源的电池技术上已经与三洋电器平起平坐,甚至超越三洋了呢?否则,奔驰这样的汽车鼻祖怎么会看上比亚迪呢!

不管是美国的氢动力、欧洲的TDI,还是日本的油电混合动力,对消费者而言,三种技术流派的共性是,价格比传统汽油轿车高出一大截。例如,排量1.6 L的普锐斯的价格在20万元以上,这个价格在国内买辆B级车绰绰有余。

我认为,新能源车的最大意义是唤醒人们节能、环保意识。

不过,新能源车的普及任重道远。时任宝马大中华区总裁史登科曾说,宝马只有在"永不妥协驾驶乐趣"的前提下才可能考虑新技术的运用。传统的内燃机技术经过上百年的发展最可靠、最可行。在传统内燃机的基础上如何提升高效动力更为现实,新能源车这个概念的"远水"短期内解不了现实的传统内燃机的"近渴"。例如,当全球的政要云集哥本哈根,忧心忡忡为全球气候变暖商讨对策上,可能不知道自己的行动本身就不环保,去开会时乘坐的都是大排量的豪华汽车……

电动车只是个传说

2010年11月初在深圳举行的第25届世界电动车大会暨博览会,更像是一个招商会、洽谈会、摸索会。举办了25届的电动车大会吸引了世界上60多个国家参会,真正的电动车只有区区的55款,且大多还存留在概念阶段,即使在深圳上市的国内首款高性能纯电动车奇瑞瑞麒M1-EV,也是在原有QQ车型的基础上改进的车型。平均下来一个国家不足一辆展车,而中国参展的数量就超过了10款。这个号称代表当今全球最高科技和趋势的电动车博览会上,根本找不出一款真正意义上的电动汽车,标致汽车总设计师曾告诉我,成熟的电动车技术意味着汽车的造型和车舱需要重新布局,电动车的造型与传统汽车将出现很多不同。参照这个观点,深圳的电动车大会暨博览会上的展车,与其说是电动汽车,倒不如说是传统汽车的"油改电"。佐证之一,我让工作人员打开了几辆所谓的电动汽车,传统发动机改为电机后,整个车舱立刻变得硕大无比,空出的位置都能容纳下笔记本电脑。可见,电动车在全球的发展是多么艰难。

就在深圳电动车大会自身也是乱糟糟的。概括起来,供应商比整车厂商多,电池供应商的数量是整车厂商的三倍还多,展示的电池之多堆积起来足以将新能源车淹没;卖电池的比卖整车的多，除了奇瑞的瑞麒 M1-EV 高性能纯电动车上市，时常会有工作人员走到各个展台，用散发小广告的形式推销电池技术；打探消息的比成熟技术多，尽管参展厂商信誓旦旦表示掌握了核心技术，但是都会悄然走向别的展台，打探有没有更好的电池技术。

不可否认，电动车是新能源车的未来，但是不应该把宝都押在电动上，应该允许有几种模式。如时任一汽-大众总经理安铁成所说的轿车柴油化的节能，日本丰田的混合动力、德国大众的 TSI+DSG 和蓝驱技术、宝马的高效动力技术、马自达的车身轻量化等，这些技术路径不同，但是在节能降耗方面完全能够满足当前的需求。别说一个国家，一个企业也该押宝在一种技术上，丰田副社长内山田竹志说，外界所熟知的只是混合动力的普锐斯，在新能源上，包括插电式纯电动车在内的十几种模式丰田都有尝试和储备。

从当时国内掌握和披露的科研成果看，比较普遍的是增程式电动汽车，其续航里程最多不超过 200km。这种概念相当于一辆电动车在北京五环转一圈可能就没电了，或者说去趟天津都开不回来。

相对传统汽车更高昂的售价，也使得电动车在中国普及将非常艰难。在节能、环保的意识上，中国还缺乏广泛的群众基础。更何况在汽车消费方面，消费者更习惯用靠谱的车。在诸如遇到极端冷或热天气情况下，如何保证电池不衰退的问题没解决之前，愿意尝鲜者寥寥无几。

电动车纳入国家战略后，很多企业迅速跟进，看中的是要钱给钱、要地给地。私下，很多企业还在玩命做传统汽车，因为电动车时代，汽车企业的作用就很小了。例如，核心的电池技术 80% 掌握在国外公司手中，汽车油改电之后，国家电网将成为第二个中国石油和中国石化。

"别相信电动车，电动车只是个传说"的另一个含义在于，在我爷爷上学的时候，老师告诉他中国的石油还能用 50 年，而我上学的时候，老师也是这么解释的。我们需要节约能源，但是中国的石油到底能用多少年呢？我们需要电动化，但更需要多元化的能源结构和技术。

新能源车的好消息与坏消息

对于那些已经摇到新能源车号却为买什么车举棋不定的消费者来说，可以到一嗨租车先租一辆试开一段时间。好了买之，不好再放弃也不迟。

汽车运势：这个市场谁不动心

2014年9月9日北京市科委称，北京市纯电动汽车个人上牌数量突破1000辆。尤其新能源车免征购置税新政自2014年9月1日实施后，消费者前期抑制的购买热情得到了释放，购买新能源车的人数明显上升，在京可以销售新能源车的经销商接到的订单明显增多。

不过，在看到个人新能源车上牌数量突破1000辆大关的同时，我们也不该忽略另外一组数字：在已经配置给个人的4852个新能源小客车指标中，持指标上牌量少得可怜，算上刚刚突破的1000辆，还有3000多个指标空着，上牌量不及摇号中签量的三分之一。尽管北京两个月一次的购车摇号增加了新能源车配置指标，但是申请新能源车号段的人数不升反降，甚至出现了因个人和单位申请指标数均小于当期指标配额的情况，摇号者无须摇号而直接获得配置。为此，北京出台了指标到期后可再延长6个月的鼓励性政策。在消费者不选择购买新能源车的理由中，里程焦虑的比重很大。大家担心，在拥堵的北京，较短的续航力会让车子半路"趴窝"。

这也正是提倡先到一嗨租车租一辆试开的理由。2014年8月底，上汽与一嗨租车签署战略合作，首批采购1000辆上汽荣威的新能源汽车，主要车型包括插电式混合动力轿车荣威550PLUG-IN和纯电动轿车荣威E50。一方面，一嗨租车一家的1000辆可以匹敌北京一个城市的量；另一方面，上汽与一嗨租车在框架协议中明确强调了首批的概念，也就是说今后还有更多。此外，一次性1000辆对还处于初级推广阶段乃至步履维艰的整个新能源车产业来说是标志性的大事。这种做法无论对企业有多么"高大上"的意义，对消费者而言，都如同装了一道计算机杀毒软件的防火墙。一嗨租车也是在海选了市场上林林总总的各种新能源车后，才决定是上汽新能源车的。一嗨租车作为中国最大的汽车租赁公司，一次性采购1000辆新能源车这么大的事儿，必须对自己负责，更得为租户负责。譬如，一嗨租车看中的是荣威550PLUG-IN超过500km的续航里程，与传统汽车相比，油耗降低70%，在可充电条件下，50km使用每千米成本低2.8元，百公里使用成本仅26元。

新能源车的好消息坏消息，既包括市场上每增加一辆的喜悦，又包括充电桩等基础设施匮乏的隐忧，还包括有些车企浑水摸鱼。在国家鼓励新能源车的政策下，"染指"新能源车的企业如雨后春笋，不少摇旗呐喊的车企抱着先拿到补贴，新能源车成色如何再另说的心态并不少见。例如，标榜续航里程150km实际只有80km的企业，这也反馈到市场上，导致消费者不愿意买也不敢买。

新能源车要想有所作为得按照市场规律发展。

丰田在华好好"混"

为什么又是丰田？

在传统汽车领域，卡罗拉以累计4000万的销量保持着单一车型的吉尼斯世界纪录；在混合动力领域，截至2021年，混合动力车型（HEV）的累计销量超过1700万辆。在烟波浩渺的全球汽车百年历史进程中，卖得最多的单一车型和环保车型均由丰田创造，两项纪录让业界望其项背。

在寸土寸金的日本东京都市中心的涩谷丰田山口经销店，2016年所销售出的542辆各型号汽车中，混合动力车型的比例接近50%。而在东京丰田39家经销商的店面中，混合动力车型的比例与山口店大体相当。山口店总经理铃木孝一的本子上，详细记录着混合动力车型15年来销售比例的变化，混合动力普锐斯的销售比例已经从1997年第一代的0.4%，逐渐提升到今天的28%。尽管普锐斯现在的销售比例有些许下滑，但是皇冠、凯美瑞等车型的比例上升明显。数据显示，全日本混合动力车型的比例达50%。也就是说，日本市场上每销售两辆汽车，就有一辆是混合动力车型。

铃木孝一如数家珍般说的枯燥数字背后是消费者逐渐接受混合动力车型的过程。丰田公司营业企划佐藤隆则说，1997年第一代普锐斯推出时，良苦用心的"买一辆与21世纪同步的车"的广告词并没有多少人赞同，尽管企业和经销商投入了相当大的物力、人力，但当时的消费者只是今天看来接受新鲜事物较强的"环保达人"和"土豪"等窄众人群，远不像现在，律师、医生、议员等都是混合动力车型的座上宾。佐藤隆则表示，甚至有人放弃奔驰而选择开混合动力车型上下班，他们认为车价虽不及奔驰，但感觉身份丝毫不低。

当然，政府也是混合动力在日本得以普及的推手。例如，消费者在购买混合动力车型时，可享受补助金、购置税减免、重量减重税等12种费用的减免。以皇冠为例，除去各种补贴，一辆混合动力版皇冠的价格只比传统汽油版高出8%～10%。由于混合动力皇冠的百公里油耗不足6L，高出的车价成本一年内就能从油耗"省"出来。尽管随着混合动力的普及，政府的税收减免政策逐渐递减，但是混合动力车型的销量没有受到大的波及。佐藤隆则表示，因为"没什么比节能和环保更重要"的理念深入人心。为此，丰田汽车正在以每年增加100万辆的速度满足市场需求。

如果说，政府的鼓励性政策是形式，丰田对技术的追求则是混合动力行销全球的源点。地处静冈县胡西市的大森EV电池工厂，是一家由丰田汽车与松下电器合资的跨界（丰田控股 80.5%、松下电器参股 19%）电池株式会社，专注于混合动力／电动车用镍氢蓄电池、锂离子电池的管理开发、制造、销售，是丰田混合动力汽车电池最主要的生产基地，已累计为 700 万辆混合动力汽车提供原动力。丰田汽车副社长松平说，现在搭载在 AQUA 车型上的镍氢电池只有三十几公斤，重量比过去降低了一半。电池重量的减轻源于丰田独有的"改善"传统，类似于国内企业中的合理化建议。丰田最多一年收到的全球员工合理化建议多达 30 万条，社长丰田章男也会出席年度合理化建议表彰大会，并亲自颁奖。

所谓混合动力汽车，是指动力系统包括内燃机和电池组，电池组负责在启动和加速时向汽车提供辅助动力，内燃机负责在高速行驶时驱动汽车并通过发电机向电池组充电，无须外接电源进行充电，电池包不能单独驱动汽车行驶。可贵之处在于，它不是传统汽车技术的改良，而是一种面向未来的技术。

我在日本访问五天四夜，是名副其实的发现之旅，从丰田汽车博物馆到堤工厂，从丰田资助的爱知县地球环保村到与松下电器的合资电池工厂，再到东京的经销店，一路走来都能感受到丰田的专注与严谨。

丰田显然希望把混合动力在全球 80 多个国家和地区的经验移植到中国市场，在华好好"混"。在东京湾的游船上，丰田中国执行副总经理董长征把混合动力比作"中药与西药论"："中药和西药最根本的区别在于，中药是几千年来以人的试验发展形成的，西药则多是通过动物的试验后移植到人上的。丰田的混合动力就是中药和西药的结合，经过 15 年的发展拥有 700 万辆的保有量。丰田已经决定实现混合动力技术的国产化，并率先在国产雷凌和卡罗拉上搭载。"全新传统车型雷凌和第 11 代卡罗拉刚刚推出，丰田就宣布混合动力车型将国产的信息，放在以往，这是兵家大忌。从这点上，我们不能再责怪丰田在中国市场"保守"了。

从腾势可期到借道奔驰续命

融合了戴姆勒造型和比亚迪技术的电动车品牌——DENZA 腾势，在 2013 年 4 月"掀起盖头来"！在没有人说清楚电动车前景之前，上海车展亮相的 DENZA 腾势，至少是一个可以期待的汽车新生力量。

DENZA 腾势是国内首个专注于新能源汽车的合资品牌，合资双方分别为最有丰富造车经验的德国戴姆勒及代表未来发展方向的比亚迪。因此，合资公司从 2010 年成立之初就备受关注。因为，即使放眼全球，DENZA 腾势也是首屈一指的电动车品牌。说得更直白一些，虽然它长得还是四个轱辘的汽车，但是它开启了不用汽油作为燃料的电动车时代。这恐怕也是把"电动未来"当作 DENZA 腾势 DNA 的缘由。

合资双方不乏重量级的人物，中方如王传福、廉玉波，外方是戴姆勒东北亚总裁唐仕凯等"一把手"。具体到 DENZA 腾势，这个"混血儿"浑身是宝，车身造型由戴姆勒主导，电池、电机、电控等核心技术由比亚迪提供。DENZA 腾势结合了戴姆勒和比亚迪双方的优势。

一张中国地形图上密密麻麻地标注了 DENZA 腾势测试过的路线图，北到黑龙江牙克石的极寒低温，南到海南的高温高湿，中间还穿插着北京、上海等地的耐久性、结构性等测试。比亚迪戴姆勒新技术公司首席运营官罗林格称，正式量产前，DENZA 腾势完成历时 18 个月的"双百"测试。"双百"即里程超过 100 万公里的测试，试制样车 100 辆的试验。例如，仅用于高速、翻滚等安全碰撞的样车数量就有 20 辆。在合资公司出任总裁的比亚迪总工程师廉玉波说，这么做的目的就是确保 DENZA 腾势能够达到电动品牌的属性标准：续航里程在 200km 以上并且确保安全。

从电动车的数据上看，DENZA 腾势是一款标准的三厢中级车，电池容量约为 45kW·h 电，电池重量在 600kg 左右，为高压 600V。DENZA 腾势的电池、电机、电控等核心技术"源于 E6，高于 E6"。为了做到电池"高压安全"的万无一失，廉玉波说，DENZA 腾势的电池组件采用钢制外壳、铝制底座进行严密包裹，高压管理系统则犹如电动汽车的"雷达"，可以监测电池和动力系统零部件之间的能量流，一旦发现任何异常情况，系统会自动切断能量流，最大限度地保护驾驶者和乘客的安全。低成本和环保是 DENZA 腾势的绝对优势，百公里运营成本比传统汽车节约至少一半。

比亚迪戴姆勒在深圳坪山工厂为 DENZA 腾势建立了年产 4 万辆产能的生产线。

真希望腾势的未来如同它的 LOGO 一样美好：在整个圆状的 LOGO 两侧是两只看上去略显抽象的手，一只代表着戴姆勒的百年经验，另一只代表着比亚迪的技术，中间如沙漏般的蓝色是一滴滴水，象征着清洁能源。

与华晨宝马之诺的昙花一现或是作为试验品不同，尽管腾势的首款车型没能成为市场主流，但是腾势还在续命，融合了奔驰"型格"和比亚迪技术的腾势 X，纳入北京奔驰销售公司的渠道销售，成为腾势的延续。

知豆打开纯电动车一扇窗

去过南极的人，都有着在经历漫漫征途抵达后，在石头上写下自己名字以示纪念的经历，而在被世界各国不同肤色的人们涂鸦的诸多名字中，有一个镌刻在石头上的红色"知豆"格外醒目，它不是人名，而是车名。这个名字承载着一个鲍文光成为全球绿色智能交通生态领导者的梦想，知豆曾是真正打开通往纯电动车市场的一扇明亮的窗。

与其他电动车的"高大上"不同，知豆就是"城市微行纯电动车，是城市交通工具的补充而不是替代"。新大洋电动车总裁鲍文光在如此亮明观点的背后，是知豆2015年7400多辆的销量，凭借这个数字知豆在全球纯电动车的销量排名第七，仅比排名第六的奇瑞QQ EV少了525辆，而排在知豆之后的不乏人们耳熟能详的smart for two ED、大众e-up等"大腕"。

虽然品牌不及特斯拉、聆风等如雷贯耳，但是知豆给人如沐春风的感觉，没想到纯电动车可以是这样的。以知豆的豆豆D1为例，2.76m如Smart大小的车身，无论是拥挤的车流还是狭窄的小巷中皆可应对自如，车辆本身采用全球领先的正向设计，轻量化、小型化的纯电动车专用车身底盘和可调节式电机控制器，以及新大洋专有传动系统等核心装备，百公里使用成本仅4元，车价除去新能源补贴为6万元左右，小车却有大智慧，可实时监管车辆关键零部件的工作状态，车辆一旦驶离续航安全区域或剩余电量不足，系统将自动报警并进行充电导引，续航里程可达到200km。除了具备省钱、灵动的特性，其造型浓而不艳且非常时尚，作为一辆纯电动车，知豆可谓麻雀虽小五脏俱全。

知豆在海外的名声比国内大很多，在诞生了法拉利、玛莎拉蒂、兰博基尼、菲亚特等汽车豪门的意大利，知豆更是"座上宾"。在布斯托-阿西齐奥、比萨和摩德纳小等城市，都能看到知豆的身影，如在布斯托-阿西齐奥的城市汽车共享项目中，知豆用于该市的汽车共享服务。从比萨机场出来，可以选择用"知豆"作为代步工具到目的地。这种分时租赁的模式与国内很多城市的公共自行车类似，用户可以在最近的停车场，以较低的价格"租"一辆知豆电动车，也可异地还车。鲍文光说，知豆在意大利、法国、西班牙、德国等国家屡获好评。

国内市场成为知豆重要的增长点，在与众泰和吉利的合资先后通过后，解决了生产资质难题的知豆成为许多城市的第一款获准上牌的纯电动车。凭借较低的使用成本和灵动的空间，在2014年国内七八家主流电动车厂商中，知豆销量排名第二。鲍文光称，专注小型化、轻量化和续航里程合理化的知豆，拥有兰州和杭州两大基地10万辆产能。

2015年5月意大利米兰举行的世博会上，由数十辆电动车组成的知豆自由穿梭，向世界各国公众展示着中国汽车的风采。这只是知豆进入欧洲市场的其中一个成果，在世博会上还有意大利佛罗伦萨一次性采购200辆电动知豆，而在另一个城市布斯托－阿西齐奥（busto-arsizio）政府的城市汽车共享项目中，20辆来自中国的知豆品牌微行纯电动汽车入围。这些车辆将用于该市的汽车共享服务，以实现更好的节能环保和方便市民出行的需要。

城市化进程不断加快加深，交通拥堵、环境污染及人们出行难等城市发展综合征接踵而来，为了解决如上问题，"汽车共享"应运而生。世界上比较先进和成熟的汽车共享模式包括法国的autobli'、德国的car2go、美国的zipcar及意大利的Share'N GO，其中Share'N GO模式在租赁用车和运作模式方面较为新颖而独特。知豆汽车凭借微行特质及产品的先进性脱颖而出，成为其重要的合作伙伴和项目的唯一用车。由此，Share'N GO也形成了"新能源汽车""微出行理念""智能分时租赁"三位一体的独特汽车共享模式，能够让人们以更低成本、更便捷、更环保的方式出行。

Share'N GO具有共享共用、低碳环保、智能科技、按分计费等特点。知豆作为唯一指定用车，其纯电动零排放无污染的产品特性，造就了低碳环保的特点；按分计费的方式突破传统汽车租赁按小时和天数收费的模式，并且省去了燃油费、保养费、停车费等支出，可以为市民节省约70%的出行成本；Share'N GO智能技术平台可以精确地展现城市交通路况，更能让用户通过智能手机终端或电动车租赁卡轻松完成租赁业务。此前，Share'N GO模式已在欧洲诸多城市（如比萨、摩德纳等）推广，极大地提高了当地居民的出行便利性，受到当地社会各界人士的认可。

令人惋惜的是，在造车新势力逐渐成为气候的今天，生不逢时的知豆由于时机上布局太早，没能等到新能源的春天，成为电动车的先烈。

卡罗拉双擎哪里"行"

一汽丰田销售总经理姜君2017年10月在退休之前的记事本上，详细记录着卡罗拉双擎自2015年12月上市以来的订单情况，从最初的不足千辆到超过万辆，每增加一笔订单，姜君对丰田双擎的信心就增加一份。

一汽丰田在未来5年规划的17款新车型中，有9款搭载双擎技术。姜君认为，大众的涡轮增压代表着汽车行业的今天，丰田双擎代表着汽车行业的明天。以技术划分时代的时候已经来临,中国汽车必将实现从大众涡轮增压到丰田双擎技术的转换。

从单纯的汽车技术路线图上来说,在以大众为代表的涡轮增压将传统汽油车的技术引领一个时代之后,在以纯电动为技术的新能源来临之前,被丰田称为双擎的混合动力技术无论是技术还是环保,哪怕是节能和使用成本上,双擎技术都是当今汽车世界最为先进务实、靠谱的技术。支撑这个技术可行的有丰田在全球超过800万辆双擎车的保有量,支撑这个技术在中国有"戏"的是丰田首次把这一技术放在了本土之外的中国进行国产。

时任一汽丰田销售副总经理的平野雅则在派驻中国之前,有着在日本开过EV车辆的体会。从驾驶的角度来看,令人不安的是充电一次可行驶的距离比较短。更不安的是剩余电量可以支撑多少行驶距离难以估计,也就是行驶距离会急剧缩短。例如,坐EV车的驾驶席,看到仪表盘显示还可以行驶50km,所以就会自然地推断剩余的电量足够车辆行驶到家了。但是,要是在夜间开着车灯行驶,或者是在雨天开着雨刷器,或者听听音乐等,剩余电量会骤减,原本可以行驶50km就会突然变到行驶30km,或者行驶距离突然减少到10km等。所以,EV车作为短距离的交通手段是有优势的,但是否能作为通用的交通手段,或者说是否能称为主流的汽车,还有着很多课题需要研究。

什么是双擎,如果字面上讲的就是两个动力引擎,发动机与电动机相结合,两套动力产品并不是单纯叠加在一起,而是有机结合、协同工作,实现车辆动力性能,以及实现良好经济性和环保性能。卡罗拉双擎混合动力主要部分包括一个1.8L发动机、混合动力蓄电池、混合动力控制单元(PCU)及电子无级变速系统。整个混合动力系统最大输出功率是100kW,其中电机输出功率占53%,卡罗拉双擎是一个强混车型。1.8L循环发动机不仅改善了发动机的进气效率,而且让发动机的膨胀比高于压缩比,让燃油发挥作用,从而提高了燃油经济性,省油其中一部分是从发动机带来的。

另外一个核心部件就是混合动力蓄电池,整套系统采用的是镍氢的蓄电池,重量轻、稳定性好、寿命长,保证电池 8 年或 20 万公里保修,丰田混合动力车型在全球销量 800 万辆,没有发生过一起故障和事故,电池有效的寿命与整车是等长的,卡罗拉双擎报废前不用换电池。另外,这套混合动力蓄电池还具备自我保护功能,通过车载电脑,同时监测是否漏电,在极端情况下,如发生碰撞事故,电脑会及时切断电源。也有人担心电池的辐射问题,卡罗拉双擎与普通汽油车是一样的,大家完全没有必要担心。被人们称为电子无级变速器的 ECVT 是丰田传家之宝,设计非常巧妙,利用齿轮组进行动力分割,使电动机的动力实现高效、无缝的分配。

双擎的工作状态是,起步时车辆低速行驶,这时发动机的效率非常低,发动机仅用电机驱动,这样的好处是平顺、安静,而且有效降低油耗排放。正常行驶过程中以发动机作为主要驱动力,根据实际行驶状况,发动机所产生的能量转化为电能。另外,加速行驶时,尤其是全力加速时,发动机、电动机会同时工作,这样依靠 ECVT 变速箱,实现迅猛顺滑加速。减速时,将能量存储在蓄电池中,进而转换为行驶用电。最后停车时,发动机、电动机、发电机都自动停止运转,不会带来不必要的能量消耗。

国产卡罗拉双擎的核心部件包括蓄电池、控制桥,也是首次在日本本土以外生产。在国产化的研发中,进行了大量适合中国市场路况的使用测试,在从东到西、从南到北各种极限挑战情况,包括密闭性实验、振动实验、冷启动实验,以及山路、上坡路、拥堵道路、长的下坡路等道路状况下进行了充分的实验。

双擎优势多多:第一,动力强,在 20～50km/h 时速下,加速时间只需 3.1s,跟竞品相比非常有优势;第二,特节能,百公里油耗不到传统汽油车的一半;第三,更环保,最大限度减少尾气排放,减少环境污染;第四,更静谧,车辆有一些相应的特别设计,最大限度地抑制行驶中的噪声;第五,无须外部充电。

截至 2021 年,丰田混合动力汽车全球销售超过 1700 万辆,同等车身尺寸,动力性能与汽油车相比,累计节约 300 亿升汽油,相当于 1000 亿个易拉罐的容量,减少二氧化碳排放超过 1 万吨。

我们需要什么样的新能源车

三个桥段可以看作 2014 年是中国新能源车元年的标志:半个月前,有人用草船借箭的成语调侃北京以及华北多地持续长达一周的雾霾天气;正在召开的"两会"上,李

汽车运势：这个市场谁不动心

克强总理以"该淘汰的一辆也不能留"的铿锵话语点名"黄标车"；2月26日，北京市民王铁铮成为北京新能源车的首位车主。

串联在一起的三个桥段清晰地预示着，嚷嚷多年的新能源车的市场化将迈出实质性步伐。此前，上海、深圳等地在新能源车的推广上不断释放出鼓励的信号。在传统车屡摇不中甚至百里摇一的情况下，北京市2014年2万个新能源车牌照的数量显得弥足珍贵。

根据北京市经信委的公告，北汽、比亚迪、上汽、长安、江淮和华晨宝马6家企业的8款车型进行了首批申报，其中北汽E150EV和比亚迪e6成为首批公布的可以购买的两款车型。由于北京首位新能源车车主王铁铮选择购买的是北汽E150EV，因此让北京相关部门承受了压力，有人说是地方保护。其实不然，包容的北京市并没有那么小气。

我们需要什么样的新能源车呢？

新能源车的不可承受之重，既是保护环境节能减排的利器，又肩负着汽车产业结构升级，甚至弯道超车的使命，犹如多年来自主品牌不断与合资品牌循环往复，屡战屡败却屡败屡战的抗衡一般。

目前，中国多家车企都在新能源车上"摩拳擦掌"。数据显示，全国有100多个企业在新能源车上"煽风点火"。不过，具有真正意义上新能源车特征的除了北汽的E150EV和比亚迪e6，上汽、奇瑞、江淮，乃至上海通用、华晨宝马等企业都拿出了不少像样的产品。例如，上汽荣威E50，不同于目前国内绝大多数由内燃机车平台上改装而来的纯电动车型，荣威E50采用专为纯电动而全新开发的整车平台，是中国首款完全意义上的纯电动汽车，可谓天生电动。如果按照60公里等速的百公里能耗公告值和普通用电价格计算，荣威E50行驶每百公里的花费将不足8元，如果以每天上下班行驶50公里计，每天的电费支出仅为4元，而使用同级别燃油汽车，每天油费支出至少30元。合资品牌方面，华晨宝马推出的之诺1E同样有板有眼是纯电驱动，零排放……

在新能源车元年，格外需要呵护新能源车的环境。例如，需要制定"严于律车"的质量标准，"宽以待企"的开放心态。本土企业和外地企业，中国企业和外资企业，应该一视同仁。不管是纯电动还是插电式混合动力，或者是具有前瞻性的通用汽车的氢燃料以及本田的生物技术的车型，只要有利于节能环保，有助于洁净蓝天的车型都可以公平地登上"大雅之堂"。同时，很多观念上的认识同样需要与时俱进，如一提到柴油车，有人就觉得"乌烟瘴气"，其实不然，现在的柴油技术所带来的环保节能水平远比汽油车"给力"。

他山之石可以攻玉。从一组中美两国在新能源车发展上的数据可以看出端倪，2010

年中国新能源车的数量是5087辆，当年美国仅345辆；到了2013年，中国的新能源车数量是17642辆，美国则反超至96000辆。超越背后折射的是美国对能源和环境友好的核心诉求，因此在美国销售最好的前十名新能源车中，既有雪佛兰沃兰达和特斯拉Model S这样的美国本土品牌，也有诸如日产聆风、丰田普锐斯、Smart这样的非美国品牌，在前十名名单中美国本土企业和外资品牌各领"半壁江山"。

北京应成新能源车百花园

凡是有利于节能减排，凡是有助于洁净蓝天的车型，都应该像"北京精神"核心价值观中所秉持的"包容"二字一样，持欢迎和开放的态度，作为一国之都和首善之区的北京应该成为新能源汽车的百花园。

在北京的机动车保有量超过540万辆，北京在新能源车的推广上明显"换挡提速"。最近一个月来，北京的新能源车推广明显提速，面向市民可售的车型从最初仅有的北汽E150EV和比亚迪e6两款车型，迅速增加到包括上汽荣威E50、之诺1E在内的7款车型，并且今后将分批公布更多的新能源车型，尽管诸如腾势在内的车型还没有公布最终的售价，但是在新能源车的推广力度上，北京体现了开放的态度。短时间、多批次的公布也缓解了业界此前对北京地方保护的质疑。

当然，在新能源车的推广上，还有很多工作要做。新能源车是一个笼统的概念，仅仅把它定义为纯电动车，这个概念定义窄了，也在一定程度上把这本书读薄了。按照业界共识和行业规律，新能源车由易到难应该分为弱混、中混、插电式混合动力、增程式混合动力及纯电动车三个阶段。北京起步就是终极阶段，步子迈得有些大了。例如，哪怕在全球范围内，纯电动车在续航里程、电池污染、充电桩的安装等方面，都属于刚刚起步试验的阶段，受高成本制约等因素的影响，远远谈不上大规模的商业化、产业化。

纯电动车只是新能源车的一种。符合节能减排和洁净蓝天技术的新能源车还有其他几种形式，比如非常成熟的混合动力技术和插电式混合动力技术的车型。丰田的混合动力车型普锐斯已经经过全球500万辆用户的使用；国内车企方面，上汽的荣威550插电式混合动力技术同样很成熟，直白地说，这些技术是一辆车拥有两个"心脏"，想用油时用油，想用电时用电。例如，欧洲已经非常成熟的TDI柴油技术车型，耗能既少污染也小。多年以前，一汽-大众的柴油捷达曾经在新疆创造过一箱柴油行驶超过1000公里的纪录。

倘若把新能源车比作一个饿肚子的人，纯电动车、混合动力及插电式混合动力技术的车型，就好比川、鲁、湘菜，虽然风味各异，但是都能吃饱肚子，让天变蓝除了纯电动车，还有更多选择。

就如同谜一样的雾霾构成，汽车在环保节能上，应该能做的是多种模式、百家争鸣、百花齐发。"一花独放不是春，百花齐放春满园。"很多汽车企业看重的可能并非北京市场每年三五万辆的新能源车的保有量，而是北京在全国的风向标和示范性作用。

新能源车弯道提速比超车更重要

要想实现中国在新能源汽车领域的弯道超车，首先要弯道提速。离开这个必需的条件和基础，弯道超车也许是天方夜谭。

弯道超车是中国新能源汽车的专属代名词。在传统的汽车领域，尽管中国有数十家规模不等的自主品牌，但是与合资品牌相比，无论技术、规模，还是市场占有率，本土的自主品牌一直扮演着追赶者的角色，尽管获取了些许市场，但是所有自主品牌累计销量不及大众汽车一个品牌多的事实，预示着自主品牌在传统汽车领域的失守，甚至"失身"。

在新能源车上实现弯道超车是个不错的想法，也是有可能的。因为中国既不缺乏政策的鼓励，也不缺乏推广新能源车的市场。为此，相关部委制定了"2015年50万辆"新能源汽车的国家目标。在政策层面，鼓励性的政策密集出台，仅7月，就有免征车辆购置税、政府公务车采购比例需占30%、统一标准和目录三大等利好。习近平总书记在2015年5月视察上汽集团时特别强调："发展新能源汽车是我国从汽车大国迈向汽车强国的必由之路。"在市场

层面，中国每年 2000 万辆的规模中，新能源车若是 1% 的比例，就是 200 万辆的规模，有着足够新能源生存的土壤。中国大力推广新能源汽车的另一个目的是减排降耗。

中国是世界上最重视新能源汽车的国家之一，从商业化时间上看，5 年前中外电动车确实处在同一起跑线上，毕竟当时中外都没有成熟的量产车型。而今天，大众的 UP、宝马的 i3、i8、之诺 1E、奔驰等巨头纷纷展示了两年内登陆中国市场的电动车产品。与跨国巨头相对应的中国本土产品是北汽 150EV、上汽荣威 E50、荣威 550 PLUG-IN、比亚迪 e6 等。尽管这些本土产品与跨国巨头同属新能源车的范畴，但在品牌溢价力上显然不及国外同行。

中国新能源车要想实现弯道超车的初衷，需在两个方面弯道提速。

一是破解当前的三难：规划落实难、公平竞争难和技术突破难。例如，公平竞争难层面，许多示范城市为保护本地车企，设置准入门槛，导致新能源汽车"推而不广"。长期以来，地方保护成为各大车企无法逾越的门槛。需要消除地方保护主义，真正为所有新能源汽车打开全国市场，消费者可以自由选择心仪的新能源汽车，不会再因本地市场无法购买而放弃。上海的开放模式充满包容，值得点赞：对进口、合资、自主品牌新能源车一视同仁。所谓的上海模式，就是以市场为主导、开放共享、去行政化，一切新能源汽车都可销售，既不给"家门口"的上汽当"保护伞"，也不给上汽以外的其他车企当"绊脚石"。

二是技术提速。在美国，随随便便就可以搞出一个特斯拉。而在中国，系统性在新能源技术上有储备的只有上汽集团等企业，过往 5 年上汽在新能源车上的投资花了 60 亿元，攻坚"大三电""小三电"，构建了新能源汽车关键零部件体系，是国内最先进的新能源汽车生产基地。以荣威 E50 为例，在已经开放的北京市场，扣除国家、地方和上汽补贴，再减免购置税后实际售价只需 11.78 万元，纯电续航里程 120km，完全满足城市短途代步、日常通勤的私人消费需求。类似于上汽这样专注的还有以生产电池著名的比亚迪汽车，其凭借着在电池领域的独特技术，获得了戴姆勒的青睐。

只有实现了弯道提速，才有可能弯道超车。

没有互联网思维甭谈互联网汽车

在这个开口闭口不谈互联网都不好意思跟人打招呼的今天，千万不要被互联网汽车给"忽悠"了，互联网汽车的本质首先是汽车，剩下的才有可能是互联网。

汽车运势：这个市场谁不动心

互联网汽车是乱象丛生，安个屏幕就说是互联网汽车，有的带个语音导航也敢说是互联网汽车，甚至有的车装个 USB 插口也敢说是互联网汽车，还美其名曰是"互联网汽车的初级阶段"。这些令人眼花缭乱的互联网汽车有种令人捧腹大笑的"赶脚"。

将互联网汽车概念引入中国的应该是特斯拉，甚至一些汽车界人士起初也被特斯拉给弄得"懵圈"了。宝马大中华区总裁兼 CEO 安格在多个场合曾谈及对特斯拉的看法："汽车最本质的是驾驶，人们过多地把精力放在屏幕上会影响驾驶安全。"和很多人的看法一样，互联网汽车绝不是在中控台上安装一个大屏幕或 iPad。特斯拉之所以弄出那么大的动静，一方面在于以 IT 的角色做了传统汽车应该做却没做的事儿，另一方面以新能源车为幌子拿到了汽车行业的"护身符"。因此，一提到互联网和新能源车，人们就会想到特斯拉。其实，从车本身上来看，特斯拉只是一部能开走的车，远谈不上驾驶乐趣。如果从汽车工程学的角度来看，底盘铺满电池后满身负重的特斯拉尤其在行驶中转弯时还存在不小的安全隐患，至少与传统车转弯时的自如相比，特斯拉显然"腿脚"不方便。这道理就如同一个人减肥，采取的方法不是跑步或游泳，而是身上绑满沙袋。

特斯拉是一种，除特斯拉之外国内的互联网汽车的概念也方兴未艾。乐视借道北汽、新浪联手英致、阿里巴巴与上汽、百度与宝马、奇瑞与博泰等。透过端倪看到几个现象，一是传统车企不拒绝，但互联网行业更主动；二是先有个概念，将来做成什么样，谁都不好说。把互联网汽车概念吵得震天响的表象的背后是资本有需求，车企有迎合。资本的推动力是催生众多互联网汽车概念的最大由头。至于能造出什么样的互联网汽车，那就看资本的钱能"烧"多少、"烧"多久了。没准儿初衷是想造辆互联网汽车，结果只"烧"出个汽车硬盘而已。

国际上，宝马、奔驰、奥迪、沃尔沃、大众等首屈一指的汽车巨头，围绕互联网汽车看法也不尽相同。沃尔沃的智能汽车、奔驰面向未来的无人驾驶等都先后展示了阶段性的成果，这些技术更多的是代表企业面向未来实力的展示，但量产遥不可及。这些对寻常百姓来说，如同看电影，灯一亮梦该醒。

互联网汽车的本质必须是一辆安全的汽车，互联网是满足车主需求的道具。试想，一款车上网速度快，音响效果哪怕是 bose 的，车质量总出问题又有何用。因此，"以用户需求为核心的互联网思维"值得汽车企业学习，也是解决当下汽车销量的利器。

互联网思维比互联网汽车更重要。

爱驰U5，造车"老男孩"焕新代表作

爱驰U5上市两周，弄出的动静不小。不仅公布正式价格后订单数量喜人，也让2019年成都车展期间"盲定"的3000多辆订单进一步"坐实"。除订单之外，消费者和行业对"第一个孩子"的评价都是积极而正面的。众多传统造车"老炮儿"呕心沥血打造的焕新之作开局良好，真为这些"老男孩"在新势力上的作为高兴。

爱驰U5按类别属于新能源、新品牌范畴，但是他们在调性上首先用品质"打底儿"，这正是造车新势力缺乏的，也是对消费者最关心的痛点的回应。"发生深刻变化的市场现在需要靠谱的新能源车"，爱驰汽车联合创始人兼总裁付强说，虽然有很多新能源车强调互联网比较多一点，但是爱驰强调德系基因比较多。为什么要强调车本身的品质和重要性，是因为爱驰看到，新能源车在补贴退坡后，过去几个月经历的销量增长率的滑坡，可能和早期进入市场的同行不太注重消费者在品质方面的追求，没按照交通工具的标准来要求有关。新能源车前期更多的是补贴导向，有一部分消费者是为了尝鲜和好玩，买的不是车，而是买玩具的心态。爱驰进入市场的时间点和企业本身的特色，最终还是要给消费者提供一个出行工具或交通工具以及出行相关的服务，车本身的特性必须要坚持，否则容易成为过眼云烟。

为此，爱驰从成立之初的规划和定位就是一家有品质的、全球化的企业。工厂方面，与西门子联袂打造了满足德国工业4.0标准的数字化、智能化、柔性化超级智慧工厂，爱驰的原则是希望产品达到什么样的品质，就按照什么样的标准建厂。从产品开发角度也是一样，中国汽车技术标准的演进过程，实际上就是不断逼近欧洲最新标准的过程，油耗、排放等方面都是如此。既然在后续的标准升级中，企业早晚都要付出相应的成本，爱驰也不过就是提前支付了一些时间，因此可以只投入一次，而不必承担二次投入的代价。所以，从长远的角度看，爱驰还节约了资金。

在销售及服务方面，发达国家的汽车配套体系更加完善，车企需要的各种服务，如金融保险、汽车租赁、维修养护等，可谓应有尽有，关键是有没有资源整合的能力。而爱驰汽车标准的国际化团队，以及大批外籍和海归人才在境外企业、国内的外资、合资企业的工作经历具备这样的整合能力。时任爱驰汽车联合创始人兼CEO谷峰说，爱驰和传统汽车销售完全不一样。通过大数据平台和线下渠道打造了"1-1-4-0"智能化新运营体系，利用1个系统、1个App交易平台、4个数字化运营中心，实现与用户零距离的沟通模型，按照互联网基础客户的逻辑在打造爱驰。

汽车运势：这个市场谁不动心

同时，考虑到汽车消费本身的特殊性和其他快销品的不同，在客户体验方面，爱驰汽车推出了"7921用户伙伴计划"，具体为：爱驰7号生活馆则主要作为汽车商圈，起到产品互动和交付的地点；爱驰9号养护馆位于城郊，功能是车辆养护、建立区域电池安全站、智能服务体验和技术中心；爱驰2号综合馆主要承担品牌宣传、三方销售生成及交付等作用；爱驰1号将作为品牌宣传、集中交付、大型活动的场地，也就是旗舰店。爱驰把原来客户的应用场景全部打碎了，从空间分离、降低门槛、提升功能等方面实现销售服务形式多样化，让过去的"人找店"，变成"店找人"。在渠道建设上最大限度地把存量资源用上，涉及的服务包括取送车服务、快修等。

有人说，爱驰U5的上市生不逢时，这么说的背景是，政策补贴正在退坡甚至取消，而用户的里程焦虑及新零售的业态等问题有待解决。爱驰的这些打破固化场景的尝试不仅不是生不逢时，而是生逢其时。

品质上很传统、很靠谱，而在新能源车品类上，爱驰U5又很新。例如，采用业内首创的"三明治"结构专利电池包，领先的BMS电池管理系统，高效的热管理系统与双独立液冷系统，确保行车全程用电安全。U5与信大捷安共同构建云、管、端三位一体的安全体系，同时与腾讯科恩实验室进行安全渗透的反复验证，打造业界领先的智能网联信息安全防护体系。又如，NEDC综合工况长效续航里程达到503km，其能量密度达到了业内最高的181Wh/kg、百公里电耗为业内最低的13.8kW·h电，0.29低风阻系数与轻量化1750kg整备质量，都保证了长效续航。在充电方面，27分钟可实现电量从30%至80%的快充。

在智能上，U5的车联交互有领先的语音交互和人脸识别，并搭配高智能的车控功能。可通过人工智能主动学习并不断地深入了解用户的驾驶习惯，让驾驶操作更顺畅、更简便。同时，U5搭载7个全方位摄像头和15个高感知雷达，实现了L2+级智能驾驶。全时监测周围环境状况，可在车速0～130km/h全速范围内一键激活辅助功能，在高速、限速、弯道的驾驶环境间自由切换。

谷峰和付强的心态也是大格局的，他们认为所有的新能源汽车公司都是友商，而不是对手。谷峰说，蔚来在互联网时代是一个成功的案例，不管蔚来发展到什么状态，李斌都在中国汽车史上留下了浓墨重彩的一笔。蔚来的品牌塑造说明，只要真正地深刻挖掘消费群体的需求，就可以在短期成功地塑造一个品牌，并且不需要像以前那样花10年、20年时间，最关键是如何把握用户和市场的需求和脉搏。爱驰一直主张携手并进，竞争是肯定有的，但市场是巨大的，从长远来看依然是友商。例如，蔚来一年销量2万辆，爱驰去抢其中的 1000 辆意义不大，但像一些爆款燃油车，一年卖出 20 万辆，爱驰如果能分走 2 万辆的销量，那将是可观的；行业整合是一定的，从数量来说肯定新势力整合比较多，如果两年内不能顺利交车就已经被市场淘汰了。

长期看好新能源汽车市场的爱驰，在市场发生波动的过程中看到了两个可喜的现象：一是消费，豪华车和中高端市场呈现出的增长态势说明消费者更愿意换好车；二是新能源，不要被这几个月的降幅吓到，因为补贴和政策的不确定性导致了年底销量下跌了30%～40%。从中长期角度看，新能源汽车、智能网联汽车是国家战略，到 2025 年新能源汽车要占整体汽车销量的 20%，到 2035 年新能源汽车要占整体市场的 40%，数字和机会巨大。到 2025 年的 6 年时间里，每年的复合增长率达 30%，很难找到一个产业在未来的 5～6 年能够按照 30% 的复合增长率来增长。谷峰认为，新能源汽车补贴退坡以后，销量萎缩的是续航里程短的车。新能源汽车是消费升级，只要能满足消费者需求，能够提升体验，市场足够大，他甚至预测 2020 年新能源汽车市场两位数增长是必需的。

在爱驰的规划中，2020 年的销售主要是以基于 MAS 平台的 U5 为主。第二款车型 U6 也在 2021 年推出。未来，爱驰基于 MAS 平台，一年左右推出一款新车型。

付强说，新势力定义本身没有标准答案。爱驰作为初创企业，没有任何历史积淀，出发时的基因是不一样的，有的互联网基因强一些，有的造车基因强一些。汽车行业在发生变化，"新四化"会改变整个行业格局，甚至未来行业的心态都会改变。起点不同，路径也肯定不一样，爱驰核心团队汽车人的背景强，还是要走汽车人应该走或者能走的路，如果放弃长板，追求短板是有问题的，那么还是应该从长板出发，把自己的短板补上来。

第十章　群雄逐鹿

"入世"不是中国汽车的鬼门关

入世前车市三大怪

有人认为，中国汽车行业患了入世综合征，之所以这样说，是因为入世前整个汽车业已经乱了方寸：一是迄今为止20款新车型的下线创造了汽车品牌的种类最多的纪录；二是对新车型消费者持币待购者多；三是认为入世后车价会大跌者聚多。造成三种情况的原因就是被人们提及最多的中国入世，导致车市陷入了前所未有的怪圈。

从最初的赛欧、夏利2000上市销售，到从时间上处在中间位置的奇瑞、英格尔、羚羊，再到宝来、毕加索，然后到一定要在年底前与消费者见面的Polo。算起来也就一年的时间，至少20款各具特色的新车型纷纷横空出世。一时间众多的新车型让消费者挑花了眼。

当时，除上海通用汽车公司推出的赛欧以其近2万辆的订单在市场上得到认可之外，

汽车运势：这个市场谁不动心

其他的"新贵"虽然也有各自认为满意的业绩，但用彻底的陪衬来形容他们的表现并不为过。来自江苏南京的轿车新锐英格尔刚刚出手，就因质量问题被河南的消费者送上了审判台，法院做出向消费者赔偿近200万元的裁决，让初出茅庐的英格尔一下子就领教到了市场的无情。

业内人士分析，如此多的车型表面上是给消费者购车提供了更大的选择余地，实际上是企业都想在中国入世前占领自己的一席之地，从消费者身上分杯羹。但总是事与愿违。或许企业并不这样认为，但产品是要拿市场来说话的，说到底就是消费者买不买账。有数据显示，除了赛欧拿到2万辆左右的订单，今年上市的新品牌还没有超过这个数字的。

入世前最郁闷的应该是汽车交易市场了。虽然北京亚运村、北方、北方车辆大世界等汽车交易市场每天都能卖出去车，但是车市的交易量已经受到入世的严重影响。消费者持币待购、观望的现象达到新高，北京季节上的冬天刚刚来临，汽车市场的寒冬却已经来临，造成这种现象的原因是中国要加入世界贸易组织了。当时记者在亚运村汽车交易市场采访时了解到，前来看车的人并不少，而和汽车销售商询问最多的是，车价在入世后能比现在便宜多少，当经销商告知便宜不了多少时，消费者并不相信。一位经销商与记者开玩笑说："别看现在还有人来逛市场，或许在入世后逛都不逛，坐在家里等降价呢"。

经销商的说法并不是危言耸听。亚运村汽车交易市场商务中心信息部且小刚向记者介绍："自从中美两国就中国加入世界贸易组织达成协议后，消费者就出现了持币待购的现象，只不过随着中国入世的不断临近，这种现象更加有增无减罢了。"且小刚还举例说，那段时间市场每天的交易量能够达到100辆以上的天数并不多，而以往这个数字会占据交易量的主导地位。他认为，消费者单方面对入世的希望太高了，还有相当一部分消费者对入世的心理是：希望入世后外国品牌汽车价格的下调，能够打压一下国产轿车的价格。

中国加入世界贸易组织以后，汽车的价格真的能像消费者所预期的那样一落千丈吗？总体趋势会降，但不会一下子降到人们的预期心理，汽车降价并不像人们想象的那样简单。当时国内车价高确有其事，但造成车价高的因素也多，如合资厂的外方工资很高，设备高级；引进车型中含有一部分关税；规模小，成本高；垄断性生产，国家只允许少数厂家生产轿车，形成行政性垄断。有些合资企业生产的轿车，因为价格比直接进口低20%还多，所以许多人抢着买。有的合资企业几年没有捞到利润，现在刚刚赚点钱，哪儿舍得降价呀！至于5万～6万元的轿车，实际利润空间很小，降也降不了多少。

根据世贸组织的相关规则和国际贸易实践，在多边贸易谈判中所做的任何关税和非关税减让，都要分阶段逐步实施。同样中国入世及参加乌拉圭回合谈判所做的关于汽车进口关税减让，也将分期分批逐步实施，使国内汽车生产企业有逐步适应的过程。减让措施不可能产生立竿见影的效果，且影响是中期和远期的。

因为关税减让要分期分批在若干年内实施，不可能一下子明显地反映到整车零售价上。当时轿车进口关税是60%～80%，入世后下降到25%，是一个5～6年时间的渐降过程。

入世不是鬼门关

面对全球经济一体化的惊涛骇浪，面对世界贸易组织（WTO）对中国汽车工业"倒计时"的挑战，2003年4月22日，来自国内汽车产业的精英们聚集北京，共同讨论"入世"后中国汽车工业的发展之路。

时任国务院发展研究中心副主任鲁志强一针见血地指出，WTO不是鬼门关，否则何必费那么大力气争取入世？1998年，国务院发展研究中心曾经和原国家机械工业局做过系统的调查和测算，当时就得出了中国汽车工业能够承受得起关税下降到25%冲击的结论。鲁志强分析，今后十几年中国汽车市场的潜力将迅速变化，特别是家用轿车的需求将会急剧增大，这为中国汽车工业的发展提供了一个非常大的发展空间。中国汽车工业已经形成了一定的规模，也达到了一定的水平。还没有理由放弃汽车工业，但这并不等于要保留中国所有的汽车企业。

谈起加入WTO之后的机遇和挑战，中国汽车工程协会会长张兴业信心十足地用2002年的一组数字做说明：2002年中国汽车工业的生产能力是300多万辆，汽车总产量是206万辆，比前一年增长了13.1%。

中国是国际汽车工业中年产200万辆的八个国家之一。张兴业说，应该充分认识和发挥我们的比较优势。首先，在汽车工业中，具有比较优势的是摩托车行业，摩托车的产量在世界上处于绝对的优势地位。虽然我们的摩托车技术主要还是依靠国外，特别是很多技术从日本引进。但是，就本身的制造技术水平来讲，中国最近几年发展非常快：1999年摩托车的出口量是25万辆，2000年摩托车的出口量198.8万辆。

谈到入世后汽车发展的模式问题，张兴业不同意外资企业、合资企业就不是民族汽车工业的说法，他认为无论是外资企业还是中外合资，都是中国汽车工业的重要组成部分。实际上中国汽车工业应该包括在中国投资的中外合资企业，且中外合资企业到目前为止起到了非常积极的作用，使中国汽车工业的发展水平有了迅速的提高。因此，在中国发展汽车工业不应该排斥中外合资企业，包括外资企业。

入世 5 年车价越来越便宜

2001 年 12 月 11 日，在世界为中国喝彩的掌声中，中国跨入了世界贸易组织的大门。2002—2016 年，中国加入世贸组织的过渡期结束。5 年前，当中国在研究应对加入世贸组织后可能对产业带来挑战和机遇的对策时，当时的中国汽车产业，包括在中国的合资汽车企业，都被列入最令人担忧的产业。而今天，中国正在从一个汽车的制造大国向一个汽车产业的强国迈进，中国汽车产业成了世界汽车产业的重要组成部分，也成为中国经济中不可缺少的支柱产业。当初最担忧的汽车行业成了现在最令人振奋的产业之一。

"入世 5 年就是车价连续下跌的 5 年，富康在当时的价格是 12 万多元，而现在该车的价格只有不到 7 万元了。"——车主张小齐

"我除了知道 WTO 是世界贸易组织的简称，其他的还真不清楚。"自称说不清楚"入世"是什么的张小齐开门见山。驾龄才 1 年多的张小齐说："我原本在 3 年前就下了买车的决心，甚至都准备到银行办分期贷款了，一位好朋友说要我再等等，能保证每年便宜近万元，没想到真等来了车价的下跌。"意识到政策的重要性的张小齐现在也开始研究政策了，在向来说不清楚"WTO"具体含义的张小齐看来，汽车价格的便宜和入世密不可分。

能够感受到车价便宜的绝非张小齐一人，中国入世 5 年时间里，10 万元左右的车型受到的冲击最大。诸如上海通用的赛欧在最初上市时售价最高达到 13 万元，而现在的售价为 6 万多元，其价格在入世的 5 年里下跌了一半多。当国内六七万元的可选车型琳琅满目时，在国际上售价 8000 美元左右的车型已经没有企业愿意生产了。车价大跌让更多的人实现了买车愿望，是中国入世 5 年给中国老百姓带来的最大变化。

"加入 WTO 之后，市场越来越开放，竞争越来越激烈，但中国汽车工业并没有被冲垮，反而获得了高速增长。去年汽车出口的数量首次超过了进口，这种势头还将继续。我们更要对自主品牌的发展充满信心。"——奇瑞汽车董事长兼总经理尹同跃

"狼来了！"是中国入世前后相当一段时间内汽车行业最为担忧的，甚至有人预言，中国的自主汽车企业将"死"得体无完肤。然而 5 年过去，外资企业并没有把本土企业打垮，反而使得奇瑞、吉利、华晨、长城等一批自主企业在逆境中茁壮成长。

"入世逼迫我们走向国际"是奇瑞汽车公司董事长兼总经理尹同跃对汽车行业的看法。他表示，中国汽车市场已经相当开放，主要汽车跨国公司多数已经在中国经营多年，中国汽车市场已经是全球竞争最激烈的市场之一，奇瑞这样一个从零开始的企业必须直接

与最强的对手过招，市场竞争的压力非常大。令人欣慰的是，与中国入世几乎同时诞生的奇瑞得到了广泛的认可。尹同跃说："奇瑞是在质疑声中发展起来的，开始不少人怀疑奇瑞的生存能力，现在转而关心奇瑞能走多快了。"从市场反应来看，几年前消费者对自主品牌的不信任感也逐渐减退，自主品牌的市场份额逐步提高。

尹同跃认为，中国汽车市场虽然增幅很快，但总量只是全球市场的十分之一，国际市场的空间更加广阔。与国内汽车市场相比，国际汽车市场竞争的激烈程度稍弱，也有利于国内汽车企业的海外拓展。而时任长城汽车股份有限公司宣传部部长的商玉贵表示，我国加入WTO后给汽车行业带来的影响不是直接的，而是一系列连锁反应。

"福特为中国市场带来的不仅仅是相对合理的价格，更为中国消费者带来了高科技含量的诸多车型，只不过中国入世是实现这一切的助推器。"——**时任长安福特马自达首席执行官施滨德**

福特是中国入世5年中外资企业在中国市场本土化的缩影。继宣布在中国超过26亿美元的汽车零部件采购大单后，福特汽车中国有限公司董事长兼首席执行官程美玮表示："将在中国设立福特汽车研发及工程中心，从而实现福特汽车从'中国制造'到'中国设计'的战略演进。"程美玮所指的研发中心实际上早在2005年已经悄然启动。福特汽车研发及工程中心的初期，主要为在中国的零部件采购提供技术支持，在第一阶段该中心的投资就要超过2.2亿元。

福特在中国的研发及工程中心的长期目标是，成为福特汽车全球产品和技术开发的发源地之一，它将融合到福特的全球研发体系中，该中心不仅负责福特品牌的产品，还肩负着跨国产品的研发。而在此之前，跨国汽车公司把其全球研发中心放在中国的寥寥无几，这凸显了福特汽车公司对中国市场的重视。福特为中国市场带来的不仅仅是相对合理的价格，更为中国消费者带来了诸多高科技含量的车型，只不过中国入世是实现这一切的助推器。

经过5年的发展，中国汽车产业的发展情况已经达到当初对世界贸易组织工作组的承诺，出口额每年增长15%，2005年进口贸易总额达到180亿美元。统计数据显示，国内汽车产量在5年内增长了3倍，中国在全世界汽车产业的排序从过去的第8位上升到前3位。

入世10年好消息多过坏消息

2011年是中国入世10周年。中国人在享受汽车带来便利的同时，也开始为汽车发

汽车运势：这个市场谁不动心

愁。以北京为例，10年前汽车还是物以稀为贵，车和房被很多人列为首先购买的两大件，伴随着房价的不断攀升，车似乎更容易购着。10年后，在北京买车得先摇号，买了车之后出行不仅需要支付昂贵的停车费而且需要花相当长的时间找停车位。同样10年时间，10年前长安街可以顺畅穿梭，而今天从东堵到西。也就10年，北京的汽车保有量接近500万辆；同样是10年，中国汽车的产量销量双双达到1800万辆规模，赶英超美，成为世界上最大的汽车市场之一。

入世10年，中国的汽车产业似乎一片繁荣。从最早进入中国市场的德国大众，到丰田、通用、本田、现代、奔驰、奥迪、宝马等，再到"二进宫"的菲亚特、克莱斯勒等，在中国市场都赚得盆丰钵满。不可否认，入世10年，中国已经成为世界上最繁荣的汽车市场，大街小巷随处可见各式汽车品牌，中国市场本身就成了一个巨大的车展。

不过，身为中国人，又身处最大的汽车市场。我们的自主品牌似乎没有因为入世而变得强大起来。入世前，很多人用"狼来了"比喻入世对中国汽车的冲击。10年下来，两个层面上的问题应该引起我们的思考。其一，入世带来了车价的逐渐降低，让更多人实现了轿车梦想，从生活方式上来说，应该感谢入世。例如，10年前的夏利卖到10多万元，而今天花同样的钱，我们能买一辆更体面的车。其二，自主品牌虽然没有被"狼来了"的论断击倒，但自主品牌的生存空间和环境更加艰难。自主品牌并没有因为入世10年而"强壮筋骨"，在最近两年的销售排行榜上，鲜有自主品牌能够跻身前十名，面对每年近2000万辆的大市场，很多自主品牌车企的年销量难以突破四五十万辆。这两个层面说明一个问题，经过入世10年，汽车品牌的强弱更加分明，强者更强，弱者更弱。

入世10年，至少对于自主品牌来说坏消息多于好消息。尽管民营吉利收购了沃尔沃，上演了"穷小子迎娶公主"的神话，但是自主品牌在入世10年后，又走到了生存还是死亡的十字路口。有人说，入世10年，中国自主品牌出口是亮点，奇瑞、吉利，甚至力帆都实现了批量出口。要知道，我们所出口的量还"不足挂齿"。从出口国家看，出口的都是非洲、中东等国家和地区，还缺乏对主流汽车国家的出口。

之所以悲观认为有的自主汽车品牌还"活"着，却已经"死"了。在于伴随着众多合资车企逐渐染指合资自主品牌，一些真正意义上的自主品牌空间更小。而这些是怪罪不了消费者的，从市场层面，消费者需要的是性价比最优、最适合的汽车。中国的自主品牌要想有作为，既需要国家从战略上统筹自主品牌的发展，又需要自主品牌"打铁自身硬"，"两条腿"一个也不能少。

中国车市像美国还是像欧洲

从中国汽车市场的消费特点看，我们更像美国还是欧洲？

2013年上半年，从销量上中国最火的三款SUV分别是上海大众途观、长城哈弗及东风本田的C-RV。尽管其他车型在销量上没有进入前三名，但是SUV的火爆程度如同当下的高温，热度不减。例如，翼虎在市场上还出现了加价的现象，途观通过增加配置提价的现象，就连长安汽车的CX35，也一度传出了在西安市场加价5000元的消息。数据也显示，SUV的增幅比例比广义乘用车（轿车）高出10%以上。

为此，各个车企快马加鞭都在争相染指SUV车型。

这个真实缩影似乎说明中国车市的消费特点更像美国市场，其实不然。

应该承认，SUV在美国是很火的。无论是SUV车型的鼻祖Jeep，还是美国通用、福特，都生产过不少出色的SUV，在美国的电影大片中，我们也时常看到SUV的身影，或是大林肯或是凯迪拉克。最近两年不断引入中国市场的日系品牌SUV，也有不少发迹于北美市场，如英菲尼迪的QX50、讴歌的MDX、丰田的FJ酷路泽等。殊不知，SUV在美国的火热，除了美国地域上的地大物博，更在于身高马大的美国人的实际需求和粗犷文化，如同人们熟知的西部牛仔等。

与美国市场不同，尽管宝马、大众、奥迪等欧洲车企也有诸如宝马X5、途锐、奥迪Q7这样的SUV，但是欧洲市场的消费者似乎对旅行车情有独钟，类似于国内早期的"大屁股"桑塔纳，也和后来上海通用推出过的赛欧S-RV相近，北京的俗话叫大两厢。欧洲市场最盛行的大两厢是帕萨特的旅行车、奥迪A4的旅行车、奔驰的C级旅行车及沃尔沃的V70等。每到周末，一辆旅行车或车顶扣着帆板或拉着拖车的景象在欧洲各国随处可见。

SUV和大两厢同为休旅车。美国流行各种类型的SUV，而欧洲盛行旅行车，SUV和旅行车折射出不同的汽车文化，SUV和美国的地大物博及粗犷的文化相关，而旅行车在欧洲的盛行，体现的是欧洲人有品位的生活方式。

中国市场的消费特点与美国和欧洲相近，又各不相同。在休旅车的品类上，我们更像美国市场，而在轿车的选择上，消费者推崇像德国大众这样的以技术见长的欧洲车型。之所以说中国市场不像韩国，是因为韩国人对本国汽车消费的支持，正是韩国人消费国货的民族性，才导致了韩国现代的崛起，韩国现代40多年的造车历史，无论时间和水平起步都不及中国，正是韩国人对国货的包容态度和现代汽车自身的不断提升，才成就了韩国现代在全球第五大车企的声誉。

最近一段时间，连续看了多款自主品牌的车型，无论是长安的致尚XT，还是上汽荣威全新550及奇瑞艾瑞泽7，都不俗且进步很大；无论是造型设计，还是内饰做工的精细化程度，抑或是驾驶的操控性，都不逊色于同档次的合资品牌。例如，艾瑞泽7还实现了同级车的越级配备，这样的一款A级车居然有B级车才配备的无钥匙一键启动功能。

美伊局势左右中国车主

在中国融入全球一体化的进程中，国际上的重大事件也开始在左右中国的消费者。日趋紧张的美伊局势对中国车主的影响开始凸显出来：有车一族在猜测如果开战中国的油价会受到怎样的影响；准备购车的人士在选车的时候已经把是否省油列入优先考虑的条件之一……

2003年10月16日时任美国总统的布什正式对伊拉克使用武力决议进行签署，箭已经在弦上。包括伊拉克在内的几个中东国家在此前发表的声明中称，一旦美伊开战，将切断中东这个世界石油宝库的运输路线，油价再度上涨成为可能。在此之前的9月23日，国际石油的价格已经飙升至19个月来的新高，每桶达到30.48美元。国内市场标号为93号的汽油价格也在国庆节期间由2.7元上涨至3.12元。而今有车一族更为担心的是，假如美伊真动武以后，国内的石油价格还会发生怎样的变化。

《21世纪经济报道》发表的"中国石油安全直面战争考验"的文章中，引用《国际石油经济》月度分析称，虽然近期油价因为战争的消息会不断上涨，但是只要大规模的战争不爆发，油价的上涨不会超过海湾战争时期。

也有业内人士分析，国内油品价格的上涨与国际局势没有太大关系。

中国虽然是世界第五大石油生产国，但是石油的产出已经跟不上经济增长的快速发展，对石油进口的依赖程度越来越高。资料显示，从1993年开始，中国就从石油净出口国转变为石油净进口国。2001年，中国石油的净进口量高达6490万吨，随着中国石油对石油进口依赖程度越来越大，中国是否建立石油储备库成为当时石油企业和政府部门频繁讨论的问题。中国原油的年均产量和消费为1.4%和4.9%，而且这个比例还在不断攀升。早在2000年，石油及油品进口达到7000万吨，占当年全国石油消费量的30%。照此速度，中国将有40%的石油需要从国外进口，2020年这个比例将达到50%。

伊拉克虽然不是中国石油的主要进口国，但是伊拉克周边的伊朗、沙特阿拉伯、阿曼、科威特是中国进口石油的主要国家。统计数据显示，油价每提高1美元，消费者们一年就要损失120亿美元；假如油价上涨10美元并维持一年，世界经济的年增长率会减少0.5%。

在2001年中国原油进口来源国家及份额中，中东地区的比例占到总进口量的56.2%。2001年中国进口的6000多万吨原油，大约来自30个国家，其中56.2%来自中东地区，其次是非洲地区，从东南亚和俄罗斯进口的石油比例并不高。

美伊局势体现在北京车市的最大意义在于，让准购车一族真正意识到省油的重要性。在亚运村汽车交易市场、北方汽车交易市场、中联汽车市场，北京的三大汽车交易市场，一批百公里油耗在6～9L的品牌轿车成为消费者的看点。

在亚运村汽车交易市场看车的张国富说，以前想得最多的是车的外观和价格，并没有刻意想过是否省油，但是日趋紧张的美伊局势让他认识到了省油的重要性。选择一款百公里油耗在7升左右轿车，已经成为他买车的第一条件。

拥有像张国富一样想法的消费者大有人在。虽然诸如派力奥、西耶那、赛欧、夏利2000在内的经济型轿车已经十分畅销，但是经销上述这些品牌轿车的商家称，如今关注油耗的消费者格外多。有接近八成的消费者一上来就问百公里耗油多少，这种现象在过去并不多见。

中国对于石油进口的依赖越来越大。特殊情况下，中国的石油进口源和进口路线都有可能受制于人，是否建立国家石油储备库已经被列入议事日程。当时围绕是否建立石油储备库有三种说法：速建、不建、缓建。

主张速建储备库的时任中石化广州总厂齐建华认为，还没有其他方法能够完全替代战略石油储备对保障石油安全的核心作用。建立石油储备库还能起到平抑油价的作用。国际上建立石油储备库的国家有美国、日本、德国和法国。争议伴随着中国后来建立国家石油储备库而结束。

胡润版中国车主形象太任性

路虎车主是高调的暴发户，奥迪车主是官车指定用词，凯迪拉克车主是外企白领，宝马车主则是暴发户、富二代、全职太太……

当胡润告诉你这就是2014年中国豪华品牌车主形象时，你是信还是不信？

针对奥迪、奔驰、宝马、雷克萨斯、沃尔沃、路虎、凯迪拉克、英菲尼迪八大豪华品牌进行的专题调研：胡润当年公布的"中国豪华车品牌特性研究白皮书"调研报告称，奔驰车主收入最高，英菲尼迪最低；路虎车主学历低，沃尔沃车主学历高；宝马女车主比例高，凯迪拉克男性多；奥迪车主官车多，路虎个体户多；宝马和路虎最张扬，沃尔沃最低调。历时近8个月的调查结果甚至称，宝马车主人群中有不少富二代，路虎车主民营企业家最多，雷克萨斯的车主形象说不清。

这一针对奥迪、宝马、奔驰、雷克萨斯、沃尔沃、路虎、凯迪拉克、英菲尼迪八大豪华汽车品牌进行的形象调查，调研了全国800位豪华车主，每个品牌100人，每个品牌选择最重要的产品调研10个车主。谈及调研的目的胡润满脸真诚："以前中国是自行车大国，现在是汽车大国。"当然，中国相继成为劳斯莱斯、宝马7系的全球第一大市场也是促成调查的缘由。

白皮书称，中国豪华车主年轻，平均34岁不到，男性占比76%；家庭平均年收入达到105万元，收入最高的奔驰车主平均月收入达3.6万元，收入最低的英菲尼迪也有2.5万元；10%有着在海外留学过三年的经历。

报告样本显示，车主自认为的形象与社会认知形象也会出现偏失，比如宝马的车主自认为是一个中小企业家、外资高管，但是社会身份就是暴发户、富二代、全职太太这些形象比较多。

但中国豪华车市场每年的销量超过百万辆，抽样调查上百车主，就说一个年销量十几万辆甚至二三十万辆的车主的形象都是这样，这种微调查未免以偏概全。还有，豪华品牌的数量也不止八个，讴歌、保时捷、辉腾、林肯、捷豹等，难道它们是普通品牌？

胡润版的车主形象未免偏失，存在谬误。

汽车世家的红楼族谱

中国车市的潜力总是让人大为震惊，早在2006年，仅上市的新车就超过100款。其实，2006年是中国车市黄金20年的缩影。新车上市大戏从年初到年尾一直乐此不疲地上演着，精明的车商们发现，用价格拼市场的单一策略在各个厂家相互降价的大战中，功效渐渐减弱，而推出新车型来吸引消费者似乎是一个屡试不爽的招数，于是，我们看到了平均每三天就上市一款新车的壮观场面；于是不经意间，中国汽车的产销量从200万辆、500万辆、700万辆、1000万辆、2000万辆、2300万辆，赶英超美，连续多年成为世界第一大汽车产销国。

汽车运势：这个市场谁不动心

我们惊讶地发现，新世纪第一次《红楼梦》热潮竟然与这一年的车市现象有着异曲同工之妙："鲜花锦簇，烈火烹油"既能形容《红楼梦》中四大家族的荣华显赫，又能贴切地比喻2006年中国车市的空前盛况。这一年，且不说汽车商铺天盖地的销售广告，仅看自家楼下停着的十几辆家用小车，便可感受到这热浪有多么灼人。君不见，好友之间问候，末了总忘不了搭上一句："什么时候买车？"；君不见，年轻人之间见面就问："掺和《红楼梦》选秀了吗？"

一汽集团：贾家。左手牵德国大众，右手牵日本丰田的一汽集团可谓左右逢源，而这两个世界汽车巨头也的确为一汽带来了滚滚财源，以一汽－大众为代表所取得的良好业绩，为一汽专心致志打造自主品牌提供了可能，奔腾和红旗HQ3两款自主品牌车型是一汽交出的自主品牌成绩单。

一汽集团是当之无愧的贾氏家族，因为"贾不假，白玉为堂金做马"，贾家是金陵的大家族，还在宏观调控时违规修建了豪华别墅区——大观园，足见贾家权势之高，实力之雄厚。既有在宫里当皇妃的元春，又有在朝中做官的贾政。同时，他们在乡下还有土地，有佃农给他们交租，可谓财大气粗。虽然论财力，什么车都能买，但是毕竟属于公务员世家，再有钱也得收敛一些，没见大观园里还得有一个稻香村嘛！从3万元的夏利到40多万元的奥迪，那是符合贾府上上下下人员使用的。就像坐红旗，不是为了舒服，而是为了感觉啊。

上汽集团：薛家。上汽集团是国内汽车行业中首次进入世界500强的中国企业。与德国大众和美国通用两大世界巨头的多年合作，使上汽成为国内最牛气的汽车集团。上海通用凭借40万辆的销量成为今年汽车制造业的冠军。

丰年好大雪，珍珠如土金如铁。薛家属于皇商，专为皇上采购物品，掌握主渠道，就是一点：富贵压人。还有什么比玩凯迪拉克更显得富贵迫人的呢？

东风汽车：王家。东风集团有汽车界的联合国之称，法国的标致雪铁龙、雷诺，日本的日产、英菲尼迪，韩国的起亚均是东风的整车合资合作对象，美国的康明斯也与其有合资关系。东风是典型的汽车联合国，尽管旗下生产的车型多达四五十款，但是日产才是为东风带来收益的伙伴。

"东海缺少白玉床，龙王请来金陵王。王家擅长通过与四大家族联姻来巩固自己的地位。王家的女儿大多嫁入贾府，比如嫁给贾政的王夫人，嫁给贾琏的王熙凤，而王夫人的妹妹嫁入了薛家的豪门，成了薛姨妈。通过这些有目的的婚姻，王家的地位日益稳固，同时财力雄厚。王熙凤就曾说过：把我们王家的地缝扫扫，就够你们贾家过一年的。"

广汽集团：史家。广汽成立的时间不长，却是国内最好过的汽车集团，也是为消费者提供最为紧俏的车型的汽车集团。广本的雅阁连续7年排名中高档车销量冠军，凭借凯美瑞一款车型打天下的广州丰田甚至出现了加价都提不到车的现象。

"阿房宫，三百里，住不下金陵一个史。"史家是贾母的娘家，说家里三百多里是夸张，但要比贾府大多了，用车当然得省油啊，老爷太太们可以玩车无顾忌，丫头伙计们办个事情用车，从这个门到那个门耗油多也不成啊！史家家风俭朴，适合日系车，你看史湘云连针线活都要自己做，通常还要熬通宵，史家的精打细算可见一斑，广汽的日系主打车非常吻合史家的家族文化。

第四部分
海外车辙

它山之石可以攻玉。别人走过的路是中国汽车的一面镜子。

第十一章　五大车展

门可罗雀底特律

尚未来得及完全融化的盐粒子预示着底特律刚刚经历过一场大雪，密歇根河方向吹来的风并不大，但吹在脸上针扎一般疼。每年1月第一个周末准时开幕的底特律车展，在2012年恰逢1月8日。这一年的底特律车展如同底特律的天气：有太阳，却并不暖和。

背负着世界五大车展之一盛名的底特律车展正在失去原有的光环，创办于1907年的底特律车展是全球车展中的百年老店，也是北美地区规模最大的车展。置身于那年的车展，我只能想象其昔日的辉煌，而对于未来，似乎没有。

这种感受是全方位的。步入展馆大门，右侧是奔驰展台，左侧是奥迪展台，紧挨着奥迪的是宝马，这种展位位置的安排已经多年没有变化，不像国内的各种车展，参展商为了扩大展位面积，时常更换场馆。由于不景气，展商们能够不缩小展览面积就已经谢天谢地了。也不仅仅是位置，真正"带劲"的新车并不多，奔驰的SL、宝马的全新3系、福特的新蒙迪欧，恐怕也就如此了。剩下的车型，大多是在原车型的基础上衍生出来的或混合动力或柴油车等车型，对于习惯了新车的中国记者而言，如果按照外观没有变化的车型不能算全新车型的标准考量，2012年的底特律车展可谓平淡如水，不仅不能点赞，还得给个差评。

主场作战的"美国三大"，通用、福特、克莱斯勒显然没有从金融危机中缓过神来。尽管福特、通用的展台面积够大，但是有分量的产品可谓凤毛麟角，福特只有一款蒙迪欧车型，通用似乎只剩下一个雪佛兰品牌了，且展出的车型多是收购大宇之前的产品。与克莱斯勒联盟的菲亚特倒是都来了，但是除了熊猫500，也没有其他亮点车型。媒体日当天，就连懂行的专业人士也少得可怜，不到下午3点，各个展台只剩下了静悄悄的车孤芳自赏。展览的面积和人气，既不及1月10日在美国西部拉斯维加斯举办的消费与电子展览，更不及中国门庭若市的地方车展。

走出"COBO"这个被中国人称为寇博中心的展馆，近在咫尺的通用汽车总部大楼清晰可见，电子屏幕上不停转换着通用旗下各个品牌的LOGO。突然，脑海中映照出万里之遥的中国各个汽车品牌在大街小巷川流不息的景象。底特律，对于我们的意义，或许仅仅是世界汽车工业产业化、规模化的诞生地而已。

并不遥远日内瓦

与法国巴黎、德国法兰克福、美国底特律及日本东京并称为"世界五大车展"的瑞士日内瓦车展，是我在新冠肺炎疫情之前每年必看的车展，而且每届各不相同。

3月初的日内瓦乍暖还寒，或许纬度与北京几乎相同，日内瓦的温度和北京相差无几，只是湿度更大些。如同国内"一个城市有了水，就有灵气"的说法，日内瓦湖穿日内瓦城而过，绵延近百公里，停泊在湖岸的游艇静静地等待着五月花开树绿的时节，因为在每年的五月至九月，是日内瓦人荡舟水上的休闲时节。临湖的阿尔卑斯山上，依然还能看见积雪的存在，日内瓦湖和阿尔卑斯山构成了日内瓦这个城市的山水特性。

日内瓦非常干净。在最繁华的商业街上，也很难看到垃圾。日内瓦人对宠物非常喜欢，漫步街头，经常看见人们牵着狗出现。

日内瓦公共交通相当发达，也是维持这个城市运营的主力，并覆盖日内瓦的主要社区。由于轨道交通的车辆发车时间和间隔被精确到了一分钟之内，车辆的出发和到达率，几乎是100%，坐轨道交通上班的日内瓦人没有迟到的理由，而那些有可能上班迟到的往往是自驾车者。

日内瓦非常善待外来者。来日内瓦旅游或访问的人，在机场或宾馆，每人可免费获取一张纸质卡片。旅居日内瓦期间，凭借这张纸质的卡片，可以免费乘坐交通工具。当然，Taxi除外。

全球蔓延的金融危机显然没能让日内瓦逃过一劫。漫步日内瓦街头，偶尔的交通拥堵似乎还在倾诉着这个瑞士第二大城市的繁华，但是在日内瓦主要的购物大街上，能明显感受到经济的萧条。在日内瓦最大的劳力士旗舰店，店内鲜有客人光顾，就更别说实际的成交了。走进店内，会被多个店员礼貌地围住，热情地推销他们闻名全球的各种手表，总感觉卖东西的人要比买东西的人多。

汽车运势：这个市场谁不动心

中立国的瑞士富得流油。不过，日内瓦的服装消费并不高，一条普通裤子的价格在15瑞士法郎左右，折合人民币百元左右。在许多商店看到，一件西服上衣的价格在50瑞士法郎左右，相比国内的并不算贵。当然，BOSS、阿玛尼这样的高端奢华品牌在这里同样琳琅满目。

瑞士并没有自己的汽车工业。但是日内瓦的汽车品牌品类繁多。既能看见宾利、劳斯莱斯，也能看见国内生产的昌河铃木利亚纳这样的平民车型，偶尔还能看见20世纪五六十年代的老MG和甲壳虫这样的古董级的老爷车夹杂在滚滚车流中。

就地域而言，欧洲本土的品牌汽车是比较受欢迎的。法国标致、德国大众、意大利菲亚特明显多过其他品牌，日本车中，丰田和本田相对多一些，在日内瓦看见一辆马自达或日产是一件令人惊讶的事情，因为实在少得可怜，从保有量上来说，恐怕马自达和日产两个品牌加在一起还不及韩国现代。德国车在瑞士也是最受欢迎。当地人认为，德国车的品质最让人放心，奥迪系列、大众系列大受欢迎。法国车相对实用，日本车相对廉价是瑞士人对其的评价。高尔夫、POLO、途安、迈腾、奥迪A4、A6在这里比比皆是。瑞士人很喜欢标致206、菲亚特熊猫500这样的小型车。

2013年的日内瓦车展，给人感觉是离中国最近的一届。3月初的瑞士乍暖还寒，清澈见底的莱蒙湖（又称日内瓦湖）中央，高达100多米的地标性水柱喷涌不断。

相隔万里只是北京与日内瓦的地理距离，而从心理上中国距离日内瓦并不遥远，主要体现在三个方面：一是媒体众多，来自中国的媒体多达百人，是日内瓦车展历史上人数最多的一次；二是中国的重要性体现得淋漓尽致，诸如奔驰、宝马、保时捷、大众等厂商的发布环节，均开设中文频道的翻译，奥迪甚至把中文翻译放在了仅次于德语翻译的位置；三是中国车企从仅仅的参观者变成了参与者，被吉利收购的沃尔沃展台背景采用了鸟巢的元素。中国观致品牌也在日内瓦的完美首秀。

即使没有中国车企的完美亮相，本届日内瓦车展也与中国密切相关。那届车展上，除了A45 AMG等高性能车，奔驰全新E级和CLA两款重量级车型引入中国市场。尤其是开辟全新细分市场的CLA四门运动轿车，继续为奔驰中国攻城拔寨：CLA其4.63m的车长大小适中，可将智能手机集成到车辆的显示屏和操作系统上。从侧面看，引擎盖两侧的轮廓边缘向后平滑延伸，淡淡收尾；紧接着，从车门处展开的另一条强壮有力的肌肉线条横越车门直至后轴上方；最后，前后轮之间的一条上扬线条成为侧面腰线的完美收笔，三条精致的线条共同勾勒出一个丰满的动感车身，让人一看便知CLA是奔驰最为经典的CLS的衍生车型。

汽车运势：这个市场谁不动心

奔驰负责研发的董事会成员施密特博士称，满足欧6排放标准的 CLA 分为 1.6L 和 2.0L 两种排量的汽油发动机，其输出范围为 CLA 180 的 90kW（122 马力）、CLA 200 的 115kW（156 马力）、CLA 250 的 155kW（211 马力）。而且所有车型都标配有 ECO 启动/停止功能，发动机可匹配六速手动变速箱或与 7G-DCT 双离合自动变速器。

不仅仅是奔驰，宝马 3 系 GT、奥迪新 A3、大众高尔夫 GTI 等日内瓦亮相的车型，都将进口中国或在中国国产。

而每届的日内瓦车展都是不同的。

我更喜欢把 2015 年 3 月 3 日举行的第 85 届日内瓦车展称为第 85 届日内瓦中国车展。这不仅缘于日内瓦车展上的中国身影，更缘于代表国际汽车潮流风向标的风将很快刮到中国，如果早一点在 4 月举行的上海车展上就能露出端倪。

站在与日内瓦国际机场毗邻的车展展馆，可清晰地看见飞机的起降并明显听到刺耳的轰鸣声，展馆里的很多人是通过搭乘飞机来观看汽车的。见怪不怪的机场工作人员说，近期每一架起飞或降落的航班中都有来来往往的汽车人。尚未来得及融化的阿尔卑斯山的积雪似乎是那年日内瓦车展的缩影：欧洲车市增长乏力，众多车企的增长引擎并非来自欧洲本土，而是海外市场。与欧洲多国家门口 1%～2% 的乏力增长相比，已经告别两位数增长的中国市场依然在欧洲多数厂商看来还足够任性。

这是一个充满中国人身影的车展。虽然日内瓦车展的国际性成色十足，全球汽车品牌云集，但是在本届车展上中国人扮演了不可替代的角色，奥迪、奔驰、宝马、大众、宾利、福特等品牌均带领着与中国事务相关的媒体前来日内瓦车展报道，据说仅中国媒体就有近 200 人。除了媒体，上汽集团董事长陈虹率领上海大众和上海通用高管前来取经。吉利汽车更是派出了主管研发的研发中心团队寻找未来流行趋势的灵感，尽管独立参展的沃尔沃展台丝毫没有吉利的元素，但是所有参展的人路过沃尔沃展台时都会想起吉利。观致是第三次参加日内瓦车展了，或许参加日内瓦车展成了观致的新常态，观致此次在日内瓦引起的动静并不大，欧洲媒体仅以"观致又来了"为题进行了简单报道，在展馆现场围"观"者并不多。

这是一个诸多车型和中国密切相关的车展。尽管完全意义上的新车乏善可陈，但是诸多车型都将很快引入中国市场，日内瓦车展开幕前举行的"大众之夜"上，大众汽车发布的多款新车无不备受中国市场关注，新途观、新帕萨特和第三代 CC 都很快在上海大众和一汽-大众国产。全新奥迪 Q7、奥迪 R8 V10、斯柯达速派、奔驰迈巴赫、宝马 1 系、现代新途胜、ix35、凯迪拉克 ELR 等车型，均将以最短时间内争先恐后实现国产。

更有企业把全新车型的亮相时间留给了中国上海，而非日内瓦，可见中国市场的重要程度。

这是一个谁都愿意和中国攀上亲戚的车展。本届日内瓦车展上，具有轰动性的事件就是德国汽车品牌宝沃（Borgward）在时隔55年后复出，这个当年与宝马并肩的德国品牌在1961年破产之前，一度占据德国60%左右的市场份额。北汽福田与宝沃联手实现回归。日内瓦车展只是宝沃品牌的回归，而法兰克福车展上将会有宝沃的量产车与公众亮相。宝沃创始人的第三代传人称，宝沃未来只在中国复出。

一年一度的日内瓦车展已经举行了85届。85是一个老人的年龄，假如没有中国市场，日内瓦车展难称完美，最近10年的日内瓦车展更像是地点上在日内瓦举行的中国车展。

巴黎车展优雅地老去

与底特律、法兰克福、日内瓦、东京并称为世界五大车展之一的巴黎车展现在已经盛名难却了，至少正在举行的2014巴黎车展是这样的。

百年老字号的巴黎车展有点儿像内联升了，牌子虽大，历史也久，却明显有些强弩之末。偌大的10个展馆，利用率只有五成，除了象征主场的1号馆被PSA、DS、雷诺日产联盟占据，2号馆说好了是车迷馆，但里面展出的并不是真车，而是专门销售车模的专馆，4号馆几乎是大众汽车集团的包场，大众、奥迪、斯柯达、西亚特、宾利、保时捷、杜卡迪、兰博基尼比肩排开，只有丰田汽车委屈地与大众同在4号馆。号称豪华品牌的5号馆分为上、下两层，尽管汇聚了宝马、奔驰、捷豹路虎等车坛大牌，但是无论规模和新车都是相当低调，比如英菲尼迪的展位面积仅300平方米，除了一辆概念车，真正量产的新车几乎没有。以至于在媒体日当天，MINI展台的工作人员还在忙着施工、布置地板。偌大的3号馆只有本田、现代和马自达三家整车企业，剩下的多是改装车。

若是只看规模，这届巴黎车展明显属于60分以下的不及格。要说新车，虽有些重磅级的车型，但总体数量和质量也只能是差强人意，除了第八代帕萨特、第三代法比亚晶锐、全新奔驰B级车、菲亚特500X、奥迪全新TT，剩下的多是把改款车型当作宝贝，比如宝马的2系轿跑、改款的X6等，雷诺的展台倒是超大、超酷，但并没有实质意义上的新车。倘若按照国内盛行的新能源和互联网汽车的概念去评判，巴黎车展没趣极了，此地无人谈论新能源和互联网，他们关注更多的是二氧化碳排放的降低。置身其中，真的不知他们是太傻太天真，还是我们真的领先全球了。

如果这样继续下去，巴黎车展举不举办都两可了。媒体日当天，以往全球记者熙熙攘攘的盛景不见了。让人顿时感觉到，没有人看的车展是多么恐怖。好比，你用超牛的手艺做了一桌满汉全席，结果没人来吃了。事实的确如此，欧洲汽车市场增速缓慢，甚至是负增长的。数据显示，受经济不景气影响，仅以汽车为主的德国制造业将影响德国经济近一个百分点。还有一个佐证，那年的巴黎车展将成为沃尔沃的绝唱，沃尔沃明确表示未来不再参加巴黎车展。说白了，车再好，老百姓不买车、不换车了，这事有多可怕。没人看的车展也反映出巴黎车展的没落。

那年巴黎车展的吉祥物是一个用巨大水滴"吹"成的抽象汽车，透明的汽车内镶嵌着埃菲尔铁塔等巴黎地标性的建筑。从创意上，这是一个非常棒的设计，一如巴黎的时尚、浪漫。不过，这一切不足以阻挡巴黎车展优雅地老去。

美茵河畔法兰克福

世界汽车从来没有像现在这样处在一个产业变革的十字路口，一手是传统内燃机不放弃，一手在新能源车上巨大投入，正逼着车企打破鱼和熊掌不可兼得的定律。2017年9月举行的第67届德国法兰克福车展，犹如步履蹒跚的老妇。这种当年的预测在两年之后预言成真，2019年后的法兰克福车展停办，改为在慕尼黑举办。

在德国做出这个艰难决定前，乐观者认为汽车产业正处在黎明前的黑暗，悲观者认为在新能源上巨大的投资可能会让有的企业在黎明到来之前就会破产。这样的十字路口还体现在，除了福特，美国车企集体继续缺席被称为世界流行趋势的法兰克福车展，沃尔沃也没有参加。这使得法兰克福车展的国际性大打折扣，倒是来自中国的奇瑞和长城高端品牌WEY成为法兰克福车展的新宠。

汽车运势：这个市场谁不动心

2017年法兰克福车展，包括柴油、汽油在内的传统内燃机车型，似乎退到了幕后，取而代之的众多车企张口闭口的新能源和无人驾驶战略，要是哪家车企不提这两个就跟不做汽车似的。当然，在新能源战略上，也出现了泾渭分明的现象。宝马发布的定位介于i3和i8之间的宝马i Vision Dynamics概念车，0～100公里/小时加速仅需4秒，最高车速超过200公里/小时，续航里程也突破性地超过600公里。根据宝马的规划，2025年之前，将向市场提供12款纯电动和13款混合动力的累计25款新能源车型，而从2020年开始，宝马集团旗下所有车型系列都将按需生产任何一种驱动方式——无论是配备内燃机、插电式混合动力系统还是由电池驱动。与宝马务实的新能源车战略相比，不少企业在新能源车上"打马虎眼"，尽管自称新能源车的听上去不少，但是在续航里程等电动车的核心要素上并没有实质性的突破，有的还局限在300公里的续航里程上。

因"尾气排放造假"被罚得底儿掉的大众汽车也宣布了到2025年纯电动车销量将达到300万辆的计划，比如仅投资就需要300亿欧元，真不知道缺少资金的大众哪里来的自信。车型上，当奔驰推出Smart、奔驰EQ，宝马推出i3s、MINI纯电动等多款新能源全新车型时，大众仅有一款I.D概念车，且是在所有汽车公司中量产最晚的。在展台看到的至少是这样的，除非大众汽车雪藏了部分车型。更有甚者，拿不出像样新能源车的车企干脆玩起了无人驾驶的噱头。殊不知，无人驾驶是需要建立在智能化、电动化、互联化的基础之上的，没有这些支撑，说得天花乱坠也是枉然。

包括中国在内的世界多国对新能源汽车政策的出台，将加速传统内燃机汽车向新能源转变的技术革命。目前，已有法国、英国、德国、挪威等国家列出了禁售传统汽车的时间表。中国与其他国家的不同在于，我们先发展新能源再禁售传统车，这与其他国家有着本质的区别。宝马集团董事彼得说，世界上没有任何一个国家像中国政府那样有全面推动电动车发展的计划，中国将成为电动车和电动驱动技术的推动者，中国将改变世界汽车工业。

中国力量还在于，在本届法兰克福车展上，奇瑞汽车和长城汽车高端品牌WEY的参展，是中国汽车献给世界汽车工业的礼物。由于两者都集中在8号馆，我习惯把8号馆称为中国馆。在奇瑞和长城WEY之前，吉利、华晨、双环等中国车企曾经当过法兰克福的铺路石，只是那时中国汽车的确弱不禁风，与当年欧洲媒体用"不安全"和"山寨"相比，奇瑞和长城WEY在本届法兰克福车展广受赞誉。

Automotive News Europe（欧洲汽车新闻）为奇瑞Exeed TX专门制作了图集，并评论称，"Exeed TX将是奇瑞新产品序列Exeed的首款车型。作为其全球扩张行动的一

部分，奇瑞在未来几年内将 Exeed TX 投放欧洲市场"。2017 年 9 月 13 日出版的《焦点》周刊针对法兰克福车展参展车型发布评测报道，长城 WEY 品牌打造的经典车型 VV5s 喜获盛赞，并与保时捷 911 GT3、奥迪 A8、本田 Urban EV Concept、Smart、奔驰 Vision EQ Concept 被评价为最成功的五款车型，WEY 品牌的 VV5s 位居第四。中国汽车在法兰克福车展受到的赞誉，是中国汽车从法兰克福走向世界的路口。奇瑞和长城 WEY 未必是参加完车展就开始在欧洲销售，而是让世界看到中国汽车向上的趋势。奇瑞董事长尹同跃说，奇瑞受邀参加法兰克福车展，是因为欧洲人认为奇瑞的国际化程度高，在埃及、伊朗、巴西等世界多地设有工厂。中国巨大的市场培育出走向世界的本土品牌，没有什么不可能。

世界汽车工业正处在一个产业结构调整的十字路口的最好佐证是，2017 年法兰克福车展让人感受最深的就是汽车快没"汽"只剩"电"了。"汽车"改"电车"只是时间问题，2017 年法兰克福车展算是萌芽。

只是，以后可能再无法兰克福车展了。2020 年年初，德国已经暂停在法兰克福举行车展。2021 年的法兰克福车展将在慕尼黑举办。

在东京车展提前感受 2050 年的汽车

从 2020 年东京奥运会的出租车、巴士，到 2030 年的 TJ 酷路泽，再到 2050 年的氢时代的多款新车……

看 2017 年 10 月举行的东京车展。恍如一次面向未来的车际穿越，提前享受了一把未来的汽车社会。东京车展上，主场优势明显的丰田汽车以"挑战不可能"的姿态试图把这种优势转化为领先业界的胜势。

仅需 3 分钟，就能续航里程达到 650km，这一切比进加油站的时间更短，续航里程更长，且使用成本不比燃油更贵。这是丰田应对能源革命的新本领，负责技术的专务伊势清贵说，丰田认为 2040 年传统燃油内燃机将完成消亡，只有混合动力的车型会有一定比例的存续。丰田是按照这个时间节点进行终结者准备的。为此，丰田提出了"零二氧化碳排放"和"零交通事故"的"清零"计划，2050 年是这个愿景的时间大限。

东京车展上丰田展出 7 款全球首发车型，除了仅在日本国内销售的第 15 代全新皇冠和象征日本工匠精神的全新世纪 Century，丰田的未来之旅从 2020 年东京奥运会开始，在东京车展亮相的奥运出租车，采用象征日本的深蓝颜色，车身变高、车体变大，功能

性和上海市的大众途安以及伦敦黑色出租车更接近。丰田相关负责人说，视野更加开阔的全新日本出租车可以改变城市街景，并符合"观光立国"的政策。目前，这种全新的出租车已在东京投入小批量运营，2020年东京奥运会时，东京3万辆出租车中的1万辆将采用这种新型出租车。

车展上首发的其他车型款款喝人，TJ酷路泽更像是SUV和MPV的跨界，丰田认为这将成为日益增长的SUV市场人群的新选择，与现有SUV要么都市类要么越野类不同，TJ酷路泽做到两者通吃。一款充满科幻未来感的概念车Fine-Comfort Ride的撒手锏是氢能源结构，充氢耗时仅需3分钟就能续航1000km，成本上每kg氢的价格约合人民币60元，采用碳纤维材料的储氢罐重87.7kg，总容积122L，可加氢5kg，考虑到残留量，一般情况下加4.5kg。类似于氢能源结构的新车还有燃料电池巴士SORA、CONCEPT-爱i系列(CONCEPT-爱i、爱i RIDE、爱i WALK)、GR HV SPORTS concept概念车等。

在横滨的制氢站看到，风力发电形成的直流电，经过交流、压缩等工序后，所形成的氢气燃料，再经过运氢车可直接为商品车充氢，已经在横滨多个行业示范的氢燃料叉车，一次充氢可连续工作8h。而这样的氢能源也在丰田上市的Miral"未来"车型上搭载，目前Miral"未来"氢能源车已在全球销售超过4300辆，丰田计划成立专门的氢能源Miral"未来"车型生产线，并把年产能从目前的3000辆提升至3万辆。伊势清贵解释丰田押宝氢能源时称，氢可通过任何东西制造，诸如风力、褐煤及废水中的污泥等都可以提取，且生产过程中不排放二氧化碳，还容易运输和储存。丰田认为，氢能源可直接跳过混动、电动，最能代表汽车能源结构的未来趋势。与东京车展上其他车企发布量产车甚至公布售价的商品车不同，丰田以"挑战不可能"着眼未来。

氢能源只是丰田2040年终结传统内燃机的其中一种方法。在氢能源之外，丰田在新能源结构上准备用多条腿走路，以应对全球不同国家不同市场的多元化需求。伊势清贵在丰田安全技术及自动驾驶技术大会上表示，在1100万辆之上丰田将继续深耕细作

汽车运势：这个市场谁不动心

混合动力 PHEV 技术，在纯电动 EV 技术上，早有储备的丰田将加快与马自达、电装的三方构造研究，尽快形成纯电动 EV 车型商品化，而在更高级的新能源上，将加速氢能源的商品化和规模化，丰田率先发起的氢能源委员会由最初的 13 家迅速增加至包括宝马在内的 27 家，氢能源朋友圈不断扩大。在外界认为丰田在纯电动 EV 车上的落后之势，丰田章男称，不是谁先制造出电动车，而是谁制造出的车让消费者满意。丰田的自信源于全球 1100 万辆混合动力车型的高质量、耐久性和低故障率。多元化的能源结构让丰田夸下了 2050 年前把二氧化碳排放再降低 90% 的"海口"。

爱好赛车和激情驾驭的丰田章男一度是自动驾驶的反对者，他的原话是"毫无兴趣地让车没有灵魂"，让其改变认知并提出零事故伤亡和自动驾驶的目标，源于和两位朋友的经历，一位朋友因为交通事故落下终身残疾，另一位朋友的孩子因交通事故丧生。那位终身残疾的朋友告诉丰田章男，他还对汽车有好感，甚至说不定汽车还能带来幸运。让所有人感受"美好的汽车"成为丰田零事故和自动驾驶的动力，率先搭载在雷克萨斯上的 DCM 系统和 OTA 云技术成为丰田迈向零事故的第一步，丰田同时向外界展示了计划 2020 年实现商品化的自动驾驶实验车。丰田对自动驾驶的定义不是机械性的无人驾驶，而是既能满足消费者的投其所好，又能在遇到问题时帮忙解决人车合作的替代驾驶，比如"先是人驾驶，如果人困了，会自动驾驶"。让人们的驾驶不再是出行时反复叮嘱的"路上注意安全"，而是"祝你玩得愉快，去你想去的地方"！

借机东京车展，丰田在全球推出了"挑战不可能 Start Your Impossible"的愿景，这其中未来工作室是一个缩影，成立于 2012 年的未来工作室由 25 名年轻人组成，在东京和丰田总部设有办公机构，其任务就是站在消费者的角度看待市场，让行业的人认为的汽车创新由难变易，前瞻十年、十五年，甚至更长时间看待未来的汽车社会。此次东京车展上很多概念车的创意就来自未来汽车工作室。

漫步丰田展台，或坐进全新形象的奥运出租车，或走进新燃料电池巴士车厢，感觉提前过了一把 2020 年东京奥运会的瘾。由近及远，也提前尝试感受了会在 2030 年甚至 2050 年成为主流新能源的氢时代，没有里程焦虑，没有二氧化碳排放和零交通事故的未来汽车社会真好，愿丰田的挑战不可能成为可能。

其实，丰田展台只是东京车展的一个缩影。在本田、铃木、日产和马自达等展台，均能看到对人尊重的福祉车。与国内汽车是给健康人开的理念不同，日本人推崇"人人平等"的理念，那些带有轮椅的福祉车往往被摆在展馆最重要的位置。日本人普遍关注、关爱、关心弱势群体，他们普遍认为老弱病残等人士能够享受和健全人一样的汽车生活，才是汽车带给人们生活的原点。因此，在东京车展你绝对看不到在巴黎、底特律等车展上看不见的残疾人士看车展的场景。在铃木展台参观时，偶遇一名坐轮椅的残疾人士，他对汽车生活的美好向往让其逛了不少展台，同样也算是完全的偶遇吧，恰逢铃木的创始人铃木修先生也在展台，前呼后拥的年逾八旬的铃木修在残疾人士面前表现得毕恭毕敬，并和残疾人又是交流又是合影，日本人对特殊人群的关爱是到了骨子里的。

  国土面积和市场并不大的日本为什么能诞生那么多世界级的汽车品牌，而中国要市场有市场要地域有地域为什么不可以呢？在本田展台，除了展出面向未来的新能源车，展台上还摆着琳琅满目的摩托车，铃木展台也是，甚至雅马哈也同样。2017年东京车展恰逢本田摩托诞生60年，60年来有1亿辆摩托车行驶在全球各地，为此本田在展台举行了纪念活动。与奥迪收购杜卡迪等欧洲车企靠收购实现企业多元化不同，日本车企有着与生俱来的多元因素，既造摩托车又造汽车。摩托车造得不怎么样，人们自然就不会相信你的汽车也能造好，正是这层窗户纸没捅破，才使得中国车企走起来那么艰难。

第十二章　汽车地理坐标

欧洲汽车纪行

每每在中国举行的车展，尤其是"北上广"等国际色彩更浓烈的车展，往往是车展还没闭幕，那些从欧洲运抵中国的展车几乎不用运回去，不管是1.5亿元天价的劳斯莱斯还是价格并不昂贵的普通车型，就传出"被抢购"的消息。工作缘故，我多次前往欧洲，关于欧洲的汽车有话要说，有关于人的，也有关于车的。

同为车展，国外的车展与国内有很多不同。2010年的日内瓦车展上，大众旗下的大众、奥迪、兰博基尼、布加迪、保时捷、西亚特、宾利等十大品牌先后亮相，除执掌这十大品牌的大众董事长文德恩满面春光之外，坐镇的大众集团监事会主席皮耶西博士才更像是"大众教父"，不管是头天晚上的"大众之夜"还是第二天各展台上的发布，携夫人的皮耶西所到之处被人簇拥，大有皮耶希夫妇不到场，哪个品牌的展台发布都不敢开始的阵势。有意思的是，文德恩博士在头天晚上的"大众之夜"上刚宣布大众集团2010财年的利润为71亿欧元，第二天的大众展台上，大众集团就宣布31亿欧元全资收购了奥地利萨尔斯堡的保时捷公司。与总部斯图加特保时捷同为保时捷一部分的萨尔斯堡保时捷公司，是皮耶西妈妈一手创办的以销售保时捷为主的公司。也就是说，大众汽车集团2010年利润的一半一夜之间被纳入了皮耶西家族中，年逾八旬的皮耶西是保时捷的外孙，不仅在大众汽车集团，在整个欧洲都被尊称为汽车教父。保时捷中文只是Porsche的音译而已，比较准确的应该翻译为"波尔舍"，由于中文译为保时捷被广为接受，才一直传承至今。

欧洲是全球汽车的发源地，尽管那辆"三蹦子"用今天的审美看上去有些寒酸甚至让人忍俊不禁，但是这辆"奔驰一号"是公认的汽车鼻祖。无论你制造的汽车再牛、再酷，谈到汽车的起源，谁都绕不过奔驰。与皮耶西受到的拥戴一样，卡尔·本茨虽然已经过世多年，但是在欧洲2020年再大的大事，光环也盖不过奔驰的135年，谁让奔驰是第一辆汽车呢！

尽管已经过去了18年之久，但是我驾驶和乘坐"奔驰一号"的经历仍旧历历在目。那是2002年秋天，也是当时的戴姆勒·克莱斯勒首次组织中国记者采访奔驰总部，下榻在斯图加特火车站对面的城堡酒店，有一排各式各样的老爷车提前从博物馆开到了酒店停车场等待检阅，我们的任务就是把这些古董老爷车从酒店开到奔驰博物馆。当时，同行的9位媒体同行，有车者都是凤毛麟角，就别提把这些老爷车开走了，由中国记者组成的车队从酒店鱼贯而出，成为斯图加特一道独特的风景线。在我们抵达奔驰博物馆时，馆长亲自驾驶"奔驰一号"载着我们在偌大的博物馆内来回兜风，好不惬意。尽管那是一辆复制品，但已是相当"够意思"了。馆长说，只有

奔驰最尊贵的客人光临时，才能享受如此待遇。

或许与瑞士在国际事务中保持中立的国家定位相关，不管是在车展的举办地日内瓦，还是在国际奥委会的所在地洛桑，在瑞士都能看见各种样式的汽车，由于地缘上与法国、德国等国接壤，没有汽车工业的瑞士对汽车的包容性非常强，各种品牌的车型均可看见，品种之多犹如瑞士是万国博览会一般。世界卫生组织、WTO、国际奥委会、欧洲足球联合会等都聚集在日内瓦湖畔（也叫莱蒙湖）附近。与诸多国际组织一样，瑞士日内瓦车展同样久负盛名，迄今已经举办了90多届。

而德国慕尼黑的汽车是另外一番景象。慕尼黑虽然人口过百万，但依然是德国仅次于柏林和法兰克福的第三大城市，更诞生了宝马和奥迪两大世界级品牌，慕尼黑街头大多是地产车，街头川流不息的车流中明显能感受到汽车的高贵血统，宝马、奔驰和奥迪随处可见，与欧洲其他国家的城市相比，抑或是与德国国内的诸如首都柏林等一些其他城市相比，慕尼黑汽车的档次明显高出一筹。宝马总部四缸大厦堪称慕尼黑的地标性建筑，与宝马四缸大厦毗邻的宝马博物馆每年吸引近百万全世界各地的汽车爱好者光顾。对于慕尼黑，除了汽车，还有两点令人羡慕，很多城市是在城市中植树造林，而慕尼黑是"在森林中建造城市"，慕尼黑的"奥森"离宝马总部不远，那里曾留下我跑步"打卡"的脚步，这个最初由垃圾填埋场改造的奥运区域，环境在慕尼黑奥运会后更加有所改善，在为足球世界杯建造的安联体育场之前，慕尼黑体育场还是欧洲杯的比赛场地，我在此见证过拜仁和阿森纳的欧冠四分之一决赛。足球也是慕尼黑的标志，除了如雷贯耳的拜仁，慕尼黑还同时拥有1860等德甲劲旅。从地理位置上，算是慕尼黑郊区的奥迪总部英格尔斯塔特，也在近两年冲甲成功。同在英格尔斯塔特的奥迪自然是这支球队的主要赞助商，2016年暑期起，英格尔斯塔球队还专门造访中国，每年为中国的青少年进行为期一周的足球启蒙。

法国的葡萄酒产区阿尔萨斯和欧洲议会的所在地斯特拉斯堡，以雷诺、标致、雪铁龙为主，但是在相当长的一段时间内，法国汽车在欧洲的地位并不逊色。在米卢兹，一对酷爱汽车的兄弟，把靠主业纺织进行的原始财富积累全部买了各式汽车，哥俩最钟爱的是布加迪，在倾其所有收藏的200多辆汽车中，竟然有130辆布加迪。因时代所变，在纺织业日渐衰败后，哥俩逃到了瑞士，而那些在今天看来价值连城的藏品被法国将其收归国有，法国国家汽车博物馆的镇馆之宝就是一辆1930年的布加迪，当下该车的身价为1500万欧元。据说，除了哥俩对布加迪情有独钟，之所以收藏布加迪，是因为布加迪的工厂在米卢兹附近，布加迪工厂就在德法交界的法国。所谓的两国交界，不像我们想象的有哨兵、界碑，阿尔萨斯地区的德法交界就是一条河。参观布加迪工厂时有一个试乘试驾的环节，我还驾驶布加迪威龙在德法两国的街道上兜过跨国风，出不出国界就是一脚油门的事儿。

意大利的汽车业以菲亚特和法拉利最为著名，不过能够买得起法拉利的毕竟凤毛麟角，不管是在博洛尼亚、米兰，还是在佛罗伦萨，意大利人开的多是看上去有些老旧的菲亚特，比如在国内已经消失的乌诺。意大利人的懒散和不守时在欧洲是出了名的，其设计的汽车多少受到了影响。漫步街头，看见的多是介于轿车和货车之间的车型，这其中又以蓝旗亚居多，意大利人向中国市场传递的蓝旗亚品牌定位高过菲亚特显然名不副实。阿尔法罗密欧和菲亚特 500 算是当下意大利年轻人的最爱。不过，很多人不知道，超级跑车兰博基尼虽然在意大利博洛尼亚生产，但是兰博基尼是大众汽车集团的旗下品牌。意大利警方一度还配备过两辆兰博基尼用作警车。只可惜，或许是对奢华汽车品牌不太会用的缘故。在一次访问兰博基尼时，意大利的媒体报道说，已经有一辆兰博基尼被警方弄坏了。

从中立的瑞士到汽车鼻祖故乡德国，从意大利亚平宁半岛到盛产白葡萄酒的故乡法国阿尔萨斯，在整个欧洲，能够感受到汽车工业的百年，更能够看到那些即将在中国出现的全新车型，如奥迪的全新 A6、迈腾 B7L。

行走在汽车鼻祖的国度

当北京川流不息的街头上汇聚了各种汽车的时候，你是否想过今年是汽车发明的 135 年，正是卡尔奔驰在 135 年前注册了他那辆在今天看上去有些简陋的"大三轮"，人类才开启了汽车生活。为此，奔驰被称为汽车行业的鼻祖，欧洲则是汽车的发源地。作为汽车人，哪怕是汽车爱好者，都有必要探寻一下欧洲汽车的地理坐标。

世界上没有任何一个国家能像德国这样，属于靠汽车吃饭甚至生存的国家，这不仅仅是指这是一个典型的车轮上的国家，如奔驰、宝马、奥迪、大众、欧宝。

在中国人看来，奔驰、宝马、奥迪被看作"三大豪华品牌"，其地位如同奢侈品中的普拉达、阿玛尼、香奈儿等。不过，这三大汽车界的一线品牌都相对集中在德国的南部地区。誉满全球的奔驰，总部所在地斯图加特在德国同样"血统高贵"，斯图加特不仅是拥有 1100 万人口的巴登－符腾堡州的所在地，而且在历史上向来富庶，斯图加特因盛产奔驰而有着"奔驰城"的别称，斯图加特的火车站矗立着一个高大的三叉星奔驰徽标，德甲劲旅斯图加特的主场被命名为奔驰体育场就是佐证。保时捷也诞生在斯图加特。

在斯图加特向东南方向 220 公里左右，就是令人顶礼膜拜的宝马和奥迪的所在地——巴伐利亚慕尼黑。阿尔卑斯山近在咫尺，多瑙河的支流伊萨尔河穿城而过。奥迪总部所在地英格斯塔特是慕尼黑正北 80 公里的一个小城，从地理方位上相当于北京的延庆，英格斯塔特作为奥迪的总部是"二战"以后的事情，在此落脚前，其总部位于更靠近东德的茨维考，当时战火摧毁了东德的工厂，奥迪被迫把英格斯塔特的修理厂和库房改造成总部，一个年销售 200 万辆的豪华汽车品牌。

如果从慕尼黑机场开车出机场没多远，在安联体育场映入眼帘之前，就会看到一个巨大的宝马 LOGO 广告牌，这其实是一个具有天气预报实用功能的户外广告牌的植入，除了那些温馨的温度、湿度等天气信息，仿佛在提醒来访者，现在进入了宝马的领地，宝马的四缸总部大楼不仅是慕尼黑的地标性建筑，而且与其相邻的是慕尼黑奥林匹克体育场，在 2006 年德国世界杯安联体育场启用之前，每年的欧冠都在这里举行，这里同样是拜仁德甲联赛的主场。令人意外的是，与有的汽车公司总部与工厂各处异地不同，宝马偌大的生产厂房紧挨着总部大楼和宝马博物馆，且三者之间是相通的，这可能是世界上地段最好、最昂贵的城市中心工厂。记忆中，全欧洲的汽车工厂敢于放在市中心的也只有宝马了。

不过，并非所有汽车品牌都在市区安家立业。意大利也是盛产世界名车的国家，兰博基尼虽然是德国大众旗下的品牌，但是兰博基尼的生产地在意大利的博洛尼亚，博洛尼亚城市人口不足 50 万人，兰博基尼位于城市的边缘地带，通往兰博基尼的道路几乎都是乡间公路，很难想象这样的奢华品牌去置身其中。比兰博基尼名气还大的法拉利总部位于意大利的马拉涅罗，与兰博基尼相距 80 公里左右。那是一个法拉利城，整个小城最高的建筑物是法拉利工厂的烟囱，厂房远不及想象中奢华，要不是满城的法拉利 LOGO，很难想象一眼望去，如国内纺织厂般的区域竟然是生产法拉利的。

在我们看来，这些耳熟能详的欧洲汽车品牌应该诞生在光鲜的大城市中，而事实并非如此。从地理上，布加迪的总部在德法交界的一个小镇上，沃尔沃诞生在哥德堡而非大城市斯德哥尔摩，斯柯达的工厂也在布拉格的市郊……

不过，这也仅仅是地理上的坐标，与品牌无关。在布加迪的工厂有一堵拥有百年历史的墙，墙的外围是大众入住后布加迪崭新的工厂，墙的里面是布加迪的老厂房，其中的一栋四层灰墙红顶大楼，一直被作为布加迪的交车大楼，100 多年来从未挪作他用。

塔尖上的英伦汽车

英国汽车曾经是世界汽车工业的重要力量，但是在规模和体量上英国汽车的分量却不及德国、法国和意大利，与大国地位的身份并不太匹配。

现在的英国汽车多是塔尖上的汽车品牌，如耳熟能详的劳斯莱斯、宾利、阿斯顿·马丁、捷豹、路虎等。按照类别英国汽车可分为两类：一类是类似于劳斯莱斯、宾利这样的奢华品牌；另一类是类似于MINI、MG这样的相对平民而量产规模较大的品牌。虽然奢华品牌因王室御用而更加著名，但是英国的汽车工业更多地被多国瓜分，比如捷豹路虎的主人几经更换，从福特到印度塔塔，劳斯莱斯和MINI则在早年间先后成为德国宝马的囊中之物，而宾利现在是大众汽车集团旗下的奢华品牌代表作，就连被称为伦敦城市地标之一的黑色出租车，其主人是来自中国的吉利汽车，拥有90多年历史的MG名爵现在属于上汽集团，同属上汽集团的荣威品牌的前身正是由罗孚品牌进化而来的。在英国的诸多汽车品牌中，罗孚和MG最为动荡和惊心动魄，这两个当时量产最大的品牌几易其主，先后被宝马、福特兼并过，而后易帜到现在的上汽集团。最令人可惜的是罗孚，成了握在福特手中名存实亡的品牌。在一次和上汽集团董事长陈虹的闲聊中，我假设性地问："如果福特转让罗孚品牌，上汽还会买吗？"陈虹回答说，意义不大，荣威的品牌价值和认知度不比罗孚差。

不过，无论这些英国汽车品牌归属如何，但品牌都还保留了英伦范儿。无论是"高大上"的劳斯莱斯、电影007中的邦德座驾，还是有相对规模量产化的MINI和MG，都使得英伦车的DNA得以保留，比如MINI上的米字旗。从产地上说，英国汽车品牌的产地呈现相对分散而规模小的特点，与曼彻斯特（曼联所在地）相邻的伯明翰是罗孚和MG的所在地，堪称英国汽车工业的摇篮，其地位类似中国一汽。其他的产地则分散在考文垂、古德伍德等地，比如宾利的所在地克鲁，工厂不以规模和现代化生产线取胜，而是以手工著称。

每个英国汽车品牌都充满传奇，且以王室御用而骄傲。习主席当年访英时乘坐的State Limousine，是伊丽莎白女王的御用座驾。该车是女王2002年登基50年金禧庆典之际，宾利为其量身定制的。全球仅有两台State Limousine，分别被称为宾利1号和宾利2号。宾利起初计划只打造一台State Limousine，另一台是用来做道路测试的原型车。由于女王特别钟爱这款车，宾利2号在做了一年的道路测试后，也献给了女王。基于宾利雅致R型开发的State Limousine，其设计上为全景玻璃车舱，车身高度也有所增加,以便民众瞻仰女王风采。车门开启特别采用对开门式设计,方便女王下车前在车内站立。车身和车窗均采用防弹、防爆设计,以确保女王安全无虞。内饰选配世界顶级的小牛皮,华丽的木饰配以深色皮革,使该车更具皇家气息。由于女王喜爱天鹅绒材质,因此车的后座是天鹅绒的。通常,只有女王本人可以使用这辆礼宾御驾。2011年全球瞩目的威廉王子大婚,女王和爱丁堡公爵乘坐 State Limousine 1号车,而新郎威廉王子乘坐2号车前往威斯敏特教堂。平日,其他任何皇室成员都不可以使用,只有女王本人,以及她指定的来英国进行皇室拜访的国家元首才能乘坐。

时常伴随女王和英国王室出行的还有路虎。1952年伊丽莎白继位英国女王,第二年开始,她与丈夫菲利普亲王开始周游世界。在英联邦国家访问行程的6个月中,正是路虎系列特制的路虎皇家四号始终陪伴左右。女王与这辆路虎一共走过约80000公里的土地,到过新西兰、澳洲、斯里兰卡、也门和非洲,路虎与女王的情缘早在她继位前就已结下,而那时路虎品牌刚刚初创。女王日常出行的最爱是路虎揽胜,威廉王子大婚时的安保车是路虎揽胜,而凯特王妃怀孕时也选择自驾路虎揽胜出行。在2016年女王90岁生日庆典上,女王和菲利普亲王从温莎堡乘坐路虎揽胜来到庆典的花园现场。作为女王90大寿的亲历和见证者,90岁的伊丽莎白并不需要随从搀扶,自己拽着把手上下车自如,也足见女王以及皇室其他成员对路虎揽胜情有独钟。

英伦汽车品牌更多的是"活"在过去的历史中,而中国将扮演英伦汽车未来的角色。有媒体把"被吉利收购的英国出租车公司,将于2017年在伦敦投放零排放的TX5出租车"的消息称为帮女王捡回乡愁,而伦敦的电动大巴有望在比亚迪制造。

英国的汽车工业已经没落了。提及世界汽车工业,人们会想到德国、日本、美国,甚至韩国,却很难让人想起英国。尽管劳斯莱斯、宾利、路虎、迷你、捷豹都来自英国,但是他们始终没有做大做强,更何况他们早已成为其他车企的囊中之物,尽管他们中的捷豹等车型曾一度成为英国王室的御驾。

站在汽车工业的角度,英国汽车工业并没有什么值得炫耀的。不过,英国人对汽车消费的理解倒是值得国内的消费者学习和借鉴。例如,被称为伦敦城市名片的黑色出租车,其古朴的样式不仅与英国的街道相辅相成,而且宽大的空间让人坐着也很舒服。不过,其起步价10英镑5英里的费用价格不菲。英国人在汽车消费上呈"两特"的趋势:一是小车特别多,如福特的KAI;二是旅行车特别多,如毕加索等。当地人说,买小车的多为年轻一族,他们往往是两口之家,车价便宜,停车也方便;旅行车的买家多为成家的中年人,主要用作周末时带着全家出行。

从汽车的国别来说，以标致、雪铁龙为主的法国车和美国福特车居多，其次是德国的宝马和奥迪。在英国境内，很难看到日本车和德国大众的车型。

在汽车保有量巨大的英国市场，得到英国具体的汽车数量是件非常困难的事情。不过，英国每个家庭拥有两辆汽车的现象非常普遍。通过设立很多单行线来治理交通拥堵在英国是十分有效的办法，但往往很多地方就在眼前，却不得不绕几条单行线才能到达目的地。

英国的停车费用较高，越是繁华的市中心，停车费用就越高，比如在伦敦东二区内停车，每小时的费用为10英镑。BP是英国最大的石油公司，每升汽油的价格为15元左右，不过在英国境内行车是不需要交高速费的。

英国车也是"香车为何配美女"的始作俑者。早在1924年，MG名爵率先雇佣牛津大学的美女为新车助阵，开启了"美女配香车"的历史，并引发其他品牌的效仿，且一直效仿到今天。从这点上说，MG名爵是"车模发明者"的鼻祖。

第十三章　中国车在海外

金字塔下中国车

在最新一次第二万公布的"一带一路"有关中国制造业的品牌调查中，奇瑞汽车是中国制造业中唯一排名靠前的车企，其他是中兴、华为等。奇瑞汽车一直是中国汽车出口的大户，15年累计出口超过150万辆。

奇瑞在伊朗、巴西、俄罗斯、埃及等国家和地区备受追捧。例如，埃及市场就占到了当年出口量的1.5万辆，是埃及响当当的汽车品牌。2011年，在穆巴拉克执政期间，我曾跟随奇瑞考察过埃及的市场，也是中国记者第一次走进奇瑞的埃及工厂。

汽车运势：这个市场谁不动心

开罗—埃及首都，是埃及第一大城市，也是埃及的政治、经济、文化中心。尽管埃及有90%以上的国土被沙漠覆盖，但是开罗是典型的绿洲，宽阔的尼罗河穿城而过，埃及全国8000万人口有超过2000万人生活在开罗以北占埃及5%的尼罗河三角洲地带，举世闻名的金字塔、狮身人面像就在开罗市郊，从市中心开车大约20分钟车程。

奇瑞的埃及工厂坐落在开罗市郊的"十月六日城国家工业园"内。奇瑞汽车总经理助理金弋波说，2005年11月，奇瑞和埃及DME公司签署了双方在埃及互为合作伙伴的协议。根据协议内容，奇瑞提供A516、A620、S12、T11和B14共五款车在DME进行CKD组装，并使用奇瑞授权的SPERANZA商标。首款奇瑞A5车型于2006年8月上市，截至目前，奇瑞已经在埃及成功投放了A5、东方之子、瑞虎、A1、A3五款车型，后期将投放M12和A13等车型，工厂的年产能为3.5万辆。奇瑞目前在埃及的销量已经超过6万辆，其中2010年的销量为1.5万辆。市场份额约占埃及汽车市场的7.4%，在埃及市场中排名第四。

有意思的是，在中国风生水起的日产、斯柯达、丰田的排名都在奇瑞之后，排在奇瑞前面的是现代、雪佛兰和起亚，尽管雪佛兰排在奇瑞前两位，但是两者的差距并不大。价格上，奇瑞在埃及售价并不低，雪佛兰科鲁兹在埃及的售价折合人民币为13万元，奇瑞A5的价格为11万元。在开罗市中心地段的奇瑞4S店遇到前来保养的法官车主Naser，在他看来，A3驾驶起来非常平稳，很符合埃及人的驾驶习惯。

埃及人购买奇瑞的用户除了出租车司机，其购买人群主要有法官、律师、私营业主等中产阶级消费群体，其中不乏已经拥有奔驰、宝马的车主。这些消费者选择车型基本上从综合性能考虑出发，很大一部分人都是将奇瑞A3、A5、瑞虎作为家庭的第二辆车来购买。瑞虎更是国际SUV市场的销售冠军，奇瑞在埃及是中产阶层的首选品牌之一。

让人感到奇瑞在埃及无处不在，还在于开罗有3600辆出租车是奇瑞汽车。开罗的出租车数量可远不及北京的10万辆大军。奇瑞深入"走进去"也是获得埃及出租车大订单的重要理由，奇瑞"走进埃及"的第一步就是在埃及建立生产基地，并在零部件供应方面实现了45%的国产化率。因为奇瑞不仅给当地带去了技术和管理，还带动了当地的就业和税收，所以获得了政府的高度肯定，并得到政府授权可以上出租车牌。

奇瑞在埃及的合作伙伴DME公司副总裁Hussein Gad说，希望奇瑞能不断向埃及引进新产品，同时加快国产化的速度。奇瑞与DME合作5年以来，DME的汽车工厂已经拥有上千名员工。

这就不难理解,从我们飞抵开罗国际机场那一刻起,就感到奇瑞无处不在的理由了。在埃及一周的所见所闻,无不让人感受到中国人、中国汽车人的自豪。从北部的首都开罗,到南部的文明古城卢克索乃至度假天堂红海沙姆沙伊赫,奇瑞汽车随处可见。要不是车牌上的阿拉伯文,很难想象是身处万里之外的异国他乡,毕竟满大街跑的都是熟悉的中国车——奇瑞。

埃及只是奇瑞开拓海外市场的一个缩影。奇瑞汽车董事长尹同跃说,2011年奇瑞将巩固已建的12个生产基地,加快在建的4个基地的建设,并加大各生产基地的本土化进程,实现采购本土化、研发本土化、人才本土化,真正实现"走进去"扎根发展。奇瑞在俄罗斯、埃及、乌拉圭、巴西、叙利亚等80多个国家和地区拥有近1000家销售服务商,"走进去,扎根发展"已成为奇瑞走出国门的创新模式。2021年3月,奇瑞迎来累计出口突破180万辆。

中国出口的商品并不都是廉价的服装和毛绒玩具,至少在埃及人看来是这样的:他们觉得来自中国的奇瑞汽车就是高价值的商品,并认为车子的品质完全可以与韩国现代、美国通用雪佛兰媲美。

从北京到开罗,两地相距遥远,飞机飞行10个小时才能到达。而两地又是不远的,两个国度都有满街飞跑的奇瑞汽车。在金字塔下,一辆黑色的瑞虎静静地停在那里的场景永远定格在了脑海中。

哥德堡的吉利与在巴西的奇瑞

哥德堡的吉利与在巴西的奇瑞,是更多中国汽车品牌走出去的榜样:一个是中国汽车海外收购的样本,另一个是中国品牌走出去的示范。两者是支撑中国智造走向海外的门面。

哥德堡的吉利确切地说是被吉利收购的沃尔沃。2015年,我们作为媒体与沃尔沃邀请的中国车主同行,参加哥德堡每年一届的马拉松,感受由吉利带来的中国推动力。

久负盛名的哥德堡"半马"是世界上规模最大的马拉松赛事之一,从1980年创办以来从未间断,每年的赛事吸引8万人参加。来自全球各地的跑者不分肤色、不分年龄在蓝天白云下感受"跑在瑞典,一路清呼吸"。最让人开心的是,"半马"在哥德堡不是一场比赛,而是一个节日。比赛当天恰逢周末,路途沿线20万人,人们穿上节日的盛装,或为跑者加油助威或懒洋洋地躺在草地上目睹跑者风范,为跑者助威自发组织的乐队随处可见，更有人慷慨地递来补充能量的各种水，甚至啤酒和面包。与其他老外相比，让我们这些中国老外感动的是，奔跑途中不少哥德堡人竖着拇指用中文喊"加油！"，如此礼遇，在万里之遥的瑞典是难以想象的。

通过一场马拉松可以看出，时隔5年，吉利对沃尔沃的收购远远超出了简单的商业范畴，成为中瑞文化乃至东西方文化融合的缩影。沃尔沃是哥德堡的象征，好比提到北京就想到全聚德、同仁堂，这个80万人口的城市中，有70%的人与沃尔沃相关，要么直接在沃尔沃工作，要么是沃尔沃的供应商、配套商。可见，沿途的中文"加油"声，标志着吉利在瑞典不仅赢得了政府的信任，更深入到普通民众之中。

与上汽集团当年收购韩国大宇后的"败走麦城"相比，李书福的吉利对沃尔沃的收购显然更技高一筹。吉利对沃尔沃的收购如同联想收购IBM超出IT，其意义远远超出了汽车行业，而是中国商业走出去的成功尝试。

如果说吉利收购沃尔沃是中国汽车成功走出去的一种，奇瑞在巴西则是中国汽车品牌勇闯天涯的另一个范本。奇瑞巴西工业园项目扮演了中国装备制造业走出去的重要角色。为了适应巴西的路况特点、油品，以及消费者的驾驶习惯，奇瑞做了大量的产品适应性开发和改进工作，比如为了适应巴西特殊的油品需求，专门设计开发了Flex Fuel发动机等。在人员本土化方面，巴西籍员工目前占总数的70%，未来这一数字将达到90%，最终将实现研发、采购、制造和人员管理的本土化。目前，奇瑞已在海外建立16个生产基地、1100多家经销网点和900多个服务站，覆盖亚洲、欧洲、非洲、拉丁美洲等市场，产品销往80多个国家和地区，累计出口量超过150万辆，常年位居全国第一。

无论是吉利收购沃尔沃，还是奇瑞的巴西工厂升级为工业园，两者背后最值得借鉴的就是全价值链的本土化的长远眼光，并不像有些企业和行当仅仅是为了销量打一枪就换一个地方的短视行为。

英国伯明翰升起中国国旗

英国伯明翰长桥是MG品牌的发源地，再次迎来MG品牌的热烈庆祝时刻。英国时间2007年5月29日，随着时任江苏省省长梁保华按下启动电钮，MG TF的发动机轰鸣声响起，3辆MG TF跑车从生产线上徐徐驶下。这一场景令全世界的MG车迷为之鼓舞，作为全世界最大的车迷俱乐部，MG车主俱乐部及MG车迷俱乐部主席与南汽英国公司副总经理季国荣先生高兴地互换礼品并共同庆祝。

汽车运势：这个市场谁不动心

当然，这个时刻不但属于遍及欧洲的广大 MG 车迷，同样属于来自遥远东方的中国，因为这辆承载了 MG 品牌欧洲复兴期待的 MG TF 跑车，已经在中国人的手中获得重生，并且拥有了一个响亮的中国名字——"名爵"。

在 MG TF 英国长桥基地的下线仪式上，时任南汽集团总经理、南京名爵（MG）汽车有限公司董事长的俞建伟向来自英国和欧洲的记者详细介绍了这款产品在 3 月 27 日南京下线时所遇到的强烈关注，中英两地先后下线标志着 MG 名爵品牌在中国本土和国际市场的同步发展战略已经顺利展开。在中国政府对 MG 名爵项目的大力支持下，MG 名爵获得中国进出口银行 30 亿元贷款，为国际化战略增添强劲的助推器。

谈到英国长桥基地，俞建伟表示："我们在项目一开始就意识到，与英国保持生产上的联系是极其重要的。长桥对于南汽在欧洲的运营将扮演核心的角色，相对于中国的制造基地，长桥基地定位于研发中心，并生产高附加值产品供应英国及欧洲市场。下线是 MG 名爵项目激动人心的时刻，它意味着 MG 名爵全球化战略进入了实战阶段。"伯明翰市长麦克•惠特比先生强调："长桥是伯明翰地区工业的重要部分。很高兴看到 MG 名爵汽车再次驶下生产线，是我们与南汽的光荣历史紧密合作成就了今天的成果。两年前，很多人认为这一天不会来临，但当我们为长桥开创一个新时代而欢欣鼓舞的时候，我很高兴地看到 MG 名爵终于让这一著名品牌重获新生。"

值得关注的是：当天上午，一直关注 MG 名爵产品的英国副首相约翰•普林斯科特委托麦克•奥布兰部长访问长桥并递交代表英国政府所致的贺信。

在成功收购 MG 品牌之后，南京名爵（MG）汽车有限公司就一直在为恢复英国长桥基地的生产而不懈努力。恢复生产的长桥基地同时承担 MG 名爵汽车在中英两地的后续产品研发试验。迄今为止，MG 名爵发动机欧四研发工作、整车匹配工作在英国顺利完成；新一代 MG 名爵车造型已经完成，MG 名爵扩展系列车型在以全新的造型亮相世界，直接在国际市场上推出。可见，MG 名爵的长桥基地成为集研发中心、工程和检测中心、中英两地的人力资源招聘基地、英国及欧洲市场的生产基地、英国及欧洲市场的销售和服务等职能于一身的重要组成部分。

随着 MG TF 跑车在长桥基地的下线，标志着 MG 名爵在欧洲市场的全面启动。当时，英国本土有 98 家经销商希望成为 MG 名爵的授权经销商，其他国家如丹麦、比利时、西班牙、俄罗斯、德国、法国等 20 多个国家的经销网络也在洽谈。这足以证明，MG 名爵面向世界市场的前景已经初步展开，南汽国际化战略的"国际高速公路"已显雏形。全球化的战略需要全球化的品质，为此 MG 名爵保留并恢复了英国研发中心，以精益求精的精神对 MG 生产线进行消化吸收直至完全掌握，以全球化采购的现代工业生产体系使产品品质青出于蓝而胜于蓝……这一系列的努力，都使 MG 名爵拥有了可以角逐世界最高，也是最严标准的欧洲市场的品质实力。

随着 MG TF 跑车在中英两国的顺利下线，MG 名爵依托英国长桥的强大研发能力和两地的生产能力，依托 MG 品牌百年积淀的资产积累，将为中国汽车业全面走向国际化竞争打响第一枪。

少对中国汽车出口说三道四

行驶在中国大街小巷的汽车有七八成挂着外国的商标；中国年出口汽车只有少得可怜的三五十万辆，居然有人拿出了相声中《歪批三国》的劲头。对中国汽车出口说三道四。

2006 年前后，不少以业内专家自居的人对中国汽车出口横挑鼻子竖挑眼：价格低了、质量差了、数量少了、利润小了，没有进入欧美、售后服务跟不上、恶性竞争窝里斗了，大有国产自主品牌出口一无是处之势。似乎只有这样说，才表明他们发现了"新大陆"。上述这些现象在中国汽车出口中确实存在，但是大部分集中到了一些小企业或初期出口的品牌，对于那些主流的、长期以来扎扎实实做海外市场的企业来说，这些只是发展中的一些小问题。

做任何事情都有个开头，都有个初级阶段，都是一个循序渐进的过程，如果说在萌芽时代就把它扼杀在摇篮中，那么中国汽车永远也走不出国门。问题在于这些人对此视而不见，看不到主流，不看发展大势，纠缠于细枝末节。

中国自主品牌要提高核心竞争力、树立良好的口碑、规规矩矩健康有序地到海外竞争，这些都非常好，"放之四海而皆准"，但是八成做不到。有所为，才能有所不为，顾此失彼，首先要抓住一头，比那些看似十全十美但一点成果也没有的做法要强得多。

全球市场化经济时代竞争无处不在，中国汽车在国际市场竞争中也不能违背这一竞争规律。在市场竞争中"滚出来"成长壮大的企业深谙此理，他们对此并不怨天尤人，而是积极想办法，发挥自己的优势开拓新路径。

不正常的是，中国汽车工业虽然发展 50 多年了，但到现在还是一个"幼稚"行业，就是因为改革开放以来没有经过充分的竞争，只靠扶持几个大集团、几个大合资企业，结果让那些捷足先登进入中国的外国品牌赚了个盆满钵满，直到进入 21 世纪才有了些竞争的味道，近两年国内几条"鲇鱼"出来搅局，才有了一些生机。

汽车运势：这个市场谁不动心

现在，这些"鲇鱼"们开始到国际市场上竞争了，一些人又说："中国汽车在国外窝里斗，就会搞恶性竞争。"这些人思考问题很奇怪，在国内市场各品牌的竞争就是正常竞争，到国际市场竞争就成了"窝里斗"。其实这个"窝里斗"也是一个正常现象，跨国公司品牌在中国不也是"窝里斗"吗？

作为一名中国人，在亲眼看到外国车在中国"遍地开花"的时候，难道不希望中国车也能走出国门吗？

第十四章　总部探源

在奔驰总部生活五天五夜

作为汽车的发明者，奔驰就是汽车的代名词。

不仅在中国甚至在世界范围内，拥有奔驰、乘坐奔驰、驾驶奔驰都是一种荣耀。

我曾多次访问奔驰斯图加特总部，我对 2003 年 9 月第一次随戴姆勒·克莱斯勒中国组织的"奔驰公司 DNA 全球记者培训"印象深刻，参加那次培训的全球记者共 45 人。

斯图加特的市徽虽然是保时捷的车标，或者说保时捷车标的灵感起源于斯图加特，但是在斯图加特让人感受最深的是奔驰才是这个城市的形象。在下榻的城堡花园酒店对面，就是被称为地标建筑的斯图加特火车站，高耸入云的由三叉星组成的奔驰徽标熠熠生辉，而像这样的徽标在斯图加特不计其数。尤其是每当夜幕降临时，橘黄色的灯光映照在白色的奔驰徽标上时，尊贵感油然而生。

汽车运势：这个市场谁不动心

如果说这些是奔驰给中国记者留下的印象，那么在辛德芬根工厂的参观则让人真正领略到了奔驰作为汽车发明者的魅力。辛德芬根是世界上最大的豪华车生产基地，包括在中国所销售的11万辆各种不同型号的奔驰全部来自辛德芬根工厂，辛德芬根在汽车界的地位好比电影界的好莱坞。据奔驰全球公关总监透露，辛德芬根每年生产奔驰的数量超过100万辆。在我前去探访的2003年的头9个月，奔驰的销量就超过了70万辆，这个数量在全球顶级车型中遥遥领先。

奔驰的制造工厂给人印象最深的是，只闻机器轰鸣声，不见工人在干活，机械自动化程度之高可见一斑。与诸多汽车工厂的禁烟禁火不同，奔驰工厂的人性化或企业文化迄今让我印象深刻，行走在偌大的工厂车间，是很难见到工人的，倒是在休息室看到过几个，抑或者端着一杯咖啡。这与国内汽车制造厂内"处处见人影"的场面形成了鲜明对比。辛德芬根工厂的相关负责人告诉我："奔驰生产线的自动化率在90%以上，我们所看到的为数不多的工人大多是在监督机器人工作。"包括安装前后风挡玻璃在内的技术活也全部由机器人来完成，工人们所要做的就是监督机器人干活。虽然看不见人影儿，但是辛德芬根工厂的工人也多达31000人。足见辛德芬根的地盘有多大、实力有多强。据称，辛德芬根工厂每天可以生产近3000辆各种型号的奔驰。

在把随身携带的相机放到指定的地点之后，径直进入了奔驰公司的心脏部位——辛德芬根的汽车设计中心。当我们被一款款外观漂亮的车型所吸引时，才知道奔驰领先的秘诀：在汽车设计中心供职的设计人员已超8000人。这个数字相当于当时国内一家车企的员工总数。

创新是奔驰汽车公司永恒的主题，当奔驰的创始人卡尔·本茨和戴姆勒在发明汽车时，创新精神就已确立，直至延续到今天。奔驰公司现在销售的车型大多是设计师在五六年前就完成的。也就是说，在五六年前设计师就前瞻性地预见到了今天汽车的发展方向，这比那些模特身上的时装更加神秘。当工作人员让我们把相机放到指定地点时，我非常理解他们的举动。因为他们现在生产的车型大都是五六年以后才投放市场的车型。

当十几辆颜色各异的轿车摆放在我们面前时，奔驰的驾驶之旅正式开始，而在北京生产的奔驰也将在我们驾驶的车型中产生。从斯图加特到近百公里外的空军基地试车场的路程，并不会被语言所阻碍，事先设置好的电子导航系统会准确无误地告诉驾驶者应该去的方向。

我首先驾驶的是一款TDI400型柴油轿车。TDI柴油车在德国相当普遍，即使在奔驰、宝马这样的高档车上也相当普及。柴油车除了动力强劲和使用成本低，还有一个突出的

汽车运势：这个市场谁不动心

特点：环保，完全可以达到欧洲3标准。同车的杨钧称，柴油车推背感十足。中途换乘点，我特意选择了一辆GLK500敞篷跑车。纯正的蓝色如镜子一般，能清晰地映出人影儿，油门轻轻一踩，时速表的指针俨然已经到了100km/h。此时，对于使用手册上0～100km加速时间3秒的顾虑完全烟消云散。

创新与传承是奔驰最难能可贵的，也是其他世界汽车巨头效仿不了的。最新的统计表明，奔驰的品牌价值高达210亿美元，这个数字远远超过其他竞争对手。这正是奔驰长盛不衰的根本所在。

如果说设计中心预示奔驰的未来，那么奔驰博物馆的近百款老车型则在书写着奔驰的过去。奔驰博物馆馆长告诉我，博物馆每天接待来自世界各国的参观者在1200人左右，一年45万观众中有30%来自中国。在访问奔驰总部时，为了应对参观者的增加，新的奔驰博物馆已经破土动工，并于2006年投入使用。

除了对公众开放的奔驰博物馆，很多人并不知道，奔驰还有一个专门收藏展示奔驰"老爷车"的经典车中心。经典车中心最主要的功能是修复老旧的奔驰车。我有幸参观了它的修复车间，看到里面一辆几乎成了一堆废铁的老爷车，奔驰经典车中心的主任介绍说，它是西班牙国王的藏品，正在这里修复，整个修复工作将持续5年，耗资在百万欧元以上。我们参观了经典车的一个仓库，里面存放的车都已经过修复，有一辆老爷车的售价高达2500万欧元，超过了任何一辆新车的价格。旧车修复其实并不赚钱，奔驰设立这样一个中心的目的，主要是为那些热爱奔驰汽车的人们提供一个实现梦想的机会，奔驰品牌百年来形成的那种高贵优雅的高品质形象，正是通过这些经典的老爷车来维系的。

由于在德国有许多老爷车迷，他们都喜欢将老爷车修复后开着玩，因此德国这个对汽车排放极为严格的国家有一条法律规定：车龄30年以上的老爷车，对排放不做任何限制。

物以稀为贵的缘故，当时奔驰在世界汽车市场的占有率为2.5%。一是英国和美国是奔驰在德国以外最大的海外市场，但是在未来，中国是奔驰在全球最重要的市场之一。那次奔驰全球记者培训，9人组成的中国记者代表团人数最多，东欧、美国的记者团只有三四个人。二是奔驰与北京汽车的合作，是奔驰在亚洲设立的第一个制造基地。三是奔驰推出的售价800万元一辆的天价迈巴赫，在中国市场销量最好。

借着此次访问奔驰的机会，人在德国，对汽车和交通也走马观花。在德国开车很少并线。总算理解那些长期在国外居住的人，回国后不敢开车的原因了。德国人的驾驶习惯令我这个老司机瞠目结舌。德国的高速公路并不限速，车开到200km/h并不新鲜，却不堵车，也很少发生交通事故。

究其原因，一切是规矩所致。其一，德国人的素质高。司机们规矩，不管在市区还是在高速路上，德国人开车很少并线。即使前面车的速度再慢，也很少有人按喇叭。超车后，会迅速回到原车道行驶。除非紧急情况，他们才会踩刹车。其二，德国对交通违章和肇事的处罚相当严厉。例如，最高罚款可到1万欧元，健全的法律体系为规矩开车提供了保证。其三，德国学车的门槛高。在学车的时候要经过数轮答辩通过后，才可以学车，而学费也高达3000欧元，这个数字和欧洲人的收入相比，可谓很高。学车期间，学员除了上路驾驶，如果两次考试通不过，将终生不许再学车。众多严格的门槛造成了德国不堵车。或许您会说，德国车少。其实不然，斯图加特40万人口但有60万辆汽车。

名古屋感受丰田固执造车

2010年7月，这可能是丰田发生大规模召回事件半年后首次向媒体开放禁区，给人的感觉是：满脸的真诚。

丰田产业技术纪念馆、丰田博物馆、电磁波试验大楼、多轴台架试验、浸水路试验、雪地试验、恶劣路况试车场……

懂行的人说，除了风洞试验，丰田这回够大方，一向被看作汽车企业核心机密的试验都敞开了随便看。陪同我们的广汽丰田日方副总经理汀积哲也说，他在丰田工作了25年，诸如电磁波试验大楼这样的地方也是第一次看到。

这么做的目的？丰田自己的解释是惯例，在此之前丰田已经举行过四次技术研讨会，但这次显然与以往的每次都不同。佐证之一是，除了主管中国事务的董事毛利和加藤，丰田在华的两个合资企业——南北丰田的一把手冯兴亚、田聪明全程陪同参观，这在以前是没有过的。从时间节点上，参观安排在召回半年之后，人们格外关注丰田的品质也是自然的事情，这对丰田来说是绕不过去的。

丰田汽车主管中国市场的常务董事加藤说，丰田辜负了用户的信任，现在丰田全体员工都在竭尽全力以求恢复消费者的信任，虽然到目前为止，并没有出台任何具体措施，但全公司都在探讨如何加强质量保证。加藤认为召回对潜在客户造成的心理影响是致使丰田在华放缓脚步的原因，他希望通过努力重新让市场建立对丰田的信心。例如，雷克萨斯的4年10万公里，一汽丰田的3年10万公里免费保养，都是加强品质质保的做法之一。加藤特别强调说，在半年前的大规模召回中，比如RAV4在中国也实施了召回，实际上类似的问题在中国一件都没有，也没有一个客户投诉，但是丰田采取的是全球一视同仁的措施。

从时任副社长内山田竹志，到当时主管中国业务的董事毛利、加藤，再到时任南北丰田的中方"一把手"冯兴亚、田聪明，丰田至少给外界这样的印象：过去的失误是丰田的快速扩张造成的，今后的丰田将避免同样的错误出现。

平心而论，丰田公司一直非常重视产品品质。早在1953年转型汽车之前从事纺织产业时，就提出了"好品质好想法"的口号，表明了把品质放在第一位，并在所有工序中都要不断地进行改善是丰田生产方式的基本点。例如，工厂生产线上设置了用于紧急停止的拉线开关"Andon"，在发现生产线发生异常时，工人可以通过它来停止生产线的运转。对于工厂，从经营角度来说，停止生产线意味着莫大的损失，但是在丰田工厂里的每个人都彻底贯彻"不生产次品""不让次品进入下一工序"的思想。因此，当工人发现问题时会毫不犹豫地拉动拉线开关，只要发现问题点，就进行改善。

对于今后如何"改善"，丰田动作不少，动静不小。除了成立以丰田章男为组长的丰田全球品质委员会外，还进行了一系列大刀阔斧的改革。在日本总部，为了让整个车辆保障的流程细致化，丰田于2010年分别任命宫本真志、坂田胜利为品质保证部及设计品质改善部部长。两个部门分工明确，品质保证部将承担车型开发前的零部件、整车信赖性及尽早解决投放车型的品质问题，在品质监察楼里，经常备有100辆左右的试车，约200名专家会从市场上回收不良零部件进行调查；设计品质改善部则偏向于技术，通过对疲劳驾驶、涉水道、电磁波干扰等采取科技手段提升整车的安全性。与总部相对应，品质保证部的中国CF培训中心已经在2010年6月28日成立，而设计品质改善部在不到半年内开发团队增加了1000人，目前该部门已有专业的技术团队常驻北京和广州。接下来，丰田在中国还将进一步加强质量管理，2010年年底前在长春、北京、天津、成都、广州、上海设立6个技术分析室，以保障向中国顾客提供质量可靠的汽车产品。

丰田的大规模召回多少动摇了人们的信心，但是丰田也有感到宽慰的地方：半个月前，《华尔街日报》报道称，美国交通运输部门针对丰田提供的3000份黑匣子的数据显示，在车辆发生事故过程中，驾驶员并未踩下刹车片，而是在紧张状态下踩下加速器。这意味着，此前备受争议的丰田"召回门"事件可能源于一场"误会"。

尽管如此，丰田自上而下并没有怨天尤人的想法。内山田竹志称，丰田能做的就是希望用实际行动重树市场对于丰田的信心。

慕尼黑亲历宝马百年

宝马集团对于第一个百年的庆祝是在"下一个 100 年"的倒计时中开始的。2016 年，恰逢宝马进入"百年老字号"的荣誉殿堂。在今天已是宝马经典车中心的慕尼黑莫萨彻大街 66 号，宝马回到最初成立的地方举行 100 年庆典发布会，更像是地标上的追根溯源。对于过往的 100 年，宝马似乎轻描淡写，而对于下一个 100 年，显然是浓墨重彩，有备而来。对于任何一家企业，迈入百年老字号的荣誉殿堂都难免会夸夸其谈。而科鲁格说，活在过去不如创造未来。科鲁格和宝马的价值观是"未来属于创造他们的人"。

2016 年 3 月 7 日是宝马集团成立百年，3 月初慕尼黑的天气如同宝马蓝白相间的 LOGO，满是蓝天白云。宝马集团百年庆典在毗邻宝马总部四缸大厦的奥林匹克大厅举行，有慕尼黑"鸟巢"之称的奥林匹克大厅曾是 1972 年慕尼黑奥运会开闭幕式的场所，在安联体育场建成之前，这里还是拜仁和 1860 的主场。

宝马百年庆典，更像是跨越汽车的聚会。除了汽车界的翘楚，德国前外长费舍尔、国际汽联主席让·德等各界名流，就连奥迪股份董事会主席施泰德也悄然现身。在宝马集团百年庆典上，宝马大股东苏珊娜·克拉腾（Susanne Katten）女士和施太凡·匡特（Stefan Quandt）先生难得现身，身为宝马大股东的他们很少抛头露面，神秘到甚至外界鲜有人知道他们的长相。百年庆典给人的感觉用北京话说就是"局气、有面儿、上档次"。面对这样的大场面，出席庆典的巴伐利亚州州长泽霍夫（Horst Seehofer）以"一流的企业必须用一流的庆典"高度评价宝马的 100 年，并风趣地说，他还愿意参加宝马下一个 100 年的庆典。

宝马的百年庆典更像是"下一个 100 年"的冲锋号，技惊四座的 VISION NEXT 100

汽车运势：这个市场谁不动心

概念车成为宝马开启"下一个100年"的首款作品，VISION NEXT 100全面诠释了2030年之后，宝马对未来个人交通出行多样化、定制化、人性化、智能化、清洁化和责任性等趋势的理解。被宝马设计副总裁霍伊顿克称为未来终极之车的VISION NEXT 100的尺寸大小像5系，空间像7系，可采用"驾驶员驾驶"与"无人驾驶"双模式，且两种模式可自由切换。其最大的两个看点：一是终结了汽车方向盘是圆形的历史；二是看不见轮胎的汽车，完全隐形的轮胎结构设计让整车更加一气呵成，极具未来感。体现了宝马对未来"纯粹驾驶乐趣"和个人出行方式的创想与远见。此次在百年庆典上亮相的VISION NEXT概念车有望在4月北京车展上惊艳亮相。VISION NEXT 100概念车只是宝马诠释未来出行的一款车型，宝马旗下的劳斯莱斯、MINI和摩托车，在2016年年内均有一款未来之车的概念车与公众见面。

VISION NEXT 100一经亮相就引起全球广泛关注，来自不同国家和地区的同行好奇地询问了该车的价格、排量和配置等尚待确定的细节。科鲁格回答说："敢想是实现未来的第一步。"过往100年宝马能够在世界汽车工业脱颖而出的DNA是多样性、学习能力、适应能力、创新能力和企业社会责任。例如，宝马仅在慕尼黑的员工就来自100多个国家，正是这种多样性，才让其如此不同。

宝马百年庆典所引发的眼球效应始于汽车，却远远超出了汽车的范畴。社交媒体上除了有汽车品牌借力宝马百年大庆，还有不少非汽车品牌拿自己与宝马相提并论。我以为，这是对宝马品牌的尊重，没有什么不好。

宝马的第一个百年是在德国总理默克尔的高度评价中结束的，出席欧洲理事会峰会的默克尔在发给宝马的祝贺视频中，称赞宝马是德国成为经济强国史上的一个重要的里程碑，彰显了德国的创新精神，以及面向全世界开放的态度。而宝马的"下一个100年"是在科鲁格与来自包括中国、法国、美国和韩国四位年轻人共同按下的"下一个100年"倒计时开始的，支撑宝马开启"下一个100年"的除了将逐渐从概念走向现实的VISION NEXT 100，更有"未来属于创造他的人"的企业哲学。

打最大的牌无非是四个"2"或"大小猫"这样的"炸"，而在造车上，百年老字号的宝马也给出了不平凡的未来。虽然现在看来是预言，在实现的可能性上存在着可能更好也可能更坏的偏颇，但是那句"预测未来，不如创造未来"的品牌理念已经深入人心了。

难能可贵的是，在遇到"百年一遇"的世纪殿堂上，不像其他车企老字号，宝马不提过往的荣耀，只面向未来的胸怀和被人们调侃为"有里有面儿"的北京精神非常"搭"，充满"包容、局气"。

汽车运势：这个市场谁不动心

伴随着那辆永远不会倒的摩托车在洛杉矶的惊艳亮相，宝马百年大庆面向未来"下一个100年"的四款概念车算是出全了。车迷和业界对这四款车的期待，就像一集又一集的美剧一样，需要追，还迫不及待，有时候还得"越狱"。根据宝马的计划，以百年庆典为契机，面向未来的四款产品分别在老家德国、第二故乡中国和最重要的两个市场（英国和美国）轮流排班展出。中国车迷最幸运，那个在宝马百年庆典上亮相的"会呼吸的轮胎"以及"不再是圆的方向盘"的概念车，率先来到中国在798展出，同行的还有宝马的"大猫"科鲁格以及设计大咖——高级副总裁霍伊顿克。据说，在798有限的展览时间内总有无限的人在排队一睹车容。有人在社交平台留言调侃说"车是好车，可惜我活不到下一个100年"。

这四款面向未来的概念车预言了宝马集团旗下四个品牌不同的发展方向：宝马品牌未来百年的概念车"轮胎会呼吸"，颠覆了方向盘是圆的概念的长方形方向盘，分"有人驾驶"和"自动驾驶"两种，劳斯莱斯的概念车造型似乎借鉴了中国哲学中的"天圆地方"，而经典的MINI概念车更加卡通和时尚。10月在美国洛杉矶亮相的摩托车概念车堪称永远不会翻倒。

面向未来是宝马对过往百年的最好纪念：宝马集团以前所未有的前瞻眼光开发了一系列概念车，来解决未来30年内人们的交通出行需求。这些解决方案都基于对未来交通出行的设想，即交通出行将变得更加多元化和互联化。伴随着四款概念车的陆续问世，宝马将开启又一个新的百年……

BMW VISION NEXT 100："纯粹驾驶乐趣"将在数字智能、移动互联和创新技术的基础上得到进一步提升，打造"终极驾驶者"。如果驾驶者需要，还可选择自动驾驶模式，车内环境便营造出轻松的氛围，为车内乘员带来舒适无忧的旅程。

MINI VISION NEXT 100：将在未来共享、互联的城市环境中继续担当时代先锋的不二选择，"每辆MINI因我而变"这一座右铭体现了对共享观念的认同。未来，一辆MINI可共享给很多MINI迷，同时可以根据不同使用者的喜好实现个性定制。这一理念的核心便是全面联网的数字智能。

Rolls-Royce VISION NEXT 100：这是超豪华座驾的顶尖之作，通过采用创新技术，未来的劳斯莱斯也将像这部名为"奢华殿堂"的概念车一样奢华至极，彰显豪华移动出行的未来愿景。在车内，通过与车主的生活和周围环境建立数字化连接，虚拟助手和司机时刻待命。在车外，"尊贵驾临"的下车方式——玻璃顶篷升起，乘员从容站立，车门自动滑动打开，门边踏板下方伸出一个台阶，红色灯光像地毯一样从台阶下方投射到地面上，让乘员可以优雅地下车。

BMW Motorrad VISION NEXT 100：代表了终极骑行体验，标志性元素包括黑色三角形车架设计、白色线条和经典的水平对置驱动单元。例如，三角形车架结构中心的动力单元既体现了现代风格，又具有历史传承，以传统宝马水平对置 Boxer 发动机的形象设计打造，实际上装备的却是一个零排放驱动单元。之所以称为灵动车架，是因为它是在没有当今摩托车上的大量接头的情况下实现摩托车的转向，转向所需的力量视车速而定：静止时，车架允许轻松转向；在高速行驶时，车架保持强大的力度，以利于车辆的稳定。在某些情况下，未来的主动骑行辅助系统可在行驶或静止时通过自动平衡摩托车，确保无论静止还是行驶永远不会翻倒。

克莱蒙费朗揭开米其林轮胎黑色之谜

2017 年 11 月，米其林在京郊怀柔雁栖湖畔的 APEC 会址，向媒体通报了被人们习惯称为米其林轮胎人的必比登新形象，必比登先生一改往日胖的憨态可掬的样子，瘦身成功后举右手的是企业标识，举左手的是商品标识，这是米其林 120 年历史上第三次采用全新的形象。寒风吹过冬日的雁栖湖，凯宾斯基酒店等岛上的地标性建筑的倒影在水中。

这样的一幕让我想起 2006 年 5 月对米其林总部访问时的场景，那是一次难忘的汽车轮胎王国之旅。

米其林总部克莱蒙费朗是个不大的小城，尤其对于人口众多的中国人来说更是这样。在法国除了像巴黎、里昂、马赛这样的城市被称为大城市，就再也没有其他大城市了，法国人虽然也把里昂和马赛称为大城市，但是这两个城市两三百万的人口与过千万人口的巴黎相比，简直是小巫见大巫。距离巴黎 300km 左右的克莱蒙费朗，城市人口不到 30 万人，名副其实的小城却涌出了米其林这样的世界 500 强企业。

米其林是个典型的家族企业。米其林第四代传人、米其林集团董事长兼 CEO 爱德华·米其林说，米其林进入轮胎业非常偶然，大概在 1889 年时一位骑着自行车的英国人来到克莱蒙费朗旅行，当时的自行车装载的是英国的邓禄普轮胎，可惜车胎坏在了克莱蒙费朗，骑车人便问爱德华的曾祖父米其林能否修理，结果修好的车胎没走出多远又漏气了，就在骑车人再来修补时，米其林就萌生了制造能够又快又容易修补轮胎的想法。6 个月后，米其林先生就发明了自行车轮胎。

爱德华·米其林在解释为何讲这个故事时说，虽然米其林已经成为全球轮胎行业的领导者，但这是米其林的历史。米其林作为人名出现在法国是在 1827 年，作为公司的名字出现是在 1889 年。当地一个家族的女儿嫁给了米其林的一个儿子。负责业务的米其林和负责公司债务的 Madamejules 共同经营米其林公司。目前米其林在全球轮胎市场的占有率为 20%，每年米其林集团在全球约生产 1.94 亿条轮胎，连续数年被评为世界 500 强企业。

必比登，即米其林轮胎人，其来自拉丁语并被罗马运用的公司形象在 1998 年庆祝他的百岁寿辰。米其林博物馆馆长告诉我，过去轮胎是奢侈品，米其林就把生产好的轮胎用白色的像丝一样的纸包裹起来再售出。必比登在拉丁语中是喝酒的意思，由于米其林兄弟和米其林的用户均是受过高等教育的人，他们在当时就选择了必比登这个名字作为公司的形象，对于赛手来说，他们在比赛结束后喝酒时，自然而然把这个胖得可爱的卡通人物称为必比登。

每当我们看到如今开发的车型时速越来越快时，更不能忽视轮胎不可替代的作用。一个事实是，如果没有轮胎，再好的车也跑不起来。只有走进米其林博物馆，才知道轮胎的不可替代的作用。

在米其林博物馆，我们见到了世界上第一条可拆卸轮胎，第一条可充气轿车轮胎，第一条重型卡车轮胎，第一条低压轮胎，第一条子午线轿车轮胎，第一条低滚动阻力节约燃料型环保轮胎，第一条彩色轮胎，第一条 F1 赛车轮胎……

我们还知道了最初的轮胎是用钢做成的，速度慢不说坐在上面还颠簸得厉害。这种状况直到使用天然橡胶后让轮胎变成软的才得到改善。1895 年，一条轮胎只能行驶 4000 多公里的路程，四年以后，新轮胎使汽车每小时的行驶速度由 25km/h 提高到 100km/h。

汽车运势：这个市场谁不动心

即使能够驾车满世界跑了，也未必清楚轮胎为什么是黑颜色的常识。原来，为了增强轮胎的强度，就在制造过程中加入了炭黑，加入炭黑的轮胎强度和抓地能力都得到了加强。别看这小小的一条轮胎，制成一条轮胎，需要包括橡胶、碳纤维在内的150多种原材料。米其林在1994年还发明了加入硅元素的绿色轮胎，现在米其林能够生产五颜六色的轮胎。除了轮胎，路标和地图也是米其林的主要业务，现在其每天生产75000册地图指南。因为在米其林涉足轮胎行业之初，卖出轮胎后开车的人由于没有路标而经常迷失方向，米其林就把路标标识的活揽了下来。他们的做法很快获得了政府的认可。现在法国街头的路标和出售的旅游地图大多出自米其林集团。

令人惋惜的是，作为米其林家族的第四代传承人的爱德华·米其林在我们访问米其林总部回来后不到一年，因出海意外溺水死亡。其继任者时任米其林全球新任总裁的贺立业曾经表态说，米其林在中国市场的业务不会因为爱德华·米其林的意外去世而受到影响。"今后每年米其林都会新增加100家轮胎更换和保养店，并要将这些店建在社区中。"贺立业专程到中国访问时表示。

当时，米其林在广州举行了在中国的第300家驰加轮胎店的建成仪式，时任米其林中国区董事长夏逸夫告诉我，在爱德华·米其林2006年5月26日去世后的一段时间，米其林陆续与外界做了一些比较低调的沟通。米其林特别强调的一点是，爱德华·米其林的去世不会给米其林集团带来任何改变，特别是中国市场，因为中国是爱德华·米其林生前最为关注的市场之一。早在2006年，进入中国市场18年的米其林在中国的投资已经超过4亿美元，拥有沈阳和上海两家工厂。中国的员工有5000多人，而该数字还在不断上升。

爱德华·米其林生前对中国倾注了个人的感情和精力，比如他在考察北京的轮胎店时，还将自己画的米其林轮胎人的卡通画亲手交给店里员工。只可惜，爱德华·米其林意外身亡时只有43岁。

继任者贺立业是米其林集团近百年历史上的第五任总裁。1996年加盟米其林的职位是集团首席财务官。2005年，贺立业在爱德华·米其林的邀请下成为米其林集团的合伙管理人。夏逸夫称，在过去十年中米其林集团的许多重要决定就是由贺立业与爱德华·米其林共同做出的，所以米其林集团和米其林在中国的战略都不会改变。不过，爱德华·米其林的去世也结束了米其林家族掌控这个全球最大轮胎企业的历史，出任新总裁的贺立业是首次以外来者的身份掌控米其林的人。

普利司通总部，不只是轮胎

一种比较公正客观的说法是，一个车队能否取得胜利，轮胎的作用在30%左右。在2004年F1的10支车队中，米其林和普利司通是最主要的轮胎供应商。在长期的两强争夺中，米其林曾经辉煌过，也曾经退出过。如今又复出的米其林能否撼动普利司通的优势是个有意思的话题。

每当路过上海安亭的F1赛车场，就想起2004年F1中国大奖赛首次落户中国时的场景。那是传统的中国国庆节前夕的9月26日，F1中国大奖赛（全球第16站）在上海拉开序幕，这使得2004年成为F1中国元年。作为世界最大的轮胎生产商之一的普利司通，一直致力于为驾驶员提供安全的驾驶环境，在上海F1大赛中为法拉利、索伯、乔丹、米纳尔迪4支车队提供比赛轮胎。其中，法拉利车队已凭借娴熟的驾驶技术、出色的动力表现和卓越的轮胎性能，提前5站卫冕了年度总冠军。

普利司通与法拉利车队的合作可以追溯到2003年，法拉利车队在普利司通担任F1独家供应商时就开始与普利司通合作，双方在2001—2003年赛季中连续3年摘取了最佳车队的桂冠。再加上1998年迈凯伦车队使用普利司通轮胎并最终夺冠和1999年、2000年度该车队两度蝉联冠军（普利司通作为独家供应商为该车队提供轮胎），截至2003年，使用普利司通轮胎的车队已经连续6年保持了冠军的荣誉。与此同时，在车手个人战绩方面，1998—2003年，使用普利司通轮胎的车手也同样连续6年保持冠军头衔（1998—1999冠军为米卡·哈基宁，2000—2003年冠军为迈克尔·舒马赫）。另外，获得6连冠的迈克尔·舒马赫当初第一次参加赛车运动时所驾赛车的制造商也是普利司通。为此，世界各国的媒体普遍认为，法拉利车队与普利司通被公认为是2003年度F1大赛的最强组合。

尽管米其林的高层在瞻望F1中国站的比赛前自称，准备工作充分只待比赛开始，但是人们依然为米其林捏把汗。比利时大奖赛的结果让轮胎供应商米其林公司喜忧参半，斯帕赛道的表现再一次反映出米其林轮胎存在缺陷。在由米其林赞助的3支车队：迈凯伦、威廉姆斯和英美车队的6名车手中，除了芬兰人莱库宁获得个人职业生涯第二个分站赛冠军，其他5个人竟然都因为事故中途退出了比赛！而且在车队和车手排行榜上，米其林的竞争对手普利司通赞助的法拉利车队以及舒马赫和巴里切罗，也让人颇为汗颜。比利时站比赛进行到第28圈时，巴顿的英美赛车以320km/h的时速与驾驶米纳尔迪赛车的鲍姆加特内相撞，导致两人双双退出比赛。巴顿对此显得非常愤怒，他实在无法理解，

汽车运势：这个市场谁不动心

为什么自己的赛车会突然失去控制。好在出事地点离缓冲带不远，因此才没有造成更严重的事故。不过，德国媒体在谈到巴顿的失败时都认为，轮胎是一个重要因素。

米其林解释事故多发的原因时认为，在比利时大奖赛和蒙扎赛道试车时发生的事故源于碎石和人为失误。"我们非常有信心，我们的轮胎没有任何问题。"米其林发言人波普说。然而，对于米其林公司为自己开脱的态度，车队已经纷纷表示不满，英美车队老板大卫·理查斯就明确说明了自己对下一站比赛的担忧，他担心米其林轮胎在蒙扎赛道会再一次出问题。奔驰公司赛车部主管豪格也认为，车队必须针对轮胎问题再一次进行细致的研究。

在普利司通东京都小平市工厂，陈列着其2001年开发的直径4.04m、专为300～400t的载重超大型自卸货车配备的世界最大的子午轮胎；1999年起，普利司通开始向汽车制造商的量产车型提供可缺气行驶的RFT轮胎，至今已为10种车型提供配套，其中包括了宝马Z4、新5、6系；而在展示中心被刻意凸显的是F1带给普利司通的荣耀。尽管这或许并没有在企业经济效益上得到最充分的体现。1997年，普利司通加盟F1，揭幕战上，普利司通一次进站的战略设计，将普罗斯特车队的赛手首次送上F1的领奖台。1998年，由于奔驰公司推荐而刚刚开始启用普利司通轮胎的迈凯伦车队，两者更是互相借助，达到了各自在F1的顶峰。1999年，固特异轮胎退出F1，普利司通在其参赛的第三个年头就开始担当F1赛事独家轮胎供应商的重任。这意味着，普利司通必须提供并生产出比以往更多的轮胎；现场所有工作人员必须严格保守车队的机密；同时还必须绝对公平地为各车队提供有关轮胎磨损方面的咨询服务。

因此，2001年米其林重返F1，普利司通领跑的优势依然没有被撼动。连续7年车队与车手总冠军的荣耀已在握，普利司通赛车运动技术部经理菅沼寿夫无法不用"我们的轮胎是值得骄傲的"这样的话来发表感言。

对普利司通日本总部的访问，让我印象最深刻的不仅仅是走进了一个轮胎王国，更在于他们在轮胎以外为人们福祉所做出的巨大贡献。这种深刻的体会在于，在我抵达东京的当天晚上，即赶上了地震与台风并行，我在遭遇地震的东京下榻的酒店通过电视观看了从北海道刮起的台风的直播。夜深了，地震所带来酒店房门的嘎吱嘎吱声听得清清楚楚，并能感受到明显的晃动，而直播的电视画面更让人心惊胆战，只见一位老者为了防止自己被台风吹走，愣是用尽浑身力气死死抱住电线杆子，可惜的是力不从心，最终被大风吹走了。我透过酒店的窗户向下望去，并没有人因为地震而往外跑。

第二天，人们谈及头天晚上的地震时，日本朋友轻描淡写，都觉得不是个事儿。后来，在普利司通总部的参观帮我解了惑。原来，日本盖楼时从打地基开始，就需要在柱子或墙的外围包裹一层厚厚的橡胶制品，以做到将来面对地震时，建筑物可以"左右晃动却不会倒塌"。也就是说，包裹着的厚厚的橡胶能让建筑晃而不倒。

哥德堡马拉松：读懂一座城一个人

一个城市让人懂，马拉松是最好的方式之一。

这几年，跑汽车产业的我混得像个体育部跑田径记者似的，倒不是说采访田径运动员，而是身体力行地跑入其中。我的跑步也是从小儿科开始的，起跑的两个原因很简单：一是为身体减负；二是住在奥森附近有"近水楼台先得月"的地理优势，让我一直引以为傲的是北京奥运会留下了一个离我触手可及的大公园。奥森以五环为界，分为南北园，各5km。我的跑步，起初都谈不上跑，而是走。先是在南园溜达，也谈不上计时和距离，走到哪儿算哪儿，走多久算多久。面对公园那铺设好的紫红色跑道，走久了，自然地就跑了起来。南园南门东侧那个"跑站"对我起到了潜移默化的影响。每行至此，总能看见各色的跑者，不分年龄，不分男女，不分冬夏，奔跑不息。"跑站"也由起初的跑者集结点的单一功能，逐渐壮大到有志愿者教练、能存包的司令部等。尽管还是松散组织，但是早成为大奥森跑者的地标性建筑。我并没有加入"跑站"，但丝毫不妨碍我融入跑步的人群。跑步的距离也从3km、5km、10km扩容至21km的半马；地点从仅有的南园逐渐扩大到南北园，跑出大奥森，跑出北京，跑出中国……

2015年3月跑完了我的首个海外处女跑——哥德堡半马，也是我近两年的第四个半马。哥德堡半马可谓久负盛名，从1980年设立至今已经30岁了，今年有来自世界各地的跑者8万人，沿途观众20万人助威，想想都是大场面。跑步当天恰逢周末，当发令枪声响起，8万名跑者被分成若干方阵依次起跑，我所在的沃尔沃跑友方阵有2000人，今年恰逢沃尔沃品牌成立88周年，沃尔沃中国组织了88位由车主和媒体组成的跑友。此外，还有来自沃尔沃在世界各地分支机构组成的队伍。例如，沃尔沃日本跑友还在瑞典当地媒体刊登了"改变对东方人认识"的公益广告。

按照惯例，2015年哥德堡半马的起点和终点均在体育馆，路线设置皆能体现当地的风土人情，比如在起跑5km就给了人们一个下马威的跨海大桥。高76m、长度约3000m的跨海大桥真的一步步跨过去，哥德堡地标建筑的口红大厦是必须经过的第二座大桥，高度稍逊跨海大桥，但是长度有过之而无不及。跑在桥上，虽然很累，但站在桥上的制高点，整个哥德堡城一览无余，蓝天白云下感受"跑在瑞典，一路清呼吸"。最让人开心的是，半马在哥德堡不是一场比赛，而是一个节日，用中国国家地理杂志社社长李栓科的话说："跑步是一种宗教。"21km的路途沿线，人们穿上节日的盛装，或为跑者加油或懒洋洋地躺在草地上目睹跑者风范，为跑者助威自发组织的乐队随处可见，更有人慷慨地给你递来补充能量的各种水，甚至啤酒和面包。汽车圈资深跑友胡津南，别看他跑步所向披靡，但是细心程度可见一斑，其在社交平台称，全程下来和200多位助威朋友接力击掌。对我们这些"老外"来说，最感动的则是沿线的哥德堡人竖着拇指用中文喊"加油！"。在赛事组织的专业性上也极具人性化，平均每2km一个水站的密度让人觉得喝也能喝到终点，其间还夹杂着降温的海绵发放点和喷雾装置。通过一场马拉松可以看出，吉利对沃尔沃的收购远远超出了商业范畴，成为中瑞文化乃至东西方文化融合的缩影。跑过海外17个全马的汽车圈内最资深的跑友董宝青称，哥德堡半马是难度最大却是最让人充满乐趣的半马。尽管此前因工作原因多次到访过哥德堡，但是从来没有觉得哥德堡如此亲切。让人改变的，就是这一次跑步。在哥德堡感受到的，马拉松不是一场比赛，而是一种气氛：让无力者有力，让有力者前行。马拉松赛自然成为瑞典媒体第二天的头条：有4.6万人完赛拿到奖牌。

马拉松成绩的好坏，除了和天赋以及勤能补拙的"黑练"相关，也和赛道等比赛的环境密切相关，我把两者称为影响跑步的内外因。用行话说，你总得占一头儿，要么有天赋，要么赛事能激发潜力。哥德堡马拉松则是一个内因和外因可相互借力、天地合一的赛事。你可能平时练得没那么狠，但是你有可能在风景如画的哥德堡创造属于自己的奇迹；如果你平时足够勤奋了，那么在美轮美奂的哥德堡肯定能够"PB"。

以例为证，当我跑进被人群欢呼的体育场终点时，计时器的成绩定格在2小时03分，一个2017年第二好的"半马"成绩。第一好的"半马"是在当年的武汉马拉松，首次"半马"破2，用时为1小时58分。

作为哥德堡马拉松的资深跑友，我是哥德堡马拉松的"老五届"，从2015年到2019年，连续五届奔跑在斯堪的纳维亚半岛的土地上，而每一届都感受不同。不是每一届成绩的提高，而是令人享受的马拉松，连跑五届也得以更细致观察哥德堡马拉松的与众不同。

哥德堡是无数跑步爱好者心目中的圣地。起源于1980年的哥德堡赛事是半程马拉松的鼻祖之一，每年5月鸣枪开赛，参赛者达6万人以上，是全球规模最大的半程马拉松赛事，似乎没有之一。面对比诸多全马赛事跑者多一倍的人数，"分枪"跑让6万多名跑者井然有序，哥德堡马拉松组委会按照万人为单元，6万人参与的赛事分成"5枪"，每个单元由不同的方阵组成，比如来自中国的车主跑团就和来自全球不同市场的车主组成了庞大的沃尔沃方阵。6万人参与的比赛，看上去数目惊人，采用"分枪"制后，每个人在21公里的赛道上却感受不到拥挤。哥德堡马拉松也是世界上为数不多的下午开跑的赛事，沃尔沃所在的方阵这几年来都是下午2点02分开跑。我的理解，虽然5月的哥德堡迎来阳光明媚的夏季，但是早上的气温不高，并不适合跑步。

在哥德堡，马拉松不是一个赛事，而是一个城市的节日。由于比赛恰逢周末，百万人口的哥德堡有二三十万人走上街头，聚拢在绵延不断的赛道两旁，发自内心的鼓掌加油似乎是哥德堡人热情的标配，他们远没有看热闹那么简单。很多人自发地"有钱出钱有力出力"，别说喝水，路旁都有人给跑者配备了免费的啤酒，还有人把面包拴在钓鱼竿上，高高举起，高悬在赛道上，大有"饿者上钩"的意思。北欧人的音乐天赋在哥德堡马拉松同样体现得淋漓尽致，赛道沿途，隔三岔五就有一个乐队，且风格迥异，可别小看这些看上去的地摊乐队，水平之专业堪称国家队。跑步"老炮儿"吴迎秋戏称，一路奔跑下来，世界名曲大全几乎听了个遍。每个人都是参与者似乎融入了哥德堡人的DNA。作为中国人，我们还能享受到与其他国家跑者更好的礼遇，奔跑在沿途，总能感受到主场的氛围，"沃尔沃加油""中国加油"的助威声彼此起伏，时常萦绕在耳边。他们对于中国的尊重，正是吉利对于沃尔沃的成功收购。拥有沃尔沃的哥德堡也称为汽车之城，由于汽车带动的上下游产业链效应，据说沃尔沃影响到百万人口哥德堡的每个家庭。

哥德堡马拉松的赛道兼具挑战性、趣味性和多样性。从公园体育场起跑前，除"发枪"之外，由飞机组成的编队进行喷气表演，呼啸声足够调动每个人的神经。赛道沿途，既有两座跨海大桥这样虐人的大坡，也有一马平川的城市路段，既跑过地标性的口红大厦、哥德堡剧院，也途经市中心的古斯塔夫广场。作为一个赛道，哥德堡的路线设置"没毛病"。当然，很多人并不知情，赛道沿途也和中国密切相关，吉利在哥德堡的研发中心、造型中心也在赛道途中。

与其他马拉松存包不同，当然哥德堡马拉松也标配有人性化的存包处。但是，哥德堡马拉松的不少跑者存包别具一格，由于出发和终点都在一个被绿树包围的体育场，浓荫蔽日的树木成为人们存包的最好道具，不少人跑前把包挂在树上的枝杈上，跑完以后顺手取走，一切都是那么自然，丝毫不担心有人把包拿走。这种"以人为尊"犹如沃尔沃提倡的生活方式一样，自然不做作，真情自流露。哥德堡马拉松也是沃尔沃中国车主体验简约、真实、满足的北欧生活方式的一扇窗口，沃尔沃每年都组织车主以马拉松会友，已经连续多年。

也不仅是我，同行的不少"大咖"都在哥德堡创造了自己的"PB"，一年跑量在3000km的"战神"蔡战比谁都懂享受马拉松的意义，只是"战神"这回当起了师傅，带领韩旭和李夏轻松首次实现了人生"半马"首次破2的佳绩。资深跑友吴迎秋的稳定性令人刮目相看，事先说好的2个半小时完赛丝毫不差，犹如在赛道上巡航一样。一些戏称自己是泡渣的"大腕儿"也轻松在关门之前返回终点。沃尔沃的袁小林、向东平以及吉利的冯擎峰都是跑马拉松的好手。

人生，你可能跑过无数马拉松，但应该跑一回哥德堡马拉松。

马拉松，能读懂一座城、读懂一个人。国内的马拉松赛事中，上海马拉松的组织最有序，也最能展示上海的风貌，沿线市场有跳《小苹果》的广场舞；北京马拉松能体现一国之都的大气、有面儿；广州马拉松的路线设置属于折返跑，有些枯燥，沿途观众不多；厦门马拉松环境和路线最宜人；兰州马拉松属于海拔马拉松……

每个人心中都有一个马拉松。

第十五章　海外试驾

"大切"开上泰国"珠穆朗玛峰"

泰国不仅是旅游国、佛教国，更是一个试车挑战极限的良好场所。当然，这是我从泰国驾车归来后才有的深刻体会。2003年11月，北京吉普组织部分媒体在泰国清迈进行了一次独特的大切诺基试驾活动。

当北京已经寒风凛冽的时候，泰国气温在二十八九摄氏度。走出曼谷机场，热浪袭来。过去因为是英国殖民地，泰国的汽车属于典型的英式右舵标准。行车的路线自然也是靠左行驶，这对初来乍到的中国人来说，有些不习惯，总感觉他们是在逆行。

看着泰国人的驾驶习惯，不禁让我们这些号称来试车的记者大惊失色。驾驶习惯不同是首先要面对的，来泰国之前，北京吉普工作人员所说的"路况类似于马来西亚的雨林挑战赛"的说法更加使我们担心。因为马来西亚雨林挑战赛是世界上难度最高的驾车路线之一，除了山路、悬崖峭壁、雨林外，还要自己搭建讨路桥。

好在所居住的宾馆附近就有个模拟的路线，顾不上 路的劳顿，放下行李的人家都跃跃欲试起来。一是谁也不想在同行面前现眼，二是按照教练的说法，面对深不可测的悬崖，在真正的驾驶过程中谁也不想永远留在泰国。

在没有正式试车之前，专程从美国赶来的克莱斯勒汽车公司的教练阿诺，不停地向我们灌输路上必须注意的事项，惊人的消息还是他们对试车路线的选择。据说，为了组织中国的记者进行试车，大约70km的路线让他们准备了一年半。

这不禁让我抱怨起国内汽车厂商对记者的试车态度，地儿是经过精心挑选的，不过试车的路况和距离总是不能让人满意，因为这种做法对于试车者来说，根本试不出所以然来。在没有见到实际的路线之前，就已经有人面对起起伏伏的山路打退堂鼓了。

摆在面前的地形图显示，试驾路线全部为山路，甚至还有沼泽地。要知道泰国的天气还时不时下雨，更加剧了担心，每个人都在祈祷别下雨或雨别下得太大。

试车在泰国 DioSthepDioPui 的国家森林公园，虽然是国家森林公园，但是公园本身并不在泰国的首都曼谷，而是在泰国北部的清迈市郊。森林公园植被覆盖率高达 90%，堪称泰国的"珠穆朗玛峰"。山的高度倒是不能和珠穆朗玛峰相提并论，不过路况的难度却有过之而无不及。进入公路没多远，车轮下全是砂石路，尽管把车窗全部关上，还是能不断听见碎石子打在车上发出的清脆"咯咯"声。

由于我在国内曾多次驾驶过动力强劲的吉普 4700，而此次驾驶的多为吉普 4000，对吉普 4000 动力的质疑也在一天的行程之后结束。无论是在山路上，还是在坡度近 60°的爬坡时，吉普 4000 都经受住了全天候的考验。

如果说第一天跑 50km 以上是锻炼试车者的胆量，第二天驾驶的不到 20km 的距离则完全是练技术。山路崎岖不平不说，在很多路段几乎没有路，车子要从两边的树丛中穿过，除了要与蚊子战斗，还要时刻把车窗摇上，随行的陪同告诉我们前面就是蛇林了，虽没看见一条蛇，却紧张了一路。行程中多半是一眼望下去就眼晕的山崖，驾驶过程中弄得同车的人不停地说"向右，再向右"。中途休息时再看看走过的路，发现方向盘要是再偏一点就有掉下山崖的可能。路的艰辛还表现在，两天的行程中除了偶尔能见到几辆皮卡，再也没有见到过其他车。

美国犹他州与路虎一起"发现"

当印有 Land Rover 字样 LOGO 的专机从圣乔治机场腾空而起，锡安国家公园的全地形地貌和连绵不断的珊瑚粉红沙丘尽收眼底，犹他州独有的丹霞地貌，白雪皑皑的高海拔地貌，无车能及的卡纳布河床及沙石越野路线，并没有因为离开而从脑海中模糊，反而更加清晰、真实。这从高空一览无余的景色，我驾驶着路虎全新一代发现，用车轮丈量这原本没有的路，并留下密实的车辙。这是 2017 年 3 月初我在美国犹他州看到的画面，此时中国传统春节刚过。

有些路，只有路虎才能抵达；有些风景，只能"发现"才能看见。这是我与路虎全新一代"发现"亲密接触 48 小时，驱车 600 多公里的深刻体会。

位于犹他州西南部的圣乔治，因其全年气候温暖，有没有飓风的"佛罗里达"之称，以锡安国家公园为代表，长达 24km 的锡安峡谷有将近 1 公里深，其红色与黄褐色的纳瓦霍砂岩被维琴河北面支流分割。尽管灌木丛和不多的乔木覆盖了大多数地区，但是置身其间，满目荒原，地形地貌像极了国内的新疆、西藏及甘肃张掖的丹霞。48小时，两天时间，跨越犹他和亚利桑那两州，与新发现在229平方英里的全路况中尽情摇摆。甚至有些所谓的路，原本没有路，也不是路，与那些自称是马路牙子杀手的SUV相比，新发现的行车路线多是陡峭的岩石。

试车的路线多在犹他州独有的大盆地、落基山脉和科罗拉多高原，颇具挑战，车队驰骋在从布满松树林的山谷到覆盖着沙丘的干旱沙漠。试驾头天，穿锡安国家公园而过，近300km的路线，不足一天就经历了四季，早上出发时还阳光明媚，中午则看见了皑皑白雪，路边的测量杆为坐标，厚厚的雪墙目测有将近1m高，路上的雪打扫得还算干净，但是庞然大物的"发现"碾压在路上，抓地力极强，轮胎驶过雪面时，时断时续发出的"咯吱咯吱"声，在寂静而空旷的山谷犹如天籁之音。而犹他州州立公园的珊瑚粉红沙丘，名字听上去诗意十足，但沙中行车并不轻松。这里的沙丘既具有丘陵的地貌，且沙子极细且软，稍有不慎车子就会被陷入沙中动弹不得，有时沙漠会吞噬半个车轱辘，这倒是路虎全新一代"发现"大显身手的时候。例如，陷进半个车轱辘的解决方案可通过地盘自动提升后，四轮根据路况进行自动力分配。数据显示，与上一代相比，全新"发现"比上一代涉水深度增加200mm。被同行简单称为"冲沙"的沙漠行车，每每遇险，却总能化险为夷。最挑战的是在卡纳布河床上的攀岩驾驶，面对四五十度的夹角和巨石，若不是在专业教练指挥下，车队的每个驾驶员都不会从不敢开到人人摩拳擦掌地争抢，从河床到巨石的攀爬，也只有路虎敢"发现"。

600多公里的全地形行车，把全新一代发现的功能几乎体验了个遍。沙漠、雪地、陡坡缓降等驾驶模式，以及从雪下到雪上12℃一天有四季的温差，无不体现了路虎作为豪华SUV鼻祖无所不至的专业性，难怪英国女王伊丽莎白二世早在年轻时就驾驶路虎出行狩猎。数据显示，新车搭载3.0L V6机械增压汽油发动机匹配8速旋钮式自动变速箱，可释放250kW的最大功率，450N·m的最大扭矩。可锁止的中央差速器、选配的主动式后电子差速器、智能型双速分动箱等功能部件，让驾驶者在面对特殊路况时，将动力自动精准地传输到轮胎上，并通过独有的动态切换装置，调节高速、低速驱动模式，达到无可匹敌的路况征服能力。

新一代"发现"在继承了路虎专业性的同时，更加与时俱进，两个配置令人啧啧称奇。其一，在智能互联上，车内遍布9个USB插口，让充电宝无处可用。当然，车内的Wi-Fi也能同时连接几台设备。其二，被称为路虎姚明的总工程师Alex Beslop是一名身高一米九的大个子，7座新发现的功能被其演绎得魔方一般，座椅放倒一排可四人打麻将，放倒两排，则是一张双人床。后备厢打开后那个小小的挡板更加神奇，将挡板放倒，配以可高低自动升降的底盘，后备厢完全成为一张移动的办公桌。我以为，保持和传承传统专业性的新发现，将开创大型豪华7座SUV的新时代。同行的时任捷豹路虎全球董事和捷豹路虎中国总裁兼奇瑞捷豹路虎董事潘庆表示，全新一代发现会让捷豹路虎在华势头更好。

我注意到，全球媒体在美国试车还没有结束的情况下，发现路虎全新一代在上周武汉秀剧场亮价上市，其5款车型79.8万～110.8万元的价格，拉开了路虎在中国市场的产品攻势。在时间节点上，这也是全新一代"发现"与全球市场同步上市。数据显示，在仅看到样车的情况下，全新一代发现即斩获2万辆订单。与奔驰GLE及宝马X5等"大厂"的SUV相比，路虎新"发现"天生越野，车上过剩的技术配置一生用一次就能救命。这恐怕也是前四代"发现"家族取得了120万辆傲人销量的DNA所在。

加拿大多伦多全球首试奔驰大S

2013年7月，随奔驰在加拿大提前感受了一把被奔驰总裁蔡澈称为"世界上最好的汽车"的奔驰全新S级。这款新车在奔驰老家——德国也不过是在7月20日刚刚投放市场。

汽车运势：这个市场谁不动心

试驾路线从多伦多市区至五大湖区之一的蜜月湖（Lake Muskoka），大约180km的路段，其间既有相对平缓的公路，又有城际间高速公路，还有蜜月湖湖区的崎岖山路。出发前的培训课上，试车主管开玩笑地说，请不要把奔驰S级的各种性能发挥到极致。

受国内"开宝马 坐奔驰"老理儿的影响，面对奔驰旗舰车型S级，我毫不犹豫地率先选择了后排先行体验，新华社记者南辰为我和张耀东当了一把司机。S级的后排好比一个可移动的"办公休息"区，座椅之宽大如同飞机头等舱，且包裹感很强，座椅很舒适，且有五种坐姿可调节，另有多种模式的按摩功能。奔驰为全新S级配备了多项全球首创，比如基于热石原理的提神按摩功能和配有反转风扇功能的座椅主动通风系统，人们可从五种不同的后排座椅中选择自己喜欢的座椅，其中包括一种"行政级座椅"，它的座椅靠背角度可向后最多倾斜43.5°，这种设计让乘客在后排空间中既可以专心工作，也可以舒适地放松。

奔驰的座椅设计专家基于热石原理研发了一种独特的新型按摩座椅，将14个独立传动的气垫加在靠背中，并集成了加热功能。后排乘坐者可从6个按摩程序中任意选择，其中有两种程序具有加热功能。全新S级还首次将反转风扇功能运用于座椅主动通风系统中，当通风功能启动时，周围较凉的空气会被引到座椅表面上，这会使已变热的座椅表面温度迅速降下来。

与上一代车型相比，全新S级车的所有内部尺寸均有所增大：驾驶者的头部上方空间增加了12mm，肩部空间增加了14mm，前排肘部空间增加了10mm。此外，后排膝盖空间增加了14mm，后排肩部空间最多时也增加9mm，从而使得驾驶者和后排乘客更加舒适。乘坐感觉良好只是其中一方面，全新S级可是个多面手。车身的设计感官良好，尤其从车身的右侧面45°看，还真有些许迈巴赫的味道。整车内饰设计采用高档材料，皮质座椅选用的是上乘的小牛皮，车内环绕音响、办公桌、互联网等配置，诠释了好与卓越的区别。

奔驰公司负责技术的赫尔穆特博士说："其他企业未来的目标，奔驰在今天就做到了"是全新S级保持持续领先的DNA所在。S级用户对自己"必须亮无妥协地最好"的要求也使得全新S级再现了骨子里的领先。全新S级车量产车型提供汽油、柴油和混合动力三种版本多款车型，即S400 HYBRID、S500、S350 BlueTEC、S300 BlueTEC HYBRID。所有车型耗油量最多可降低20%，且均符合欧六排放标准，而且奔驰将专门为中国市场推出3.0 V6版本的发动机。

这一代全新S级，是奔驰首次以长轴距版本为重点来进行研发，在长轴距车型的基础上再衍生标准轴距的车型。因为奔驰 S 级在美国、中国或日本等主要的全球市场成为无可争议的豪华轿车典范,虽然在欧洲和北美洲 S 级的车主通常喜欢自己驾驶,但在亚洲更多的是由司机来驾驶这款旗舰车型。因此,全新 S 级与后排空间的乘坐舒适感与安全性密切相关的新特性层出不穷,后排乘客如同坐在了头等舱般舒适、享受。全新 S 级的可怕,不是在哪一方面突出,而是在安全、美观、动力、高效、舒适和性能方面均做到了卓越。

自 2007 年以来,中国市场一直是奔驰 S 级在全球最大的市场。为此,相对应的,这次奔驰在加拿大的试车由史无前例的 50 家媒体组成,微信群称"奔驰大 S 团"。对奔驰自身而言,产品力不强的诟病正从 S 级得到彻底改观,这也让人对奔驰的后续产品力寄予希望。当然,对于身价不菲的 S 级来说,奔驰还不能指望它打销量上的翻身仗。

加利福尼亚海岸线上的 Jetta 节油赛

国内的速腾在美国叫 Jetta(捷达),2012 年 12 月在美国举行的大众汽车全球节油挑战赛上,Jetta 混合动力创造了百公里 4.7L 的低油耗。即使代表中国参赛的选手邓坚与桂冠失之交臂,但其创造的百公里 4.9L 的油耗与冠军的油耗只差 0.2L。

在美国洛杉矶举行的大众汽车"Think Blue. 蓝·创未来全球挑战赛"总决赛上,全球共 18 位最优秀的选手驾驶 Jetta 混合动力在两天的比赛中将节油驾驶推向了高水平。最终,德国选手 Frank Zauft 创造了 4.7 升/百公里的优异成绩,获得冠军。代表中国赛区参赛的选手邓坚以 4.9 升/百公里的油耗再创佳绩,获得第六。

"Think Blue. 蓝·创未来全球挑战赛"总决赛采取了新颖的拉力赛形式。各国赛区中脱颖而出的选手从 San Francisco(旧金山)出发,驾车前往 Santa Monica。选手们的目标是在这一赛段中驾驶出最低的油耗,以展现他们对生态可持续性的理解。

比赛路线穿越加利福尼亚州,赛程总长 647km。比赛用车除 3 名乘客以外,后备厢采取同等配重。选手们充分体验了 Jetta 混合动力技术及各种驾驶路况:在城市街道、蜿蜒曲折的美国西海岸公路以及多条高速公路上展开精彩角逐。高难度的比赛挑战了每位选手的节油驾驶知识,充分考验了油电混合动力技术的实际水平。

大众汽车集团和大众汽车品牌市场总监 Jürgen Stackmann 表示,"这场国际性的节油驾驶比赛展示了环保驾驶同样乐趣横生。它完美传达了'Think Blue. 蓝·创未来'的理念,激励并支持每个人加入我们的行列,一起改变日常驾驶习惯,体验轻松愉悦的驾驶感受"。

比赛中，选手们还需要完成几项与生态可持续性及"Think Blue. 蓝·创未来"有关的挑战任务。例如，选手们在桌面游戏环节必须为一家工厂找出最经济环保的可再生能源利用方法，体会到"蓝·创未来 – 工厂"的理念。在这一理念指导下，大众汽车品牌到2018年要将工厂排放减少25%。

"Think Blue. 蓝·创未来全球挑战赛"是"Think Blue. 蓝·创未来"不可或缺的一部分，体现了大众汽车致力于追求环保、可持续发展的态度。在挑战赛中，大众汽车还与 ClimatePartner 公司合作计算了碳足迹，实现了一次"气候中和"的环保赛事。此次总决赛的碳足迹计算涵盖了所有相关排放源头，主要包括出行、住宿、餐饮、物流和交通，以及源自赛事本身的温室气体排放。大众汽车特地选择了符合环保可持续标准的餐饮和住宿，在赛事开始前就减少了碳排放。同时，大众汽车决定与 ClimatePartner 公司合作，在 Ceará 开展一项由黄金标准（GoldStandard）认证的碳补偿项目，以中和相关的温室气体排放。

马洛卡感受 KODIAQ 的大块头大智慧

这是斯柯达120多年历史的旗舰座驾，5座为主打，7座也够用的理念预示着这是一款人而不同的大家庭座驾，捷克水晶元素和波希米亚风格令人眼前一亮。2018年我作为全球最早的媒体，在西班牙马洛卡尝试了这款在欧洲市场获得频繁点赞的"大块头"。

试驾在西班牙的马洛卡进行，一个被欧洲人称为后花园的海岛，类似于西班牙的"海南岛"。与往人多数地方看见的海不同，由于海水纯净且无风浪，人们把这里称为"蔚蓝色的大海"。据说，蔚蓝色是太阳照在洁净的海水上的自然色。在海岛的任意一个码头眺望地中海，总能找到真正意义上"海天一色"的感觉。

柯迪亚克的名字同样来自一个岛，不过并非此时所在的马洛卡，而是源自美国阿拉斯加州第一大岛——"科"迪亚克，这座面积逾9000平方公里的大岛风景壮丽，地貌奇特，幽深的峡湾、险峻的山峦遍布其间。虽然斯柯达的"柯"迪亚克与美国阿拉斯加第一大岛"科"迪亚克音同字不同，但是柯迪亚克作为一款全能车，征服科迪亚克岛不在话下，柯迪亚克以此命名正是寓意其全能品质面对各种路况均能游刃有余。

作为全SUV，柯迪亚克采用了斯柯达全新设计语言，每根线条都无比精准、犀利，磅礴、动感的气息扑面而来，造型极富情感张力。从前脸看，粗壮的三维型面直瀑式格栅、

宽大的蜂窝状下格栅、璀璨夺目的LED前大灯都极具视觉冲击力。进气格栅与前大灯紧密相连,增加了横向扩张感,令车头更显宽阔。在车身侧面,动感的车顶线条与窗线逐渐向尾部收拢,塑造修长流畅的侧面造型。细节上,从前大灯延伸至尾灯的三维腰线营造出刀刻斧凿的雕塑感,外扩式轮罩同样充满力量感,这些既彰显着柯迪亚克的越野性能,也充分说明了斯柯达高超的造车工艺。柯迪亚克尾部简约而富有变化,给人以硬朗扎实之感。标志性的C型LED尾灯宛若精心雕琢的工艺品,把水晶切割风格的设计理念发挥得淋漓尽致。

论车身尺寸,柯迪亚克是个不折不扣的"大块头",其拥有同级别最宽的车身、最长的轴距。例如,车长接近4.7m,轴距达到2791mm,超大尺寸的全景天窗长1364mm、宽870mm,表面积近1.2m^2,使得车内更显通透。值得一提的是,除了常规的5座车型,柯迪亚克还将提供7座车型。在动力方面,装备性能强劲的全新一代EA888系列发动机,共有1.8TSI、2.0TSI两种排量。其中,2.0TSI发动机在1500~4400rpm的宽泛转速范围内即可输出350N·m的最大扭矩,最大功率为162kW/(4500~6200rpm),2.0TSI车型百公里加速仅需7.5s。此外,柯迪亚克还搭载了智能全时四驱系统,拥有经济和越野等驾驶模式。

柯迪亚克的内饰和大空间是我最钟爱的,内饰做工精细,内饰的材质有织物、PVC+织物和真皮面料可选。当光线昏暗时,中高配置的氛围灯可以营造舒适的车内环境。设计延续外观的强烈设计风格,三维仪表台被中间的8英寸电容式触摸屏分为左右对称的两部分,垂直元素在内饰设计中明显体现,如四个垂直大型出风口。在前排座椅上,提供的配置包括座椅加热和电动调节,以及座椅的记忆功能。柯迪亚克的后座可以按40∶20∶40进行折叠,7座版拥有大约18cm的纵向标准调节空间和个性化靠背调节倾斜角度。中高配车型提供第三排的两个座椅，行李箱空间容积可达到2065L（当后排座椅折叠后）。当乘员座椅折叠后，内部空间可达到2.9m长。另一个可选的特殊装置——优化的电动行李舱门，可通过虚拟踏板或车内按键进行开关。

试驾从马洛卡机场出发，环岛而行，既有海拔千余米的山地，又有穿城而过的城市道路、海滩，还有颇具西班牙风情的乡村道路。一天时间，走走停停，行程200km，各种路况皆能适应。

西班牙感受宝马小5系

在我看来这只是汽车记者生涯的一次普通试车。2005年2月3日，从北京飞抵西班牙的瓦伦西亚机场时，迎接中国记者的是清一色或7系或X5宝马汽车，整个车队从机场鱼贯驶出的时候，路人投来羡慕的目光，而享受这种待遇的还有包括记者在内的全球100多名汽车同行。车队穿过闹市不久，就到了记者下榻的瓦伦西亚宫殿花园酒店，酒店的正前方是被瓦伦西亚人称为母亲河的都丽亚河。河床清晰可见，河水却消失得无影无踪，取而代之的是种满了各种树木和花草的绿色长廊。早在1957年时，河水泛滥的都丽亚河淹没了整座城市，瓦伦西亚人把都丽亚河河水改道后，并没有把河床填平，而是建成了贯穿整个城市的绿色长廊，他们甚至在河床上建造了宏伟的科技馆和歌剧院。宝马新3系的发布和试车就是在这里举行的。

当记者为如此的奢侈感到不解时，宝马高层的解释是，只有这样的氛围才能与宝马的品牌相匹配。从某种程度上说，宝马要的就是这个派，新3系的试车就这样开始了。

瓦伦西亚虽然人口只有100多万人，汽车的保有量却达到了300多万辆，平均每个家庭都有两三辆车。我们的车队就是在这样的背景中上路的，说是车队却不编队行驶，组织者事先制定好了导航并准备了路书，大家各走各的。

从远处望去，如果不是尾部标记的是3系，很多人第一眼的感觉肯定是5系。新3系的造型虽然没有它的前辈经典却变得更加富有流线型和动感，尤其是车身两侧的腰线从车头收至车尾时，三条腰线在尾灯处的逐渐合一，使得整车看上去更加整体合一，同时丝毫不影响动感。新3系的设计语言正好位于BMW现代设计型谱的中间，一方面与BMW Z4的设计语言相符，另一方面有着5系和7系的优雅。典型特征有简短的前悬，座舱的位置更靠后以及有修长的发动机盖。在实际数据方面，全新3系轿车的车身全长为4520mm（比前款车型长49mm），宽度为1817mm（加宽78mm），高度为1421mm（加高 6mm），轴距为 2760mm（加大 35mm）。

车身变大、变宽了，车的重量却降低了。原来为了尽可能降低发动机的重量，BMW 首次在批量生产中采用镁铝合金，使发动机的重量比采用铝材时降低了 30%。曲轴箱、曲轴轴承和汽缸盖罩均采用这种先进的超轻材料制成。这款 6 缸发动机的另一个新装备是电子气门控制，它可以根据油门踏板位置对进气门的开启次数和升程进行无级控制，从而可以有效地利用喷射到发动机中的燃料，使发动机的反应更为迅捷。该项技术与调节进气门和排气门的双凸轮轴可变气门正时系统相辅相成。BMW 全新 330i 的百公里加速时间为 6.6s，最高车速被限制在 250km/h。

325i 已于 2005 年春首次面世，在 6500rpm 时的最大输出功率为 160kW/218hp，在 2750～4250rpm 的最大扭矩为 250N·m，发动机排量正如其型号标志所示为 2.5L。新车型的车身更轻、更坚固，对于 BMW 3 系列达到理念上的完美和谐至关重要。这里的"智能"轻质结构就是采用了特殊的钢材和成形技术。负载结构的支撑杆概念在保证新车型重量不超过前代车型的条件下，使车身强度提高了 25%。

除 BMW320i 装备双卤素大灯之外，325i 和 330i 都装备有双氙气大灯，其中 330i 的双氙气大灯还配有随动控制大灯功能，可以在转弯时让大灯随之转动。具有这种自适应型大灯概念的双氙气大灯可以根据行驶路线和行驶状况，不断地对大灯光束进行动态调节，从而确保最佳照明效果并显著改善能见度。这一点在转弯时特别有用，大灯随着道路的变化而转动，如魔术般"为驾驶者指出前方的道路"。与此同时，轮胎也成为新 3 系的一个亮点，BMW 全新 3 系列轿车按标准装备了防爆轮胎，即使轮胎被扎破后仍能以最高 80km/h 的车速行驶 250km。BMW 全新 320i 是该系列中功率最大的 4 缸发动机。以 BMW318i 的 2L 直列 4 缸发动机为基础的这款发动机装备了电子气门控制和双凸轮轴可变气门正时系统。在 6200rpm 时的最大输出功率为 110kW/150hp，在 3600rpm 时的最大扭矩为 200N·m，使 BMW320i 的百公里加速时间为 9.7s，最高车速为 215km/h。欧盟标准综合循环的耗油量为 7.9 升/百公里。由于对进气和排气管道进行了细节上的优化，它的性能比以前那款已经被认为动力非常强劲的发动机还要好。

与原来车子不同的是，驾驶者只需往新 3 系车插入钥匙，按下启动按钮就可以启动发动机。其他的都是自动的，所有的程序都会自动运行，直到发动机开始平稳运转。在从瓦伦西亚科技馆到宝马试车场的 200km 路途中，既有城市路况，又有高速公路，还有崎岖的盘山公路，新 3 系的操控十分自如，此次装备的最新一代 DSC 动态稳定控制系统也提高了车辆的行驶安全性。此外，BMW325i 和 BMW330i 车型上的 DSC 还添加了其他非常有用的功能：如在潮湿道路上对制动盘进行干式制动或预设制动蹄摩擦片，可以使制动反应更快、更平稳、更强有力。如今，该系统还可以防止汽车在上坡启动时出现下滑，并避免停车制动时出现的"前冲"现象。

宝马进入中国市场的全新3系列三款车型分别为BMW320i、BMW325i和BMW330i。

林肯"小领航员"飞行纳帕谷

中美之间三天一个往返，只为在Napa谷和"小号领航员"——林肯飞行家相遇。"小"也只是针对林肯的旗舰领航员的"大"相对而言的。飞行家本身并不小，车长超过5m，是个名副其实的"大块头"，再说些参考车型就知道其相对来说有多大了，如奥迪Q7、奔驰GLE及沃尔沃XC90等，这三款车型是林肯飞行家的对手。在该级别SUV中，飞行家是唯一轴距超过3m的车型。

一如"飞行家"的名字，中国媒体对林肯飞行家2019年8月的全球首次试驾，就是从飞行中开始，中美之间万里之遥，三天一来回。在经过10多个小时的飞行抵达旧金山后，从旧金山到Napa谷的近百公里路程，并没有走陆路和水路，而是走空路，只不过将北京到旧金山的"大灰机"波音747-8改成了6人一架的直升机。可别小看6人一架的专机，科技含量一点儿也不含糊，直升机没有轮辘，也无须借助跑道，是名副其实的跃式直升机。在呼啸着低空飞行的直升机上，地标性的红色金门大桥尽收眼底，数次用脚步丈量过的旧金山全貌此刻就在脚下，可俯瞰远处的北太平洋水天一色，烟波浩渺。从旧金山到Napa Valley 15分钟的航程，据说有人从空中看见了苹果总部。

Napa Valley被译为纳帕，是旧金山湾区以北的一个城市。我更习惯把Napa称为Napa谷，总以为多个谷字就浪漫许多。Napa Valley以葡萄酒著名，也总觉得加上谷，Napa Valley的葡萄酒才更加名副其实和"酒"负盛名。在和林肯飞行家亲密接触的380km的试车路线上，葡萄漫山遍野，绿色的藤和串串的红色葡萄在阳光照耀下"绿红"分明。

林肯飞行家和飞行如影随形，并非刻意奢侈，而是水到渠成。其实，飞行家的DNA就和飞行密不可分，调性也是如此。这款林肯大块头的SUV犹如飞行家的名字，设计灵感采自飞行器，坐进车内有飞机的驾驶感，这也是从源头上的设计初衷，尤其是当坐进驾驶室、关上厚重的车门那一刻，感觉和外界的喧哗立刻隔绝，特别安静。中控台宽大，甚至有些健硕，凸出的空调面板上面是略有些凹进去的数字仪表盘，触控大屏像是整辆车的神经中枢，导语、语音等数字化系统颇有些飞机驾驶舱的范儿。

首席设计师说，飞行家的理念从外观造型到驾驶感受都做到了与飞行器贯穿始终，感官、触觉、听觉，乃至飞行的感觉是飞行家一直追求的。方向盘简洁、简约，功能键用到时才会点亮，各种按键给人的感觉是刚刚好。还有车身腰线至尾灯处略有下降，创造出一种独特的机翼美感。

钢琴式挂挡按键，在大型级别的 SUV 中别具一格，暗色的界面与白色的功能黑白分明，功能性与观赏性合二为一。行驶在 Napa Valley，最吸引人的还是飞行家的抬头显示系统，与这个级别的车型抬头显示系统可显示限速里程和行车里程不同，飞行家的抬头显示系统功能性能把"友商"甩出几条街，剩余油耗、剩余里程、岔路口分道标识一览无余，驾驶途中无须分心。

曾记得，上汽通用的一款车打过比别人多 10% 的理念这张牌，对林肯飞行家而言，比"友商"岂止多 10%。林肯飞行家的"奢"还体现在科技和技术范儿上，以前美国车不太注重的科技感也在林肯飞行家上得到明显改善，同时可绑定四部手机，每部手机就是一把车钥匙。迎宾系统、可升降底盘等德系车才有的配置也成为林肯飞行家的标配。

飞行家将提供汽油和插电式混动两种动力系统，其中汽油型将搭载标准的 3.0L V6 双涡轮增压发动机。这标志着林肯首次将双涡轮增压 3.0L V6 发动机与先进的电动混合动力技术相结合，为平稳顺畅的驾驶表现和瞬时爆发的强劲扭矩提供动力保证。汽油车型和插电式混合动力的区别在于前脸上的林肯 LOGO，新能源版是镶"蓝"边儿的林肯"大标"。林肯飞行家搭载同级独有 10 速变速箱，动力传递流畅，并兼具燃油经济性，悬挂可根据道路状况自适应，并带有道路预判功能，超过 120km/h 时速可自动降低底盘，更加舒适。插电式混合动力车型，充电口位置位于车的左侧，电机放在了不占用空间的底盘中央位置，在空间上汽油版和混动版没有任何差异。静谧是"林肯之道"，工程师说静谧是飞行家的特点，采用了数十种隔音降噪设备，是一个系统工程。

锐威音响系统的配备，让人在飞行家内听音乐和坐在底特律交响乐团无异。在 Napa Valley 的 380km 测试下来，给人的感觉飞行家更像是一款德国车、欧洲车。当然，可能调教的原因，让刹车有点儿"贼"。相比汽油版车型，混合动力版给人的感觉更好一些，毕竟超过 400 马力和超过 800N•m 扭矩的数据不是"吹"的。

中美在汽车消费上有异曲同工之处，比如都喜欢"大"车。中国市场最近几年 SUV 大行其道，尤其是大型豪华 SUV 还有很大空间。林肯飞行家在造型上，属于符合中国人大气磅礴审美观的车型，驾驶起来游刃有余，仅有这两点，林肯飞行家在中国还是有机会的。

飞行家也是福特、林肯自身一款转型力作，飞行家和过去所有的林肯都不一样。林肯全球总裁樊兆怡（Joy Falotico）称："飞行家标志着林肯车型的新起点，真实再现了林肯未来的品牌愿景。"

纳帕带谷，飞行到家。

第十六章　走马观花

丰田汽车里的母亲情节

我们可以称赞或歌颂任何一项伟大的发明，但是发明的背后不一定必须有多么高尚的理由，丰田汽车就是。哪怕是陷入过全球的召回危机，也不可否认丰田是世界上最著名的汽车品牌之一。全球任何一个地方都可以看到行驶的丰田车，然而丰田汽车里的"母亲"情节却不为人所知。

丰田的历史以 1953 年为界限，可以分为两个阶段：1953 年以前的丰田以纺织著名，1953 年至今的阶段以造车著名。纺织和汽车看上去丝毫不搭界，但是这两个阶段才是一个整体的、完整的丰田。甚至可以说，正是当年的纺织才成就了丰田汽车，而现在的丰田汽车里还有着深深的纺织烙印。

当今，许多人对丰田的认识源于它的汽车。事实上，纺织才是丰田的基石。日本名古屋的丰田市，一个以丰田汽车命名的市，我多次访问过丰田的"产业技术纪念馆"，这

汽车运势：这个市场谁不动心

里清晰地展示了如何从丰田的前身——丰田以纺织起家，发展到现在以汽车而闻名。

与欧洲汽车厂商的汽车博物馆的大兴土木不同，丰田"产业技术纪念馆"看上去并没有那么"高大上"。我始终认为，欧洲的多家汽车博物馆是被供奉到类似于先祖的祠堂一般看待，而务实的丰田产业技术纪念馆也就是纪念，远远未上升到供奉的高度。

在这个纪念馆里，第一件展品就是丰田纺织的一号纺织机，发明人是在日本被称为"日本发明之王"的丰田佐吉，丰田佐吉是丰田的第一任社长。纺织机是当时年轻的丰田佐吉在看到体弱的母亲辛苦劳动时，出于"用机械来帮助人""高效地生产好产品"的想法开发出来的。这台纺织机关键在于，当经线发生断裂时，就会自动停止机械运转，因此不会生产不良产品，也不会把不良的产品流通到下一个环节。同时，丰田除了使用"自动化"来表示所谓的自动化（Auto motion），还有人字旁的"自働化"这一词语。也就是说，在推进机械化的同时，还强调人的主导地位，以及高效生产高品质产品的思想。

如果说丰田佐吉打造了丰田的纺织帝国，那么丰田佐吉的儿子丰田喜一郎则把丰田带入了汽车世界。如果丰田佐吉仅仅是为了减轻体弱母亲的劳动强度而被称为日本发明之王，那么丰田喜一郎则是带领丰田转型的开创者。丰田喜一郎造汽车的理由也很简单，当时正值日本关东大地震前后，丰田喜一郎正在英国留学。那时的英国和日本如同两个世界，英国大街上已经车来车往，刚刚经历过关东大地震的日本则是满目疮痍、百废待兴。丰田喜一郎想，日本国民也应该开上自己的汽车。同时，他也意识到纺织即将成为没落的产业。于是，留学英国的丰田喜一郎，把丰田的纺织技术专利以不菲的价格卖给了英国，并把所得的技术专利转让费用在了战略转型上，由纺织进军汽车行业。今天看来，丰田喜一郎进入汽车行业的理由和李书福进入汽车行业之初"造老百姓买得起的车"的道理一样简单。

事实上，丰田最初进入汽车行业异常艰难。丰田取名AA的第一辆汽车是模仿的美国通用雪佛兰，后来丰田也曾经模仿过福特旗下的车型。

至今，在丰田的汽车生产线上，依然可以清晰看到丰田纺织模式的烙印。例如，工厂生产线上设置了用于紧急停止的拉线开关"Andon"，在发现生产线发生异常时，工人可以通过它来停止生产线的运转。对于工厂，从经营角度来说，停止生产线意味着莫大的损失，但是在丰田工厂里的每一个人都彻底地贯彻"不生产次品""不让次品进入下一工序"的思想，因此当工人们发现问题时，会毫不犹豫地拉下开关，发现问题点，从而进行改善。按照日本企业的习惯，即使万一失败，也不会追究个人的责任。再加上深入

第四部分 海外车辙

丰田人心中的"改善"意识，营造了勇于改正自己的错误，而且鼓励不断挑战的工作环境，这就是丰田的品质驰名世界的重要因素。

尽管现在的丰田以制造汽车闻名，但是丰田纺织依然大有用途。现在丰田汽车里的织物面料就是由丰田纺织提供的。从1953年转型汽车行业，丰田的造车历史不到70年时间，这与中国的一汽、东风的历史相差无几。而当丰田已经成为世界汽车行业王者的时候，我们的一汽、东风，这些国产汽车仍然连本国市场都难以打开。要知道，丰田创立之初，仅仅是为了减轻母亲的劳动强度。

欧洲寻觅中国造

2005年春节前的那次欧洲之行，除了那诸多古老的城堡和教堂，吸引我的还是欧洲汽车。欧洲是世界汽车工业的摇篮，宝马、奔驰、大众、奥迪、沃尔沃、雪铁龙、标致、菲亚特等中国人耳熟能详的汽车品牌均来自欧洲。

在中国生产的合资汽车品牌，大多来自德国、法国、意大利等欧洲国家，因此在欧洲，我总是不由自主地寻找在中国生产的车型。在意大利米兰国际机场，看见了依维柯的身影甚是兴奋，尽管依维柯原本就是意大利的车。不过他们已经把依维柯改装成了机场的工程用车了，只是依维柯的商标还是那样的熟悉。

在欧洲多个城市，如米兰、瓦伦西亚、慕尼黑，记者看到了许多汽车。尽管地域不同，却总能找到相同的脉络，那就是两厢车、柴油车和大个子的开车人。欧洲的车型种类可谓丰富多彩，雪铁龙、标致、雷诺、大众、菲亚特、萨博、日产、丰田、本田、欧宝、福特等车型均能看见，不过最多的还是来自欧洲的本土汽车品牌，来自亚洲的车型少得可怜，即使看见也都是小型车。萨博在西班牙的瓦伦西亚就属于中高档车了，多少相当于雅阁在中国的味道。欧洲人均拥有汽车比例恐怕是世界最高的，以并不富裕的西班牙瓦伦西亚为例，整个城市人口也就100万人，其汽车保有量却超过了300万辆，平均每个人都有两三辆车。在西班牙，记者看到的赛纳、富康、毕加索、C5倒是和国内生产的车型看上去并无两样，只不过毕加索和C5在这里被当作出租车使用了。看来，中国的汽车消费能力和欧洲还真有不小的差距。

在欧洲除了极力寻找在中国生产的车型的影子，感受最深的还是他们对汽车的理解。无论是在慕尼黑还是瓦伦西亚街头，经常会有Smart、福特Kar一类的小车飞驰而去，而从车里走下来的假如是一位一米八几的大个子，千万不要奇怪，大家都以开小车为荣，因为其停车方便、油耗低、环保等。在我们看来早应该属于"老爷车"范畴的老甲壳虫依然可以在路上行驶，就是沾了柴油的光。导游依玛说，在西班牙柴油车的数量几乎占到了汽车总量的五成左右。欧洲许多城市的街道并不宽，被欧洲人称为的街道在我们看来充其量也只能算是胡同，但是这并不妨碍大家的行车，这恐怕也是欧洲人以开小车著称的原因吧。

国外的东西未必都好，但是确实是好的东西，我们是否可以借鉴呢？

普锐斯在美国的示范效应

当我们还在为如何提高传统汽车的销量而努力的时候，作为混合动力汽车领航者的普锐斯，在美国的年销量已轻松跨越10万辆的槛。而正在大力倡导新能源汽车的中国，显然还在为普锐斯算不算新能源汽车而争论不休。当然，最根本的争论在于，我们的新能源汽车战略是想跳过混合动力直接进入电动车时代，即所谓的弯道超车。

2011年10月的美国之行让我感受到，发展新能源不该绕过混合动力，混合动力在短期内的实际意义大于电动车。

丰田美国公司销售副总裁鲍勃·卡特说，2011年上半年普锐斯在美国的销量超过8.4万辆。丰田美国公司提供的数据显示，最近连续5年，在美国普锐斯每年的销量都在10万辆以上，其中在2008年时曾经创造了16万辆的佳绩。鲍勃·卡特称："普锐斯今年的销量将会超过10万辆，如果不是日本地震造成部分零部件供应紧张，普锐斯的销量还会更好。"另外的一组数据显示，作为混合动力先行者的普锐斯，11年时间历经三代的普锐斯全球累计销量已经超过300万辆，其中美国市场的保有量为100万辆。

在拉斯维加斯到亚利桑那州科罗拉多大峡谷300多公里的路上，我体验了在美国销售的第三代普锐斯。第三代普锐斯不仅外观和内饰略有改变，而且将以1.8排量发动机替代老款车型的1.5排量引擎。虽然发动机排量有所增加，但在提升动力时，油耗较老款车型降低了10%左右。新普锐斯分为低配版和高配导航版两种车型，其中高配导航版在外观方面主要是配备了前雾灯、五辐铝合金轮毂、泊车摄像头及后保险杠普锐斯标识；内饰方面，则在中控台上配备了大尺寸液晶显示屏。顾名思义，低配版在高配版车型的基础上减少了前雾灯、泊车摄像头等配置，而且高配版车型的五辐铝合金轮毂有所变动。内饰方面，自然也取消了中控台大尺寸液晶显示屏。

新普锐斯将采用1.8L发动机以取代上代车型上的1.5L动力，最大功率也由原来的

77马力增加至99马力，同时电动机的功率提升到了80马力。在两者共同工作时，最大可以输出134马力，百公里油耗仅为4.7L。

普锐斯在美国的热销出人意料，在很多信息上同样令人惊讶。其一，我们向来以为的政府补贴是没有的。在洛杉矶的丰田美国总部，相关负责人特别解释说，美国政府规定车型销售超过6万辆就没有补贴了，而普锐斯在2005年的销量就超过了6万辆，从2007年开始普锐斯就不享受政府的补贴了。2008年，美国推出的插电式混合动力每辆也仅有象征性的2500美元的补贴，而这里面鼓励创新的意义恐怕更大一些。其二，作为混合动力的普锐斯的售价不比传统汽车高多少，规模化生产后产生了成本效应，电池的成本从最初的5000美元降至2500美元，混合动力车型与普通车型的售价只差2500美元，从价格上看，混合动力汽车比传统汽车贵的价格还能让人接受。其三，对于国内普遍担心的电池寿命问题。普锐斯的电池在美国提供8年或10万英里的免费保修，在加州是10年或15万英里，所以应该没有机会去买一个新电池，而且混合动力系统，如电池、电脑等都是不需要保养的，引擎和排挡跟普通车一样保养即可。

普锐斯占据了美国混合动力汽车51%的市场份额。作为普锐斯的对手，日产的LIVE和通用的沃兰达两款车在美国当年的销量分别是6100辆和3100辆。或许是领先对手太多，丰田美国副总裁甚至不愿意评价两个对手的表现。

对于美国人钟情普锐斯的理由，丰田美国公司销售副总裁鲍勃·卡特开玩笑称："美国人爱地球。"的确，这与美国成熟的消费观念密不可分：在没有比普锐斯更省油、环保的车子出来之前，他们倾向于选择普锐斯。以致丰田美国负责人告诉我，丰田有计划把普锐斯打造成单独的一个品牌。

在美国市场风生水起的第三代普锐斯将在一汽丰田进行国产。一汽丰田企划部部长苏涛表示，第三代普锐斯国产的时间为明年年初，售价有望下调4万元左右。当然，美国成熟的消费环境与中国国情不同，普锐斯在中国要想上量，需要的是借鉴而不是照搬美国模式。例如，与好莱坞同处洛杉矶的丰田美国总部，在奥斯卡走红毯时，丰田会抓住机会展示普锐斯，希望名人开着车子去奥斯卡颁奖典礼，如卡梅隆迪亚兹、莱昂纳多都是普锐斯的座上宾，这也是名人对大众显示出他们对环保的态度的方法。

普锐斯在美国的示范效应告诉我们，普锐斯要想在中国成功需要"两个巴掌"才能拍得响：一是政府应将混合动力纳入新能源车范畴，而不是简单的节能汽车；二是消费者对保护环境的认同。

在法国马尼库尔当 F1 赛手

2005 年的法国玛尼库尔赛道，是要铭记终生的。被称为世界上最昂贵的运动——F1 赛事在上海的举行迅速拉近了中国与世界的距离，当年距离 F1 二度光临上海 4 个月之前，应 F1 赛事主要轮胎供应商——米其林集团的邀请，我前往法国的玛尼库尔赛道当了一天 F1 赛手。

自认为对 F1 的赛事接触不少，在 F1 赛事 2004 年首次在上海举行时还到现场看过，但当我即将成为一名 F1 赛手时，心里充满了忐忑不安。法国的天还没有亮，我却睡意全无。说不清楚是时差没倒过来，还是即将要驾驶 F1 的亢奋。

当我们乘车抵达玛尼库尔赛道时，已经有数名工作人员在那里等待了。下车后，工作人员向中国媒体代表团的所有团员发放了一个测试仪，它将决定你能否驾车。同行的翻译许安梅的话更加重了大家的紧张感，她说："这个测试仪是用来测试血压和心脏的，如果其中的一个指标超标，你们将无缘驾驶。"

尽管在众多人员的测试中我顺利通过，但是事后才知道我的准备工作是最差的，几位患有高血压的同行为了避免惨遭淘汰，出发前特意吃了降压药。工作人员说，赛车是一项激烈而刺激的运动，没有什么比血压和心脏更重要，如果这两个指标不达标，即使你是驾驶天才，也会被拒之门外。

在过了严格的体检关之后，大家每人领到了一件 F1 赛服。服装是一体的，就像渔民出海打鱼时的装备，整套服装只有一个拉链。整个服装穿在身上之后，每个人只露出了一张已经很难分清楚的脸。更要命的是，穿上衣服不到 5 min，大家脸上都热得流汗。此时最大的感觉是，在感到过瘾的同时也体会到了赛手的艰辛，也越明白偌大的世界为什么只有区区 20 个人才有资格当 F1 赛手了。

原来这服装大有讲究。感觉闷热的秘密是为了防止赛车着火烧到人，因为按照 F1 赛事的规定，除非车辆发生火灾，赛手一般情况下是不能离开赛车的。从头到脚的全副武装对我们这些业余车手来说煎熬无比，我们在经历了教官的培训之后，望着曾经在电视上听到发出轰鸣声的赛车和赛道，个个摩拳擦掌。

不过，要想成为一名 F1 赛手绝非易事。在驾驶 F1 之前，必须经过 GT 和 F3 两个环节，因为这是驾驶 F1 的基础，尽管我们在半天的时间内可以完成赛手需要五年甚至更长时间才能完成的基础阶段，但是体会这两个环节是必不可少的。先是驾驶 GT 保时捷赛车，坐在里面后会有工作人员帮你启动车，并系好安全带。一切准备工作就绪后，工作人员一挥旗，赛车就像离弦之箭，驶入了赛道强烈的马达轰鸣声随即响起。接下来就是驾驶 F3 了，相比 GT 保时捷赛车，F3 已经具备了 F1 的雏形，只不过个头比 F1 稍小。对我们来说，无论是 GT 保时捷还是 F3 都已经相当刺激了，我们驾车的表现如何也将取决于谁将入围驾驶 F1 赛车。

GT 保时捷和 F3 的驾驶成功并不意味着你有把握能驾驶 F1 赛车，充其量表明你具备了驾驶 F1 的条件，另一个门槛是你的身体是否过关。身体过高过矮或过胖过瘦都不行，过高会阻碍进入驾驶舱；过矮够不着刹车和油门；过胖会让你在赛道转弯时控制不了方向。

在这一轮并不用驾车的身体条件筛选中，40 多人的代表团有将近一半被阻挡在了 F1 的大门外。F1 的动力实在强大，这个两米长的"家伙"的动力能顶一辆大货车，达到了 650 马力，0～200km 的加速只有 5 秒。虽然有人并没有开完全程，但是每个人都体会到了 F1 赛车带来的乐趣。

沃尔沃帆船赛从阿利坎特漂洋过海到三亚

世界上最强大的 7 支无动力帆船在 2015 年 2 月先后抵达三亚，"漂洋过海来看你"。三亚站是沃尔沃环球帆船赛的其中一站，帆船赛每站都是对自然的终极极限挑战，比如仅第一赛段的距离就长达 6847 海里。

从北京到西班牙坐飞机，需要飞行十几个小时，而从西班牙的阿利坎特到三亚，他们在海上漂了 4 个月。被誉为"航海界的珠穆朗玛峰"的沃尔沃环球帆船赛，是世界上历时最长的职业体育赛事，既是勇敢者的竞技，又是对自然极限终极的挑战。

虽然未能全程跟踪沃尔沃环球帆船赛的行程，但是在大概 4 个月前的 2014 年 10 月，我参加了帆船赛最为壮观的起航仪式。当听到船队抵达三亚时，4 个月前的经历如同电影镜头的回放，历历在目，记忆犹新。

西班牙的阿利坎特是沃尔沃环球帆船赛的母港，拥有 36 年历史的沃尔沃帆船赛有好几届都是在这里出发的，每三年举行一届的帆船赛恰逢今年是第 12 届，第一赛程当天，超过五万名热情观众前来欢送阿利坎特赛事村起航的船队。记忆中，有一次恰逢西班牙国庆节，就连西班牙国王都从马德里专程而来。在近百只帆船的簇拥下，7 艘赛船完成港内绕标后鱼贯驶离阿利坎特港，向南非开普敦进发。第一赛段的比赛全长 6847 海里，是整个赛事中第二漫长的赛段。印象中，出发后的 12h 内，迎接他们的将是直布罗陀海峡的大风暴雨。在这场"海上马拉松"里，参赛队员们会在巨大差异的天气条件中航行

21～27天。

在起航阶段的绕标比拼中，船长布维贝金率领的布鲁内尔队抢下领航位置，率先驶离阿利坎特港，紧随其后的是阿布扎比队和曼福队，阿利坎特港内赛冠军阿尔维麦迪卡队列第四。由东风商用车冠名的中国队第5个离开阿利坎特港，其中船员杨济儒和陈锦浩出战第一赛段的比赛："我们肩负着中国远洋航海的希望和使命，这是我们一直为之训练和奋斗的目标，相信我们不会让整个团队失望！"而全女子船队爱生雅队排在第6位出港。在赛前船长新闻发布会上，传奇女船长Sam Davies展示了自己的护身符。她出身航海世家，从小生活在父母的船屋里，外祖父更因在第二次世界大战海军潜艇服役期间的优秀表现而获授勋。现在Sam将外祖父的勋章随身佩带："外祖父说这块勋章曾经守护他在战争中避免伤害，就把它送给了我。"

参赛的七支赛队中，自2001—2002赛季以来第一支完全由女性船员组成的爱生雅队成为最大的看点，将向全球帆船爱好者展现女性独特的风采。另一大亮点是统一设计的最新高性能帆船——沃尔沃Ocean65。新赛船由美国的Farr Yacht Design公司设计，由来自英国、法国、意大利和瑞士的四家船厂联合制造，其配备的最新视频、卫星及内容制作设施，将让媒体船员在拍摄和制作过程中，最高质量地再现选手们海上竞技的精彩画面，讲述船上最真实的生存故事。由于本届赛事启用了统一设计的最新高性能帆船——沃尔沃Ocean65，完全去除了设施领先的获胜可能性。新赛季的竞争将变成一场完全凭借专业经验、团队合作的关注人的较量。在帆船赛中，风是唯一的强劲动力，也是征服苍茫大海最自然、最环保的方式。

本赛季从2014年10月的西班牙阿利坎特出发，经过近9个月的海洋冒险，经停全球9个国家的10个港口，总航程达到39895海里（73886公里）。预计2015年6月27日参赛队将抵达沃尔沃汽车的故乡瑞典哥德堡，举行盛大的收官仪式。继2008—2009赛季停靠青岛和2011—2012赛季停靠三亚之后，沃尔沃环球帆船赛第三次选择三亚作为亚洲停靠港之一，与中国结缘。

苏黎世偶遇国际足联主席

我随斯柯达参加2016年日内瓦车展。2月28日凌晨在北京首都机场T3航站楼搭乘瑞士航空LX197飞抵苏黎世，这也是十几年来我首次搭乘瑞士航空飞欧，以往往来欧洲十有八九搭乘国航或者汉莎航空，入境也多从法兰克福、慕尼黑或法国巴黎入境。

汽车运势：这个市场谁不动心

瑞航公务舱独特的错位布局，保证了乘客最大的舒适性，尤其是过道，仅设置一人位置，人性化方面胜过其他航空公司，从北京飞抵苏黎世的航班为宽体空客330客机，10个小时的飞行航程非常平稳。从北京凌晨起飞的缘故，万里行程我睡了一路。

目的地苏黎世是瑞士的大城市，更以国际足联所在地闻名。瑞士虽然是永久中立国家，但确是许多国际组织的所在地。除了每年去日内瓦的世界贸易组织、世界和平组织，总部在洛桑的国际奥委会，苏黎世更是国际足联的所在地。可遇不可求的是，在我们搭乘从苏黎世转机去日内瓦的LX2807航班上，偶遇头天刚刚当选国际足联主席的因凡蒂诺，这位年仅45岁的老兄是国际足联历史上最年轻的主席。因凡蒂诺与我邻座，甚至我的位置前他一排。飞机上提供的多种文字的报刊上，全是因凡蒂诺当选国际足联主席的消息，瑞士新闻更是以头版大图导读，二三版通版的做法向其祝贺。据说，因凡蒂诺的家乡与禁足六年的布拉特的家乡开车仅有9分钟的车程。

记得来之前，国内不少媒体把因凡蒂诺当选的新闻点落在了"语言天才当选国际足联主席"上。这并不准确，因凡蒂诺从名字上看是意大利裔瑞士人，由于瑞士与法国、德国、意大利等国接壤，会多国语言在当地早已见怪不怪。在当地，像因凡蒂诺这样说几国语言是社交的必需，如同一个中国人会说普通话和方言一样司空见惯。

黑马才是因凡蒂诺当选国际足联主席的硬新闻。据当地人称，因凡蒂诺此前为欧足联的秘书长，论资排辈甚至都不在国际足联主席候选人的序列里，与普拉蒂尼和来自亚足联的萨尔曼相比，当选国际足联主席前的因凡蒂诺默默无闻。但就是这个低调的人为世界足联范围内的人接受，才创造了世界足联的历史。在同航班和下飞机后机场走廊外交中，因凡蒂诺知道在选举投票中中国并没有投他的票，他对此同样表示了理解，毕竟有亚洲的萨尔曼参与竞选，一个国家投所在洲的人的票无可厚非。

这是因凡蒂诺当选后，中国人首次与其面对面交流，虽然是非正式的采访，却是一次心灵的沟通，他承诺今后国际足联将加大中国、印度这些发展中国家的足球项目的支持力度，包括青少年的培训。

很难想象，这位将在2018年俄罗斯世界杯上为冠军球队颁发大力神杯的新任国际足联主席，就这样与我们完成了一次零距离的接触，并与大家愉快合影留念。因凡蒂诺是在当选后回家度周末才赶巧与我们搭乘同一航班的。苏黎世是国际足联所在地，因凡蒂诺的家乡在日内瓦，我是从北京搭乘航班，在苏黎世转机日内瓦参加一年一度的日内瓦车展的，汽车和足球从来没有如此巧合过。

这次日内瓦车展像极了一次足球之旅、体育之旅。车展开幕头天，我和时任三联生活周刊主笔的李三一同去了欧足联的所在地，一个位于日内瓦湖畔的小镇，虽然一个地处法国，一个地处瑞士，但是距离我所住的酒店只有10min车程。留德十年的李三是语言天才，车到欧足联总部，被汽车圈很多人称为"三哥"的李三在语言交流上的"三下五除二"，便让我们成了欧足联的座上宾，工作人员不仅热情接待，还发给我们参观证，欧足联历史上的诸多冠军奖杯随便参观，哪怕是做了一辈子的体育记者，也未必到过欧足联享受过这种待遇。最后，工作人员还主动赠送了欧足联的足球、帽子等小礼物。虽然普拉蒂尼因献金丑闻未能当选新一任国际足联主席，但是他依然是欧足联主席，掌控着世界上最发达大洲的足球市场。

瑞士天气阴沉，嗖嗖的风打在脸上却温暖至极。我们驾驶斯柯达速派，离开欧足联又去了阿尔卑斯山，由瑞士进入法国的一个小镇，那是一个制高点，站在巅峰，滑雪场随处可见。除了著名的依云矿泉水品牌，从阿尔卑斯山流下的水汇聚成的日内瓦湖滋养着瑞士、法国、德国等地的人民。

入住的hotels preference酒店是一座建于1500年的古堡，古堡为一座四层的建筑，竖立在这一地带的高处，脚踏在地毯铺就的楼梯或房间内，地板所发出的咯吱咯吱声别有一种厚重的历史感，这种500年的声响寓意着古堡的主人若非达官贵人也得与皇亲国戚沾亲带故。住在顶层，从房间的窗户向外望去，是一望无际的森林。参天般的古树与奶白色的古堡在阴沉的天气与厚重的云层下相映成趣，美轮美奂。

韩国百闻不如一见

2016年1月16日是个周末，那天我也是首次出国。百闻不如一见，虽然并不兴奋，但还是来了。

上午10点40分我从首都机场乘坐韩国航空的班机出发。由于国内刚刚放过《大长今》，我对空姐还是有些许好感，尤其是她们湛蓝色制服与国航的小碎花以及南方航空的木棉红相比，赏心悦目，头上的白色细长发卡一幅干练，凸显出她们的服务特性，几句生硬的汉语拉近了我和她的国家的距离。

飞机上的人不多，除了我们一行40多人，剩下的是为数不多的游客。一月是韩国的冬季，在这个寒冷的季节并不是韩国的旅游高峰，从北京到韩国的济州岛并不远，大约只有两个小时的航程。通过航线可以看出，韩国在中国黄海的东侧，飞机起飞后，沿大连方向飞，然后径直进入韩国领空，到韩国陆路后，再来个90°拐弯飞向西南方向，就是济州岛了。

济州岛最初是个以母系社会为主的国家，后来经过火山喷发，使得该岛能与韩国接近。据说，韩国的八道江山也由此更名为九道江山，济州岛也由一个简单的岛变为韩国的一个道了，韩国的道等同于中国的一个省。济州岛是典型的海洋性气候。不过，人口只有50万人，人少也造就了这个民族的勤劳，且他们以母系社会为主。济州岛有三多：女人、石头和风。这里经常下雨，却因为是火山岩的地质特质造成了即使大雨也难存水，更别说遭遇洪涝灾害了。

尽管韩国作为一个国家存在多年，但是文化和治安受中国的影响巨大。一个是韩文来源于中国，北京现代里的韩国人曾说，韩文的字形结构来自古时候中国雕梁画栋的窗户，他们把窗户给拆解成了韩文，但这种说法似乎没有科学的证据。被改名为首尔的汉城，是汉阳城之意，而首尔在英语中没有任何意义。

我联想到日本、泰国，亚洲国家受中国的影响太大了。端午节、春节、中秋节，就连农历等都是从中国来的。

走马观花看我国台湾岛内车市

2010年夏季，我们受台湾裕隆集团和福建东南汽车的联合邀请，作为大陆首个汽车新闻代表团踏上祖国宝岛"台湾"，感受台湾汽车工业的点滴。

俗话说，出租车往往是一个城市的象征。与慕尼黑、巴黎、伦敦等欧洲城市的出租车多为奔驰、宝马不同，我国台湾的出租车与香港很像，多为日本的丰田品牌。只不过，香港的出租车以老款皇冠居多，且是清一水儿的红色，而台湾地区的出租车统一为黄色，很像多年以前北京的"面的黄"，车型也多为丰田品牌的不同车型，其中数量最多的是三厢卡罗拉。漫步街头，偶尔能看见几辆或两厢或旅行版的花冠。

台湾地区汽车市场的容量不大，2009年全台湾省的销量仅为29万辆，这个数字还不及北京市年销量的一半。陪同我们的台湾裕隆集团旗下的中华汽车执行副总经理刘兴台说，台湾省汽车市场的容量原本不小，海峡两岸合作开放后，大约有150万台湾人到大陆工作，这些人也就顺其自然选择在大陆购买了车辆。随着越来越多的人到大陆工作和生活，台湾省每年的汽车销量都呈现逐渐下降的趋势。

别看台湾省的汽车市场不大，但是竞争非常激烈。全球主要的汽车品牌在这里都有销售。福特、通用、大众，甚至法拉利、兰博基尼这样的品牌在台北也能看见。当然，日本车在台湾省的保有量较高，日本的丰田、三菱、本田、斯巴鲁、日产等品牌占据了台湾省车市的大部分市场份额。

以台湾省汽车市场2009年29万辆的销量，就能看出整个台湾省汽车工业的概况：排名第一的丰田汽车在台湾省的市场份额为38%，裕隆旗下的中华汽车的销量排名第二，这家以生产三菱为主的企业市场份额为16%左右，排名第三的是与裕隆合资的日产。除了这些在台湾省进行本土化生产的品牌，进口车也蚕食着市场总量15%左右的份额。

台湾省的汽车工业与大陆有很多不同，既可以选择合作伙伴又可以独资建厂。例如，丰田汽车在台湾省的合作伙伴就是两个家族企业：一个是以生产味全方便面的苏家；另一个是和泰国瑞的黄家，丰田汽车在台湾省的销售也是通过与这两个家族的密切合作完成的。又如，本田在台湾省的工厂设在屏东地区，是典型的属于本田100%的独资企业。与大陆汽车企业的靠经销商出资建店的卖车模式不同，台湾省的汽车经销商网络多为企业与合资伙伴共同出资，中华汽车遍布全台湾省的200多家4S店模式的经销网络，中华汽车出资的比例占40%。

伴随着这几年台湾省汽车市场容量的不断变化，台湾省汽车工业也出现了一些变化，台湾省最多时有12家整车生产厂，现在仅剩下5家。丰田、三菱、日产、福特、本田是硕果仅存的几家。当然，台湾省的汽车工业也浓缩着整个台湾省的风云变幻。在台北中正纪念堂，我看到了蒋介石的两辆座驾都是来自美国通用的凯迪拉克，较早的一辆是防弹车型，是早年菲律宾华侨所赠的，而现在的台湾省是日本车打天下。伴随着海岸两岸的合作、开放，除了裕隆集团与福建汽车在大陆合资成立了东南汽车，越来越多的来自大陆的自主品牌积极进入台湾省市场寻找商机，吉利和裕隆、奇瑞和胜荣、北汽福田都在台湾省的市场展开了不同模式的合作。

甚至行至台湾省内最南端的恒春，就是电影中那个"海角七号"的地方，我看到了吉利熊猫……

台湾省内2005—2010年的汽车销量逐渐萎缩，2005年似乎是最近几年最高光时刻，年销量为51万辆。2006—2010年，从36万辆逐渐下滑至27万辆、26万辆、29万辆。虽然每年略有涨跌，但是大概的年新车销量始终维持在30万辆左右。

英国女王三件宝：马匹、路虎和温莎城堡

伴随着皇家卫兵缓缓拉开车门，90岁的英国女王伊丽莎白二世无须任何人的帮助，娴

熟地抓住车内的把手，稳稳地坐进大路虎揽胜的右后侧位置，透过明净的车窗，女王向现场的人们挥手致意，车辆在缓缓绕场一周后，女王和菲利普亲王回到了夜色中清晰可见的温莎城堡。

这样的一幕出现在 2016 年 5 月 15 日晚上英国女王 90 岁生日的庆典现场。作为见证者，随捷豹路虎与英国皇室一道亲历女王 90 岁大寿。当时说，女王会把宝座绕道查尔斯王子，直接让位给威廉，可惜女王并未这么做，让人惊讶的是，2020 年 94 岁的女王还驾车出行。

女王生日的正日子是在 4 月，由于 4 月伦敦的天气较凉且阴雨连绵，为此女王的生日庆典很多时候放在气候更温和的 5 月举行。

女王的生日庆典更像是一场生日经济，在温莎城堡偌大的 Home Park 私家花园举行的生日庆典可以租赁展位，不仅仅是赞助商，普通的商贩也可以租赁一个展位，进行商品的售卖。当然，售卖的商品多与英国的生活方式有关，除了服装等日常用品，马的用品居多，如马鞍、马球和马服等。除了皇家制定的区域禁止进入，其他区域面向公众开放。贯穿生日庆典最多的还是和马相关的活动，庆典前的当天下午，就进行了马术盛装舞步表演,为晚上的正式庆典预热。生日庆典对外售票,票价自然不菲,据说票价为 2500 英镑左右,接连四天有 2 万名各界名流参与庆典。

由于恰逢妊 90 岁大寿,女王的生日庆典比以往更隆重、热烈,时间也比平时更长。女王的生日庆典从 5 月 12 日延续至 5 月 15 日,历时四天的庆祝在温莎城堡 Home Park 私家公园举行,每天有一名王室成员出席。万众瞩目的当然是由女王和菲利普亲王"值班"的这天,是整个妊 90 岁大寿庆典的高潮,在此前分别"值班"过的查尔斯和卡米拉、威廉和凯特王妃等王室成员再度现身。

当晚,宴会上不仅有包括莎丽·贝希女爵士在内的众多明星登台献艺,还有来自世界各地的 1500 余名宾客到场,为女王献上祝福。整个庆典以马为主题,包括皇家礼炮队列、皇家御林骑兵团、皇家马车队、新西兰军乐队、加拿大皇家骑警等,进行了不同的马术秀。除了曾经的英联邦成员,王室还邀请了智利、瑞士等非英联邦的国家进行表演。女王 90 岁的生日大寿,总计有 900 匹马进行场地表演,据说每匹马的身价在 100 万英镑左右。

捷豹路虎在 15 日盛典当晚担纲重任。首先,一支由 7 辆捷豹 F-TYPE 组成的车队身着英国国旗涂装,在开幕时表演车舞;庆典期间,发现一辆白色路虎顺利护送巨型生日蛋糕至舞台现场,将气氛推向高潮;伴随着活动接近尾声,女王乘坐皇家检阅用车路虎揽胜混合动力版离开。作为英国在位时间最长的君主,英国女王伊丽莎白二世出生于 1926 年,1953 年接受加冕,在位时间超过 60 年。捷豹路虎与英国皇室也有着深厚的渊源,最早可以追溯到 1948 年,女王的父亲乔治六世国王被赠予第 100 台路虎车型。多年以来,捷豹路虎备受皇室成员的青睐,也是目前唯一同时拥有三项英国皇家认证的汽车制造商。

英国王室三件宝,马匹、路虎和温莎城堡,在女王 90 岁大寿生日庆典上体现得淋漓尽致。

陪伴历任美国总统的座驾

2017 年 11 月,美国总统特朗普在就任总统一周年时对中国的正式访问,被称为中国外交新格局的点睛之笔。细心的人们注意到,在特朗普访华的车队中,特朗普的座驾为凯迪拉克。在特朗普当选美国总统当天,凯迪拉克通过社交媒体发布海报称"祝贺您成为凯迪拉克车主"。其实,在特朗普之前,美国历任总统座驾是凯迪拉克似乎是一项传统,就像法国总统履新的座驾都是 PSA 旗下的 DS 一样。奥巴马、布什、克林顿任上座驾都是凯迪拉克,

汽车运势：这个市场谁不动心

从汽车企业来讲，凯迪拉克在品牌塑造上可是捡了大便宜，让总统为其代言的车型在全球屈指可数。

尽管都是凯迪拉克的品牌，但是车型不尽相同。2005年连任总统的布什，在第二个任期内，总统座驾从2001年起的凯迪拉克帝威（DeVille）光荣退役，取而代之的是一款全新的凯迪拉克车型。美国通用汽车公司称，他们最新设计的2006款凯迪拉克DTS总统座驾将在连任的美国总统就职游行期间首次展现在众人面前。

事实上，在宾夕法尼亚大道的游行中，总统乘坐凯迪拉克轿车并向民众挥手致意，这已成为美国历史中最为经典的一幕。2006款凯迪拉克DTS轿车彰显了凯迪拉克品牌的全新突破风格和大胆独特魅力，时任通用汽车董事长兼首席执行官瓦格纳表示："通用汽车与凯迪拉克非常自豪地推出DTS总统座驾，为美国汽车史谱写最新的一章。"

从凯迪拉克品牌标志性的风格，到强大的动力与完美的驾驶性能，2006款DTS轿车展现了凯迪拉克对于细节的一丝不苟和这一豪华品牌的锋锐魅力。独特的墨玉色的光洁涂层表面完全由人工加工而成，配合竖直安装的钻石切割高强度氙气前灯，更显尊贵与豪华。与2020年晚些时候将要推出的量产车型相比，总统座驾的长度、宽度与高度都要大得多。布什总统在参加夜晚游行时，齐平安装的高强度聚光灯（HID）将照亮前保险杠上的美国国旗、总统旗及镶嵌在后门上的总统印章。同时，2006款凯迪拉克DTS总统座驾配备了最现代化的保护与通信系统，以维护国家首脑的安全。行政座舱内部以木制装饰为主，辅助以深蓝色皮革及布面装潢。车内共可容纳六名乘客，每位乘客都能拥有舒适的乘坐环境与良好的视野。独特的座椅适应系统可以感测乘客的身体位置并自动调整椅垫，从而进一步提高乘坐的舒适性。

自20世纪初开始，通用汽车和凯迪拉克品牌就一直为美国总统、外交官、大使与各国要人提供豪华轿车与特种车辆。

最早乘坐凯迪拉克轿车的美国总统是伍德罗·威尔逊总统，他乘坐凯迪拉克轿车参加了在波士顿举行的一战胜利庆祝游行。柯立芝总统在其任期内，也多次使用一辆1928年款凯迪拉克豪华轿车。1938年，通用汽车向美国政府提供了两辆凯迪拉克敞篷轿车，它们分别命名为"玛丽女王号"与"伊丽莎白女王号"。这两款约 7m 长、重达 3.5t 的轿车配备有完整的武器库、双向无线电装置及发电机,先后服务于罗斯福、杜鲁门和艾森豪威尔总统。

艾森豪威尔总统是有名的"汽车发烧友",他在 1953 年的总统就职日游行中乘坐的是凯迪拉克最早的一款 Eldorado 轿车。这款车型的独特之处在于其首创的围绕式挡风玻璃,这款挡风玻璃后来迅速成为轿车上的标配。

1956 年,"玛丽女王二号"与"伊丽莎白女王二号"敞篷轿车替代了它们的前任。这两款车与它们的前任一样,装备了当时最为先进的通信系统。此外,轮胎还配有窄轮缘,防止轮胎被击穿。"玛丽女王二号"与"伊丽莎白女王二号"先后为艾森豪威尔、肯尼迪与约翰逊总统提供服务,直到 1968 年"退役"。

里根总统使用的是 1983 年款凯迪拉克 Fleetwood 轿车,这款车"退役"后被保存在位于加州的罗纳德·W.里根图书馆内。克林顿总统从 1993 年开始使用凯迪拉克 Fleetwood Brougham 总统系列轿车,该车现被保存在位于阿肯色州小石城的克林顿总统中心内。

在 2006 款凯迪拉克 DTS 之前,布什总统座驾的重任一直由 2001 年诞生的凯迪拉克帝威(DeVille)轿车担任。